航天科技图书出版基金资助出版

月球资源开发
国际法律制度研究

张振军　著

中国宇航出版社
·北京·

图书在版编目（CIP）数据

月球资源开发国际法律制度研究／张振军著．—北京：中国宇航出版社，2012.6

ISBN 978-7-5159-0247-0

Ⅰ.①月…　Ⅱ.①张…　Ⅲ.①月球—资源开发—国际法—研究　Ⅳ.①D996.9

中国版本图书馆 CIP 数据核字（2012）第 148417 号

责任编辑 赵宏颖　**责任校对** 祝延萍　**封面设计** 京鲁图文

出版发行 中国宇航出版社

社　址 北京市阜成路 8 号　**邮　编** 100830

（010）68768548

网　址 www.caphbook.com

经　销 新华书店

发行部 （010）68371900　（010）88530478（传真）

（010）68768541　（010）68767294（传真）

零售店 读者服务部　北京宇航文苑

（010）68371105　（010）62529336

承　印 北京画中画印刷有限公司

版　次 2012 年 6 月第 1 版　2012 年 6 月第 1 次印刷

规　格 880×1230　**开　本** 1/32

印　张 13.75　**字　数** 394 千字

书　号 ISBN 978-7-5159-0247-0

定　价 98.00 元

航天科技图书出版基金简介

航天科技图书出版基金是由中国航天科技集团公司于2007年设立的，旨在鼓励航天科技人员著书立说，不断积累和传承航天科技知识，为航天事业提供知识储备和技术支持，繁荣航天科技图书出版工作，促进航天事业又好又快地发展。基金资助项目由航天科技图书出版基金评审委员会审定，由中国宇航出版社出版。

申请出版基金资助的项目包括航天基础理论著作，航天工程技术著作，航天科技工具书，航天型号管理经验与管理思想集萃，世界航天各学科前沿技术发展译著以及有代表性的科研生产、经营管理译著，向社会公众普及航天知识、宣传航天文化的优秀读物等。出版基金每年评审1～2次，资助10～20项。

欢迎广大作者积极申请航天科技图书出版基金。可以登录中国宇航出版社网站，点击“出版基金”专栏查询详情并下载基金申请表；也可以通过电话、信函索取申报指南和基金申请表。

网址：http://www.caphbook.com

电话：(010) 68767205，68768904

作者简介

张振军，现任中国空间法学会秘书长、中国宇航学会理事、中央企业侨联委员、北京市丰台区政协常委、欧美同学会会员等职。1985～1989年期间就读于对外经济贸易大学并获经济学学士学位，2000～2002年期间赴美国留学并获乔治·华盛顿大学工商管理硕士（MBA）学位，2006～2009年期间在中国人民大学法学院学习并获法学硕士学位，具有研究员级高级经济师、高级国际商务师、企业法律顾问等三项专业技术职务，2011年6月起担任联合国外层空间委员会专家组成员。

张振军同志在中国航天科技集团公司下属机构长期从事航天企事业单位组织战略管理、经营管理、综合管理、法律事务管理等多项工作，结合国际法通行规则及航天科技工业管理实践对外层空间法律制度深入研究多年，对航天系统科学与工程管理理论及其实践有着较为深刻的理解。近年来，张振军同志针对中国空间法学会新形势下的组织定位和中长期发展战略进行了深入思考，为中国空间法学会提出并确立了“学术立会、民主办会、规范治会、实干兴会、发展强会”的办会方针以及空间战略、空间政策、空间法律“三位一体”的学术研究方向，提出了全面加强空间法学工作者队伍建设、打造空间法学研究国家级智库、促进空间法学事业大发展、大繁荣等一系列重要思想，并在空间法学研究中注重推动国际经济、国际政治、国际法、民商法等不同学科与航天系统科学的融合发展，为中国空间法学会在新形势下实现科学发展、创新发展注入了新的活力。张振军同志在本职工作和社会工作中获得多项奖励和管理创新成果，多次荣获中国运载火箭技术研究院、北京航天发射技术研究所优秀管理论文奖项，多次在学术期刊上发表论文，所带领的管理团队曾连续多年荣获院、所两级先进集体荣誉称号。

序

中国航天事业自1956年创建以来，在党中央、国务院、中央军委的正确领导下，在各地区、各部门和全国各族人民的大力支持下，几代航天人自力更生、艰苦奋斗，取得了以“两弹一星”、“载人航天”、“月球探测”三大里程碑为代表的一系列辉煌成就，中国航天的国际地位和影响力不断提升，为我国从航天大国向航天强国迈进奠定了坚实基础。中国航天事业长足发展的舞台是外层空间，这是属于全人类的共同财富。以《外空条约》、《营救协定》、《责任公约》、《登记公约》为基础的国际空间法条约诞生于20世纪六七十年代，构成了国际社会外层空间基本法律制度，同时催生了国际空间法这门新兴边缘学科。

人类已经阔步迈入太空时代。随着航天事业日新月异的发展，外层空间资源的有限性与人类外层空间开发利用能力不断增长、但管理能力和手段相对滞后的矛盾开始显现。发达国家主导的外层空间军事化、武器化趋势并未得到有效遏制，国际社会在法治轨道上和平利用外层空间、建立公正合理的外层空间新秩序任重道远。作为联合国常任理事国和一个航天大国，我国将积极推动人类外层空间活动在法治轨道上实现和平、科学、有序发展，并进而为构建和谐太空，推进太空经济实现持续健康发展，推动建设持久和平、共同繁荣的和谐世界作出应有贡献，这是广大航天科技工作者和空间法学工作者义不容辞的责任。

2011年是“十二五”规划开局之年，我们欣逢中国共产党成立90周年、中国航天事业创建55周年。与此同时，我国载人航天工程圆满完成首次交会对接任务，月球探测工程各项计划稳步推进。中国空间法学会秘书长张振军同志撰写的这本专著能够如期出版，是一件可喜可贺的事情。作者在中国航天科技集团公司有关单位长期从事组织战略管理、综合管理、法律事务管理等工作，具有多年的海外工作和学习经历，对航天系统科学与工程实践有着较为深刻的理解。这本专著融合了国际政治、国际经济、国际商务、国际法、民商法及航天系统科学等不同学科知识，体现了作者近年来的一些学术研究成果，填补了国内一项空间法学研究领域的空白，对广大有志于研究外层空间法律体系及月球资源开发国际法律制度的航天科技工作者、空间法学工作者具有较高的借鉴价值。作者治学态度严谨，勇于推陈出新，全书占有资料翔实，书中很多观点对探索并完善月球资源开发国际法律制度、推进我国航天立法工作具有重要的参考价值。

希望今后有更多从事空间科学、空间技术、空间应用及空间活动管理的航天科技工作者以及有关部门负责同志关注外层空间法律制度建设。希望有更多的专家学者深入研究外层空间法律制度，密切跟踪国际空间政策及法律的最新动态，特别要注重研究全局性、战略性、前瞻性重大课题，以此共同促进空间法学事业大发展大繁荣，为把我国早日建成航天强国、实现中华民族伟大复兴作出应有的贡献。

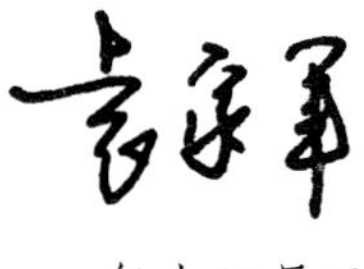

二〇一一年十二月三十日

前 言

月球作为地球唯一的天然卫星和距离地球最近的天体，自古以来，一直引发着人类无限的好奇与向往。人类对月球的探测始于20世纪50年代末，苏联在1957年成功发射人类历史上第一颗人造地球卫星后不久，就启动了飞向月球的征程。1959年1月2号，苏联成功发射了人类历史上首个月球探测器——月球1号，拉开了人类探测月球的序幕；1969年7月20日，美国阿波罗11号飞船成功实现登月，尼尔·阿姆斯特朗成为人类首位登上月球的航天员，以其“个人一小步”实现了“人类一大步”① 的伟大跨越，成为人类月球探测历史上的划时代事件。40多年来，人类向月球发射的50多个探测器成功抵达月球或月球附近，6艘载人飞船搭载12名航天员登上了月球，人类在月球科学和月球探测领域取得了巨大的成就。

经过几代航天科技人员和天文学家的艰苦努力，航天科技和天文学日新月异的发展已经揭开了月亮神秘的面纱：月球的自然环境非常恶劣，上面既没有水，也没有空气，电磁辐射强烈，昼夜温差巨大，白天最高气温可达127℃，夜间最低气温可降到-183℃，而且月震经常发生。在这样的条件下，任何生命都无法自然生存。因此，月球只是一片荒凉的不毛之地。月球虽然荒凉，但蕴藏着丰富的矿产资源，足以吸引人类前去探索并进行开发。

进入21世纪以来，世界多极化、经济全球化深入发展，外层空间的战略地位日益凸显，一个国家外层空间活动能力的强弱已经成

---

① 尼尔·阿姆斯特朗（Neil Alden Armstrong）这一名言的英文原句为：That is one small step for a man；one giant leap for mankid。

为判断一国经济实力、科技实力、军事实力和综合国力的重要标志。继欧盟 2003 年将太空视为“正在扩大的欧盟的新边界”之后，2006 年，美国政府在其发布的《国家航天政策》中称，在新世纪，谁能有效地利用空间，谁就能够拥有更多的财富和安全，与无法利用空间者相比拥有更显著的优势；在空间的行动自由对美国而言，与空中及海上力量的行动自由同等重要。为了增加知识，扩大发现，促进经济繁荣，增强国家安全，美国必须拥有强大、高效的空间能力。2010 年 6 月 28 日，美国总统奥巴马发布了新版《国家航天政策》，进一步强调要全面加强美国在航天领域的领导地位。

美国总统奥巴马执政后，吸取了克林顿政府软实力外交和小布什政府硬实力外交的经验教训，采取了更加灵活的“巧实力”(Smart Power) 外交战略，引起国际社会的普遍关注。在当前国际竞争日益激烈的新形势下，确实需要我们认真研究如何利用外层空间活动更好地实现硬实力和软实力的有效融合问题。加强外层空间领域的国际国内法律制度建设及其理论研究，充分利用外层空间活动提升民族凝聚力、实现富国强军使命、实现从航天大国向航天强国的跨越，将是我们在外层空间活动领域打造国家软实力的重要课题。

随着外层空间活动商业化进程的不断加快，目前人类已经阔步迈向太空经济①时代，而太空经济理所当然应该是法治经济，实现法治的太空经济则首先需要建立一个相对稳定的、具备预测功能的法律体系和政策环境。当前各主要空间国家的深空探测活动方兴未艾，

---

① 航天事业对一个国家科技创新活动的引领作用、对国民经济的拉动作用无可替代。美国的阿波罗登月计划当年耗资 256 亿美元，据测算，美国在阿波罗登月计划中大约每投入 1 美元就有 4～5 美元的回报。资料来源：李宣良、田兆运、白瑞雪《中国成功迈入“月球俱乐部”》，http：//news. xinhuanet. com/newscenter/2007－11/07/content _ 7027401. htm，新华网北京 2007 年 11 月 7 日电。

月球作为地球唯一的天然卫星和人类开展深空探测活动的第一个站点，对其进行科学探测并进行资源开发活动，将为人类今后开展更加广泛深入的深空探测活动产生明显的引领和示范作用。因此，系统研究与月球资源开发活动相关的国际法律制度建设问题应该说是恰逢其时。

21世纪的第一个十年已经过去，人类已经阔步迈入充满战略机遇、同时又面临诸多风险和挑战的第二个十年。近年来，国际金融危机的深层次影响不断发酵，引发世界政治经济格局出现了一些新的变化，但和平、发展、合作仍是时代潮流。作为联合国常任理事国和一个日益崛起的空间大国，中国应积极研究并参与构建基于各国共同利益的国际外层空间新秩序，确保在国际外层空间法律制度建设方面能够及时发出“中国声音”、提出“中国方案”，这既是一项义不容辞的国家责任，也是我们迈向航天强国的必由之路。

外层空间法律制度是全球治理结构的重要组成部分。鉴于目前规制月球资源开发活动的国际空间法律制度尚未完全建设到位，本书拟从月球资源概述及各国月球探测活动回顾与展望、月球资源开发需要遵循的国际法现状评析、月球土地归属引出的法律问题、“人类共同继承财产”原则与月球资源开发、月球资源开发国际法律制度的立法构想等五个方面进行分析，力求在反映月球资源开发国际法律制度现状和发展趋势之余，对今后在主要空间国家利益博弈中如何因势利导、建立有效的月球资源开发管理机制并争取最大限度维护我国的外层空间权益进行探讨，以推动人类的月球资源开发活动在法治的轨道上实现和平发展、科学发展、有序发展，并进而为构建和谐太空、推进太空经济实现持续健康发展、推动建设持久和平共同繁荣的和谐世界作出应有的贡献。

本书以月球资源开发国际法律制度为研究对象，首先在第1章概括介绍了月球资源现状，指出在人类面临地球资源和环境约束性不断增强的背景下，月球资源对保障地球人口、资源、环境的全面协调和长期可持续发展的重要战略意义。通过对各国月球探测活动进行回顾和展望，证明当前研究制定月球资源开发国际法律制度是非常必要和及时的，特别是在国际社会明显缺乏规范月球资源开发活动有效法律制度的情况下，对这一课题进行系统研究具有重要的现实意义。

第 2 章主要针对月球资源开发活动目前适用的国际法律制度现状进行介绍和评析，对《外空条约》、《营救协定》、《责任公约》、《登记公约》、《月球协定》等五项规范包括月球探索和开发在内的各种外空活动的国际条约进行了重点评析，指出了目前国际空间法体系存在的结构性缺陷，特别是 1979 年《月球协定》未被国际社会广泛接受的困境。

第 3 章重点分析了不断引起争议的月球土地归属问题，阐述了国际社会已经确立的外层空间及天体的“不得据为己有”原则，分析了“不得据为己有”原则面临的挑战，从法理上对月球土地归属问题进行分析，得出任何国家、实体及个人均不得将包括月球及其他天体在内的外层空间据为己有的结论。最后通过对 2005 年发生在我国的“月球大使馆”售卖月球土地被查处这一典型案例进行分析，一方面从司法实践角度佐证“不得据为己有”原则的正确性和可操作性，另一方面对国内法律体系如何更好地与我国已经参加的国际条约及时进行有效接轨提出了建议。

第 4 章是在第 3 章基础上的深度挖掘，揭示了 1979 年《月球协定》中“人类共同继承财产”原则的概念由来，并在分析这一原则在国际深海海床资源开发领域运用实践的基础上，阐述了该项原则与未来月球资源开发国际法律制度的关系，为在第 5 章提出全面完善、修订 1979 年《月球协定》进行了铺垫。

第 5 章在前文分析的基础上，提出了构建月球资源开发国际法律制度的设想。其中第 1 节分析了构建月球资源开发国际法律制度的必要性，除了月球资源开发活动本身需要法律制度进行规制以外，作者还从规范深空运输管理秩序以确保月球资源开发活动安全可靠乃至确保外层空间活动长期可持续性的角度进行了分析。第2节分析了构建月球资源开发国际法律制度的立法环境，提出了最佳途径和次优途径两种立法模式。

第5章第3节提出了构建月球资源开发国际法律制度的立法构想，主要强调要从现行的外层空间法律制度出发，特别要以联合国大会通过的五项外空条约为基础，结合有关条约的应用实践和月球资源开发的特殊性进行统筹策划，同时要尽可能考虑到主要空间国家的接受程度及广大发展中国家的利益。作者认为，现阶段应当从管理机制法律化、体系化的角度，重点关注审查、修订1979年《月球协定》，建立月球资源开发许可管理制度、全面登记制度、安全保障制度、国际合作保障制度、月球环境及资源保护制度及建立国际管理机构、责任制度和执行机制等九个方面的内容，除了部分内容涉及程序问题外，多数内容属于有关重点领域的实体立法构想。

第5章第4节提出了中国月球资源开发政策制定及立法建议。作者建议，我国应尽快组织力量研究探月工程的法律保障问题，特别是在探月工程计划后续实施过程中要尽可能依法维护我国国家安全和空间利益的问题。其次，我国应当加大月球资源开发国际法律制度领域及外层空间法其他领域的国际交流合作和空间法学工作者队伍建设，确保能够始终掌握这些领域的最新国际动态，为下一步进行国际磋商和谈判做好理论上、人才上的储备。

为方便广大读者集中查阅及专家学者后续开展相关研究活动，本书将包括《联合国宪章》及外层空间五大条约在内的参考资料集中收录在内，读者可以对照阅读。鉴于这些资料具有不同的语言版本，而中文版与外文版在很多用词方面的不同表述引发了一些争议，作者将中英文版本一并收录。此外，我国政府先后于2000年、2006年、2011年三次发布《中国的航天》白皮书，成为我国航天科技工业领域最权威的政策文件，我们可以从中感知我国航天事业的飞速发展和我国航天政策的演变轨迹，本书将这三份白皮书一并收录，以飨读者。

外层空间问题极其复杂，且大多涉及航天科技、国际政治、国际经济、国际法律、国家安全和内政外交等诸多跨学科领域，月球资源开发国际法律制度的构建更是一个全新领域。在全新领域开展工作的优势是可以大胆实践、大胆创新，劣势是历史积淀太少、无现成模式可以照搬，因此在这一领域既大有可为，又充满了挑战。以和平探索与利用外层空间资源为宗旨的航天事业，是全人类共同的事业。以全人类的共同福祉为己任，扩大航天技术的应用范围，推进航天事业的可持续发展，是各国的共同责任。一部人类文明发展进步史已经昭示，人类不仅有能力不断探索和开发新领域，也有能力制定新领域的行为规范。我们期待着月球资源开发国际法律制度的建立将再次验证这一论断。

目　录

第1章　月球资源概述及各国月球探测活动

1.1　外层空间及深空探测的概念

外层空间是国际法和空间科学领域的一个通用名称，但国际社会并没有形成一个大家一致接受的定义。按照人们通常的理解，地球以外的整个空间分为空气空间和外层空间两个区域。外层空间（Outer Space，简称“外空”）一般是指地球大气层（空气空间）以外的整个空间，但国际上对空气空间和外层空间的划界标准一直没有定论。联合国外层空间委员会（以下简称“联合国外空委”）在其1959年成立之初就提出了外层空间的定义和划界问题，但由于各方意见分歧，一直没有明确结论。

国际航空联合会将宇宙飞行的起算高度定为100千米①。1975年，意大利在联合国外空委曾经提出以90千米为空气空间的最高界限②。1976年，阿根廷、比利时和意大利表示支持以海平面100千米为界③。1977年，苏联向联合国外空委表示，支持以100～110千米作为外层空间的下部界限；1979年，苏联又向联合国外空委法律

---

① 参见尹玉海著:《国际空间法论》，中国民主法制出版社，2006年11月第1版，第49页。

② 参见《联合国年鉴》，1975年，英文版，第87页。转引自贺其治著《国际法和空间法论文集》第27页，中国空间法学会内部资料，2000年4月发表。

③ 参见《联合国年鉴》，1976年，英文版，第65页。转引自贺其治著《国际法和空间法论文集》第27页，中国空间法学会内部资料，2000年4月发表。

小组委员会提出一项工作文件①，建议离海平面 100～110 千米以上的区域为外层空间，并以条约形式予以确定。澳大利亚国内法中虽然没有外层空间的明确定义，但在 2002 年对其 1998 年《空间活动法》进行修改时，却直接从中去除了“外层空间”这一术语，代之以“距离平均海平面 100 千米以上的区域”。但这并非尝试对外层空间进行定义或划界，而是旨在阐明《空间活动法》在某种明确界定程度上适用于发射或发射未成功，从而为行业提供确定性，澳大利亚议会当时提交的解释性备忘录明确表明了这一立场②。在 2005 年召开的联合国外空委法律小组委员会第 44 届会议上，联合国外空委外层空间定义与划界问题工作组提出建议，邀请各会员国就已经存在或正在制定的国内相关立法情况提交联合国外空委备案，并对此项议题发表观点。联合国外空委此后陆续收到一些国家的反馈，但从中没有发现针对此项议题存在明确的国内立法情形，各国在联合国外空委会上、会下提出的相关意见五花八门，短期内难以形成统一定论。

1981 年，中国代表在联合国外空委法律小组委员会会议上曾经表示：确定一个为一切国家所接受的关于外层空间的定义，以区别于空气空间和外层空间的法律地位，将有助于保护各国的领空主权和促进外空法的进一步发展。但是选择一条适当的分界线不仅涉及复杂的科学技术问题，而且是一个重要的政治和法律问题。对这个问题，应从各国、特别是发展中国家的主权和安全利益出发，根据目前技术的发展状况，并考虑到地球上空的物理特性以及开展外空活动的合理需要，通过反复和耐心的协商予以解决，任何匆促的决

---

① 参见联合国文件：A/AC. 105/C. 2/L. 121。转引自贺其治著《国际法和空间法论文集》第 27 页，中国空间法学会内部资料，2000 年 4 月发表。

② 资料来源：联合国外层空间事务厅（联合国外空委秘书处）官方网站：http：//www. unoosa. org/oosa/SpaceLaw/national/def－delim/index. html，2009 年 12 月 31 日访问。

定是无助于问题的解决的①。这是中国政府首次在联合国舞台就外层空间定界问题表达原则立场，应当说，这是一个非常慎重的表态。

根据我国 1985 年 12 月出版的《中国大百科全书·航空航天》卷的相关解释，“外层空间的下界至今尚无定论，一般认为下界距地面 100 多千米”②。2006 年 6 月 9 日，中国代表团在裁军谈判会议二期会非正式全会上《关于未来外空法律文书的定义问题的专题发言》中指出，从 1959 年以来，对外层空间的定义一直是联合国和平利用外空委员会及法律与科学技术委员会的议题，但始终没有定论，后于 1988 年取消了该议题。中国专家曾指出，以地球海拔 100 千米以上作为分界较为合理。因为在此高度以上空间，大气压力仅为海平面大气压力的千万分之一，物体在其间运行时不受大气磨擦阻力影响，按照天体力学定律至少可环绕地球轨道运行完整一周；此外，100 千米高度还比较接近卫星运行的最低调整轨道（120 千米）③。中国代表团的这一表态体现出国内科技界的主流观点，说明中国政府对外层空间定界问题的原则立场将更加灵活。2006 年 6 月 21 日，中国代表在联合国外空委第 49 届会议上就法律小组委员会报告发言时指出，关于外层空间定义和划界问题，我们赞同各国从维护外空的永久安全、促进外空的和平利用出发对该问题展开的探讨和协商。我们认为，定义和划界问题不应影响各国和平利用外空的努力。由于该问题涉及许多复杂因素，在近期内难以达成一致，我们同意各

---

① 参见联合国文件：A/AC. 105/C. 2/SR. 355，英文版，第 3 页。转引自贺其治著《国际法和空间法论文集》第 31 页，中国空间法学会内部资料，2000 年 4 月发表。

② 资料来源：《中国大百科全书·航空航天》卷第 466 页，中国大百科全书出版社，1985 年 12 月第 1 版。

③ 资料来源：中国外交部官方网站 http：//www. fmprc. gov. cn/chn/pds/wjb/zzjg/jks/fywj/t309179. htm，2011 年 12 月 28 日访问。

国继续就该议题进行协商①。

2008年2月12日，中国和俄罗斯在日内瓦联合向裁军谈判会议（裁谈会）全体会议提出《防止在外空放置武器、对外空物体使用或威胁使用武力条约》（草案）文本②，提出通过谈判达成一项新的国际法律文书，防止外空武器化和外空军备竞赛，维护外空的和平与安宁。该项条约草案第一条第二款对“外空”进行了明确定义：“外空”系指地球海平面大约100千米以上的空间。这是目前发现的中国政府认可的官方文件中出现的对“外空”的明确定义，说明中国政府对外层空间划界问题的原则立场开始走向务实。

根据国际电信联盟《无线电规则》的有关定义，“深空”（Deep Space）概念是指距离地球大于等于200万千米的宇宙空间。地球与火星距离最近处5 670万千米，中国与俄罗斯合作发射我国首颗火星探测器萤火一号的火星探测计划属于典型的深空探测活动。月球与地球的平均距离约为38.44万千米，严格按照上述标准，月球探测活动不能称之为深空探测，但国内文献一般将月球探测工程作为深空探测的第一步或首选目标。

西方比较权威的《韦氏词典》曾将“深空”（Deep Space）解释为“超越太阳系范围的外层空间部分”③。我国1985年12月出版的《中国大百科全书·航空航天》卷对“深空”概念进行了援引式解释，“一些国际组织规定，距地球约等于或大于地一月距离（约38.4

① 资料来源：中国常驻维也纳联合国和其他国际组织代表团官方网站 http：//www. chinesemission－vienna. at/chn/dbtyw/hplywk/t259068. htm，2012年3月20日访问。

② 相关内容参见中国外交部官方网站 http：//www. fmprc. gov. cn/chn/pds/wjb/zzjg/jks/fywj/t406997. htm（2009年1月2日访问），或联合国官方网站 http：//www. un. org。

③ 资料来源：http：//ec. mydict. com/deep＋space/＃Webster，2011年12月29日访问。

千米）的空间称为深空”①，但在“深空探测”词条②下，直接将“深空探测”划分为“月球探测”和“行星探测”两个部分，并分别回顾了相应的人类探测历史。我国政府 2000 年发布的《中国的航天》白皮书明确提出，要“开展以月球探测为主的深空探测的预先研究”。2006 年发布的《2006 年中国的航天》白皮书在“深空探测”项下，明确提出过去五年“开展了绕月探测工程的预先研究和工程试验，取得重要进展”。在 2011 年发布的《2011 年中国的航天》白皮书中，更将“深空探测”作为一个子题目单列，重点描述了嫦娥一号、嫦娥二号月球探测器的成功发射情况，并明确指出，嫦娥一号任务的圆满完成，标志着中国已经跨入具有深空探测能力的国家行列，嫦娥二号则为深空探测后续任务的实施奠定了基础。在描述今后五年的深空探测任务时，《2011 年中国的航天》白皮书提出继续推进月球探测工程建设，开展深空探测专项论证，推进开展对太阳系行星、小行星和太阳的探测活动。因此，我国官方和科学界将月球作为深空天体、将探月工程纳入深空探测项目已经成为国内通说。

1.2　月球资源概述③

人类已经取得的月球探测成果表明：月球上特有的能源和大量矿产资源是对地球资源的重要补充和储备，理论上对人类社会实现可持续发展具有深远影响。

---

① 资料来源：《中国大百科全书 · 航空航天》卷第 466 页，中国大百科全书出版社，1985 年 12 月第 1 版。

② 资料来源：《中国大百科全书 · 航空航天》卷第 448 页，中国大百科全书出版社，1985 年 12 月第 1 版。

③ 本节部分资料引自国防科工委月球探测工程中心编《中国探月》，科学出版社，2007 年 10 月第 1 版，第 16 页；部分资料引自中国探月网：http://www.clep.org.cn/index.asp? modelname=rsyqiu00_gd_yqzy，2011 年 5 月 18 日访问。

根据科学考察结果，月球上已探知矿物有 100 多种，其中包括 5 种迄今在地球上没有发现的矿物。月岩中含有大量的铝、镁、钙、钛、硅、钠、铬、钾、锰、锆、钡、钪、铌等。目前在月球上发现的最有价值的资源是氦- 3，在地球上很少见，是一种非常重要的能源原料。据初步估算，月球上蕴藏大量的氦- 3，约为 100～500 万吨，可供人类使用一万年以上。目前的核聚变研究主要以氘和氚为原料，但因氘氚反应产生大量中子，中子具有放射性，容易污染环境，也会影响人体健康，而氦- 3 是氦的同位素，能在核聚变反应中释放巨大能量，而且几乎不产生放射性污染，被认为是 21 世纪的完美能源①。鉴于氦- 3 具有取代目前地球上以化石燃料为主要能源来源的潜力，可能成为人类未来可以长期使用的清洁、高效、安全和廉价的新型核聚变燃料，它可能会对人类目前限于从地球获得能源的传统生产和分配方式产生重大影响，因此氦- 3 在理论上具有广泛的开发前景。另外，由于月球上太阳辐射强，每年可产生 12 亿千瓦的能量，因此在月球建立太阳能发电站也可能成为人类获取新能源的途径之一②。美国的空间站月球大道在月球内部发现了大量的火山冰，据专家分析，火山冰的总量在 1 000 万吨到 1 亿吨，这一数量的冰水可以为 2 000 人提供 100 年的生活用水。因此，月球可以为人类持久的空间研究活动提供较为经济的生活补给③。

此外，已经证实月球上富含铝、铁、硅、氧④、氢、镉、镁、钾及其他元素和矿物质，这些矿物质既可以直接使用，也可作为进一步提炼

① 参见杭科：《中国开展月球探测工程的重大意义》，载于《中国航天》2007 年第 11 期，第 64 页。

② 参见杭科：《中国开展月球探测工程的重大意义》，载于《中国航天》2007 年第 11 期，第 64 页。

③ 参见尹玉海著：《国际空间法论》，中国民主法制出版社，2006 年 11 月第 1 版，第 57 页。

④ 月壤中氧的含量占到 40%，参见国防科工委月球探测工程中心编：《中国探月》，科学出版社，2007 年 10 月第 1 版，第 17 页。

其他物质的原料。它们可以被运回地球使用，也可作为在月球上建造人类永久基地的材料并为驻月人员生存提供必要的生命保障支持，或用于生产从月球发射深空探测火箭的燃料。随着人类月球勘探、开发活动的不断开展，应该会有数量更多、价值更高的月球资源得到发现。

从科研环境角度看，月球环境是人类的宝贵财富。月球是地球唯一的自然卫星，与地球的平均距离约为 38.44 万千米，也是太阳系中距离地球最近的知名天体，是从外层空间感测地球的理想场所，月球环境是进行空间天文学研究得天独厚的场所。月球的独特地理位置注定使其成为人类进行深空探测的重要站点或中转站。月球表面的地质构造极其稳定，并拥有弱重力、高洁净的特殊自然条件和自然环境，因而可以作为人类进行深空探测的前哨或中转站，从月面上发射航天器只需用很小的推力，即很少的火箭燃料和很低的成本就能摆脱月球引力前往其他星球。

月球直接承受太阳的辐射，没有大气层对光线和电波的吸收、散射和折射等干扰，没有尘埃污染，没有磁场，月球的背面没有地球的光反射，屏蔽了地球的低频噪声，月震很微小，因而可以作为制造一些特殊生物制品与特殊材料的理想场所。月球有漫长的黑夜，这种环境为建造高精度天文观测台提供了理想的场所，在月球赤道附近架设望远镜可以进行全波段的天文观测，获取地面观测系统所无法得到的信息。总之，月球是进行天体物理学、引力波物理学、中微子物理学和高能物理等观测和实验的理想场所。通过利用月面上某些没有人为改造和破坏的本来面目研究月球，了解月球的成因、演变和构造等诸方面的信息，有助于搞清空间现象和地球自然现象之间的关系（如对月亮的阴晴圆缺与地球海水的潮汐活动存在直接关联的原因分析和解释），可以极大地丰富人类对地球、太阳系以至整个宇宙起源和演变及其特性的认识，从中寻求有关地球上生命起源和进化的线索①。

同时，月球探测工程在空间科学方面将能够实现对地球以外的星

---

①　参见杭科：《中国开展月球探测工程的重大意义》，载于《中国航天》2007 年第 11 期，第 64 页。

体和空间环境进行近距离的探测。各国通过开展月球探测活动，对月球形貌、结构构造、月面物质成分、微波特性和近月空间环境等研究工作不断深化，人类对月球的科学认知水平不断提高。在深空探测领域，火星作为与地球最近似且距地球最近的行星，研究它对认识地球本身和整个太阳系，特别是对揭开生命的起源和演化，都有着重要意义。人类以月球为“跳板”，通过建设月球基地实现航天员在月球上较长时间生存、居住并开展科学实验，对于积累人类在地外星球的适应能力和科学探索经验，进而为实施深度的深空探测计划提供技术储备，无疑具有重要的现实意义。

从生产应用角度看，利用月球具有高真空、低重力的特殊环境，既能生产特殊强度、塑性等性能优良的合金和钢材，又能生产诸如超高纯金属、单晶硅、光衰减率低的光导纤维和高纯度药品等①。从航天科技活动不断走向深入发展的角度看，月球作为人类进行深空探测“前哨”基地的优势得天独厚。由于月球自身引力小和无风等诸多原因，在月球上发射航天器，无论在技术方面还是在经济方面的优势都远远大于地球。今后人类一旦在月球建立基地，就可以直接利用氦-3作为火箭燃料，开展基于月球的航天发射活动。

事实上，今后从地球向月球运输用于建造月球基地或其他空间活动基础设施需要的各种材料以及维持登月、驻月科研人员生存及科研活动所需要的各种补给，从成本效率角度将是非常不经济的，因此积极创造条件直接开采、就地使用月球资源必将是一个重要的决策选项。美国前总统乔治·W·布什执政期间，担任总统科学顾问和科技政策办公室主任的美国空间物理学家 John Harmen Marburger 在 2006 年 3 月 15 日发表的一次政策演讲中指出：“只要从月球开采某种矿产与从地球开采的成本相当，则从月球上对其进行开采和工业制造便具有巨大的、全面的成本优势。月球最大的价值既

① 参见杭科：《中国开展月球探测工程的重大意义》，载于《中国航天》2007 年第 11 期，第 64 页。

不在于科学研究也不在于空间探索，而在于其矿产资源……我指的是，是否可能从中提取能够加工成空间器燃料或其重要部件的元素和矿物质，尤其是对于能够作为火箭化学燃料主要成分的氧的批量生产，很有可能会发展成为一个重要的月球产业。”①

综上所述，月球资源的开发利用将对人类社会未来发展产生深远影响，特别是在人类进入太空经济时代并面临地球资源日益枯竭的背景下，月球资源对保障地球人口、资源、环境的协调及可持续发展具有重要的战略意义。

应该指出，国际社会对月球资源储备及其开发价值并非没有不同声音。美国的阿波罗 12 号 1969 年 11 月执行登月任务时曾经带回一种被称为“克里普”（KREEP）的岩石样品，研究人员认定这是一种由钾、磷和稀土等化学成分构成的物质。如果人类能够确认月球上存在丰富的、可开采的稀土金属，这必将对地球稀土金属资源的供应格局②产生重大而深远的影响。但最近的伽马射线分光计分析却显示，月球上稀土的储量远没有过去想象得那样多，而且它们集中在特定地区。同样，对于前文提到的氦-3，其开采工作也并非易事。有分析认为，从月球表面获得 1 克氦-3 需要挖出 150 吨月球土被，并且或许只有在利用氦-3 进行核聚变试验获得成功后才能真正认定其开采价值，而目前人类对利用氦-3 进行核聚变尚无把握。此外，月球上虽然蕴含丰富的钛，但却需要从一种包含铁和氧的化合物中分离出来；月球土壤中虽然含有大量的氧，但均以硅酸盐等较难分解的化合物形式存在。因此，月球采矿的先期成本可能会十分巨大，更何况《外空条约》禁止各国在月球上划定领土，并且还

① 资料来源：http：//www. nss. org/resources/library/spacepolicy/marburger1. html，2009 年 12 月 31 日访问。

② 稀土是极其重要的战略物资，具有“工业维生素”的美称，是信息技术、生物技术、能源技术等高技术领域和国防建设的重要基础材料。有数据显示，在全球已探明的 1 亿吨稀土储量中，我国只占 36%，但目前全球稀土供应量的 90%以上来自中国，其中内蒙古是我国最大的稀土产地。

没有机制处理月球地契或环境问题①。

1.3 各国月球探测活动回顾②

人类进入太空时代早期，恰逢二战后美苏两个超级大国全面进行冷战阶段，外层空间成为双方进行全方位军备竞赛和政治博弈的重要领域，月球探测更成为两大阵营甚至全球关注的热点活动之一。开展探月活动、特别是实现载人登月已经不仅限于科学探索方面的意义，更是美苏两国提升国际威望、树立超级大国地位的重要政治指标。苏联的航天技术曾经一度处于世界领先地位，在包括月球探测在内的外空活动中创造了很多世界第一。

1959 年 1 月 2 日，苏联用东方号运载火箭成功发射月球 1 号（Luna 1）探测器，实现了人类空间探测器首次脱离地球引力飞越月球③。月球 1 号从距离月球表面 5 000 多千米处飞过，并在飞行过程

① 本段落部分资料参考了《月球上还有多少财富可供挖掘》一文，载于《参考消息》2012 年 1 月 29 日第 7 版，原文《月球有我们需要的东西吗?》（作者：约书亚·基廷）2012 年 1 月 26 日载于美国《外交政策》双月刊网站。

② 本节内容参考资料包括：部分资料引自《明月何时“邀”我还——人类月球探测回顾与展望》，载于《太空探索》2010 年第 5 期，第 20—29 页；部分资料引自国防科工委月球探测工程中心编《中国探月》，科学出版社，2007 年 10 月第 1 版，第 6 页、第 104 页；部分资料引自中国中央人民政府门户网站专题文章《人类月球探测大事记：1959 年——2007 年》，http：//www. gov. cn/jrzg/2007—10/24/content _ 784781. htm，新华社 2007 年 10 月 24 日发布，2009 年 10 月 18 日访问；部分资料引自中国探月网：http：//www. clep. org. cn，2011 年 5 月 18 日访问；部分资料引自维基百科网 http：//en. wikipedia. org/wiki/Moon，2011 年 10 月 30 日访问。对于不同来源的个别数据及表述不一致的地方，作者查阅国外相关资料进行了交叉考证。

③ 苏联在 1959 年 1 月成功发射月球 1 号（Luna 1）探测器之前，在 1958 年共有三次未曾命名的发射任务失败记录。自 1959 年到 1976 年，苏联共发射 24 个“月球号”探测器；自 1964 年到 1970 年，共发射过 8 个“探测者号”月球探测器。

中测量了月球磁场、宇宙射线等数据，这是人类首颗抵达月球附近的航天器。1959 年 9 月 26 日，苏联成功发射月球 2 号（Luna 2）探测器，两天后进行撞月（硬着陆），成为人类第一个到达月球的航天器，从而完成人类首次从地球到达另外一个天体的航天飞行任务。月球 2 号作为首个落在月球上的人造物体，在撞击月球前曾向地球发送了月球磁场和辐射带的重要信息。1959 年 10 月 4 日，苏联成功发射月球 3 号（Luna 3）探测器，三天后飞越月球背面上空，拍摄并向地球发回了约 70% 月背面图片，这是人类首次获得月球背面图片，也是人类首次得以观察到月球全貌。

1966 年 1 月 31 日，苏联发射的月球 9 号探测器经过 79 个小时的长途飞行之后，成功降落在月球的风暴洋附近，月球 9 号成为世界上率先在月球实现软着陆的航天器，并且在随后的 4 天中发回了包括着陆区全景图在内的高分辨率照片。1966 年 3 月 31 日，苏联发射的月球 10 号探测器在几天后进入环绕月球飞行的椭圆轨道，成为人类首颗环绕月球轨道运行的人造月球卫星。

1968 年 9 月 15 日，苏联发射的探测器 5 号顺利升空，经过 7 天飞行后，其返回舱溅落在印度洋上，成为首个到达月球附近又返回地球的航天器。但因探测器 5 号控制系统故障，其返回舱未能按照预定方式再入大气层并在预定地点着陆。苏联此后发射的探测器 7 号圆满完成了各项任务，并以预定的跳跃方式成功返回地球。

1970 年 9 月 12 日，苏联成功发射月球 16 号探测器，9 月 20 日在月面丰富海软着陆。月球 16 号探测器第一次使用钻头进行月面自动采样，并于 24 日携带 101 克月岩样品安全返回地球，人类首次完成月面自动采样并返回地球的探测活动。1970 年 9 月至 1976 年 8 月，苏联共发射了 5 个自动采样探测器，其中，月球 16 号、20 号和 24 号均取回了月球样品。1970 年 11 月 10 日，苏联成功发射搭载世界首辆自动月球车月球车 1 号的月球 17 号探测器，17 日成功降落在在月面雨海区域。月球车 1 号在月球上工作了 301 天，行程 10 540 米，考察了 80 000 平方米月面地域，拍摄了 200 幅月球全景照片和 2 万多张月面照片，在 500 多个地点研究了月壤的物理和力学特性，在 25 个地点分析了月壤的化学成分，并发回 2 万多个测量数据，直到 1971 年 10 月 4 日核能耗尽才停止工作，这是人类第一次在地球上对地球以外的机器人进行远程控制。1973 年 1 月 8 日，苏联成功发射月球 21 号探测器，把月球车 2 号送上月面，并进行了更大范围的月面考察活动，由此获得了更多科研成果。1976 年 8 月 9 日，苏联成功发射月球 24 号探测器，8 月 18 日在月面危海软着陆，钻采并带回 170 克月岩样品。至此，人类第一次探月高潮中苏联对月球的无人探测活动宣告完成，人类对月球的认知更加丰富、更加完整。

美国早期的月球探测器是先驱者号（Pioneer）系列探测器①，从 1958 年开始发射。其中作为首发的先驱者零号（Pioneer 0）由于火箭爆炸而失败，此后发射的先驱者 1 号、先驱者 2 号、先驱者 3 号均因未达到预定速度而失败，先驱者 4 号虽然于 1959 年 3 月 3 日发射成功，但发射时间已经晚于苏联的月球 1 号探测器，而且在距离月球很远处飞过，并未发回重要信息。

约翰·肯尼迪（John F. Kennedy）1961 年 1 月 20 日宣誓就任美国第 35 任总统后，迫切希望美国能在美苏太空竞赛中保持领先地位，于是很快他便于当年 5 月 25 日在国会作特别演讲时正式提出阿波罗载人登月计划，认为太空的大门已经打开，而开展太空探索活动则会让人掌握通向地球未来的钥匙。肯尼迪总统宣布美国将在 20 世纪 60 年代结束以前实现“把一名航天员送到月球上并把他安全带

① 先驱者号系列探测器是美国发射的行星和行星际探测器系列之一，1958 年 8 月到 1978 年 8 月间发射，用于探测地球与月球之间的空间及月球、金星、木星、土星等行星及其行星际空间。

回来”的目标，他认为当时没有其他任何一项航天计划会比这一计划更加令人印象深刻、更加重要。肯尼迪总统在1962年9月发表的另外一次著名演说中指出：“没有一个期望成为其他国家领跑者的国家会在太空竞赛中甘于落后”，“我们现在选择登月或做任何别的事情不是因为它们容易，而是因为它们充满挑战”。

在全面推进阿波罗载人登月计划的同时，美国启动实施了徘徊者号、勘测者号、月球轨道器等三个无人探月计划。1961年8月至1965年3月发射了9个徘徊者号①（Ranger）月球探测器，1966年5月至1968年1月发射了7个勘测者号（Surveyer）月球探测器。其中，于1964年7月成功发射的徘徊者7号硬着陆月球探测器在撞到月球之前，成功地拍摄了4 308张月面照片，照片显示了小到直径只有1米左右的撞击坑和25厘米大小的岩石，这是人类获得的第一批月面特写镜头。1966年8月至1967年8月间，美国先后共发射了5个月球轨道器（Lunar Orbiter），对月表进行了大面积探测，确认了10个阿波罗飞船着陆点，并通过测量轨道数据，得到月球重力场详图。其中，1966年8月10日成功发射的首颗环月探测器月球轨道器1号曾进入近月点200千米、远月点1 850千米的轨道。

此外，1965年3月至1966年11月间，美国共发射了10艘两人驾驶的双子星座号（Gemini）飞船。双子星座号计划是阿波罗载人登月计划的辅助计划，用来验证载人飞船变轨飞行、交会对接、舱外活动等技术。1968年10月11日，美国阿波罗载人登月计划首次进行载人飞行试验，2名航天员乘坐阿波罗7号飞船由土星－1B火箭送入环绕地球飞行的轨道，这次飞行对飞船指令舱与服务舱技术进行了验证。1968年12月21日至27日，载有3名航天员的

---

① 徘徊者号是国内已被广为接受的通常译法，笔者认为中文译作漫游者号更为妥贴。

阿波罗 8 号飞船首次实现载人绕月飞行，成功飞临月球上空，这是世界上第一艘飞到月球附近的载人飞船，也是人类第一次亲临月球附近，飞船绕月飞行 10 圈后返回地球，在太平洋上安全溅落。上述无人探月活动和载人飞行试验活动为此后的载人登月活动奠定了重要基础。

1969 年 7 月 16 日至 24 日，人类圆满完成首次登月任务。3 名美国航天员阿姆斯特朗、奥尔德林和柯林斯乘坐的阿波罗 11 号飞船于 7 月 16 日升空，7 月 20 日飞临月球。格林尼治时间 7 月 20 日 20 时 17 分，阿波罗 11 号载人飞船成功实现登月，阿姆斯特朗、奥尔德林驾驶的登月舱在月面静海区（the Sea of Tranquility）着陆，然后他们先后走出登月舱，人类的脚印首次踏上月球。阿波罗 11 号飞船登月舱在月面停留了 21 小时 36 分，2 名航天员采集了 21.7 千克月球样品，安装了科学仪器，在舱外活动 2 小时 31 分，然后他们驾驶登月舱离开月球，与柯林斯驾驶的绕月飞行的指令服务舱会合，并一同返回地球，最终于 7 月 24 日安全溅落在太平洋。1969 年 7 月至 1972 年 12 月，阿波罗飞船先后 6 次共有 12 名航天员成功实现登月①，共带回 382 千克②月岩月壤样品及大量照片和科学数据，首开人类进行载人登月和月球实地探测之先河，在人类外层空间活动发

① 1969 年 7 月至 1972 年 12 月间，美国先后向月球发射 7 艘阿波罗登月飞船，代号分别为阿波罗 11 号至阿波罗 17 号。除阿波罗 13 号飞船未能按计划登月外，其他几次登月活动均获得成功。

② 国内资料有数据显示为 440 千克，经在美国国家航空航天局官方网站上核实，确切数据应为 382 千克，参见：http：//search. nasa. gov/search/search. jsp? nasaInclude＝Appollo％2C＋382kg％2Csample％2CMoon&entqr＝0&output＝xml _ no _ dtd&sort＝date％3AD％3AL％3Ad1&ud＝1&site＝nasa _ collection&client＝nasa _ production&ie＝UTF－8&oe＝UTF－8&simple _ start＝&news _ start＝&images _ start＝&videos _ start＝&podcasts _ start＝&baynote _ start＝&baynoteOrGSA＝baynote，2011 年 5 月 18 日访问。

展史上具有极其重要的划时代意义。

从 1959 年到 1976 年，苏联和美国一共发射了 108 颗月球探测器，其中有 48 颗发射成功，形成了人类第一次探月高潮，月球由此成为人类在太阳系中除地球以外认识最深刻的星体。1976 年月球 24 号探测器离开月球之后，由于耗资巨大等原因，各国月球探测活动一度走向沉寂。

1989 年 10 月 18 日，美国成功发射伽利略号（Galileo）木星探测器，该探测器 1992 年 11 月 8 日再次飞越地球时，“顺路”对月球进行了多波段成像，获取的数据被广泛用于月球影像成图和月球物质成分研究。1994 年 1 月 25 日，美国成功发射克莱门汀号（Clementine）无人月球探测器，首度获得几乎整个月球的全球地形图和第一份月球表面全球的多光谱影像。克莱门汀号在对月球南极进行探测时，首次发现月球南极可能存在水的直接证据。1998 年 1 月 6 日，美国成功发射月球勘探者号（Lunar Prospector）环月探测器，其主要任务是寻找月球上的水。它携带的中子谱仪的探测数据表明，月球南北两极可能存在凝结的水冰。1 月 7 日，该探测器完成绕月探测使命后，高速撞向月球上可能存在水冰的区域，以便通过巨大撞击能量产生水汽云进一步证明水的存在。虽然地面和太空中的望远镜都没有观测到科研人员期待的水汽云，但仪器显示在月球的极区有过量的氢。研究人员推测，这可能是存在于永久阴暗的环形山内部风化层表层数米处的水冰。这次探月任务被认为是美国自阿波罗登月计划结束 25 年后真正意义上的首次探月飞行。

进入 21 世纪后，欧洲空间局、日本、中国、印度等相继启动实施月球探测计划，人类由此掀起了重返月球的热潮。2003 年 9 月 27 日，欧洲空间局发射了欧洲第一颗月球探测器斯玛特 1 号①

① 也有人译作智能 1 号或智慧 1 号。

(SMART－1)，标志着欧洲探月活动正式开始。斯玛特 1 号 2004 年 11 月 15 日进入环月轨道，第一次对月球表面的化学元素做了详细调查，为科学家获得了研究用的月表尘埃，取得了丰富的科学成果，并于 2006 年 9 月 3 日受控撞击月球优湖地区。

日本于 20 世纪 80 年代中期正式启动探月计划。1990 年 1 月 24 日，日本成功发射一个重达 195 千克的飞天号①（Hiten）月球探测器。该探测器的主要任务是验证借助月球引力的飞行技术和进入绕月轨道的精确控制技术，飞行中还释放了羽衣号（Hagoromo）微型绕月探测器。日本因此成为继美国、苏联后第三个探测月球的国家，也是亚洲第一个研制、发射月球探测器的国家。1990 年 3 月 19 日，飞天号探测器运行至离月面 18 000 千米处，借助月球引力加速，修正到长椭圆轨道。然后，羽衣号转移到距月面 17 000～25 000 千米的椭圆环月轨道上，成为日本首颗绕月球运行的卫星，飞天号母体则在地-月系统的大椭圆轨道上运行。在此后的一年内，飞天号又进行了 7 次借力式飞行，于 1992 年 2 月 15 日转移到距月面 14 700 千米的月球轨道，继续对月观测，最终于 1993 年 4 月 10 日撞向月球，深入月球表面以下 2～3 米。在长达三年多的飞行中，飞天号探测器先后完成了 10 次探月飞行实验任务，包括掠过月球表面、环月飞行以及在月球表面硬着陆等②。2007 年 9 月 14 日，日本发射其第二颗月球探测器月亮女神号（Selene，即辉夜姬），并于同年 10 月 5 日进入绕月轨道。月亮女神号携带了一架高明晰度电视摄影机和两个小的无线电发射卫星，获得许多月球地理的资料和从地球轨道之外高明晰的影片。2009 年 6 月 11 日，月亮女神号实现受控撞月，圆满结

① 发射前命名为缪斯—A（MUSES－A)，进入太空后更名为飞天号(Hiten)。

② 参见《实施星际探测二十年 日本航天科技藏实力》一文（作者不详)，http：//lt. cjdby. net/thread－232541－1－1. html，2011 年 12 月 30 日访问。

束为期两年左右的探测任务。

2008 年 10 月 22 日，印度首个无人绕月探测器月船 1 号（Chandrayaan－1）发射成功，对月球进行了全球成像，并进行了矿物和化学测绘。2009 年 8 月底，月船 1 号在轨工作 312 天后，与地面失去联系①。印度由此成为继苏联、美国、日本、欧洲、中国等国家和地区之后，向月球发射探测器的第六个国家。月船 1 号探测器携带了一个质量为 29 千克、名为冲击者的月球撞击探测仪，并在上面贴制了一面印度国旗，设想在探测仪撞到月表上时，国旗也随之插到月球上，以此证明印度在月球上的存在。

需要指出，人类的探月活动充满了艰辛和曲折，航天活动的高技术、高成本、高风险在人类探月史上可以说得到了全面印证。从 1958 年美国和苏联启动探月计划开始，主要空间国家为了这个执著的梦想付出了不菲代价，探月活动总体成功率不到 50%。仅美国进行的 56 次探月试验就有 43 次失败，苏联也有过 19 次失败记录。美国 1958 年 8 月 17 日发射的先驱者零号（Pioneer 0）作为世界上第一个月球探测器由于火箭爆炸而宣告失败；1967 年 1 月 27 日，装在土星－1B 运载火箭上的阿波罗 1 号指令舱在发射台上起火，3 名美国航天员在这场火灾中不幸遇难，为人类探月活动付出了生命代价。1968 年 7 月，苏联为载人登月计划研制的 N－1 重型运载火箭从拜科努尔发射场起飞 66 秒后炸毁，此后一直到 1972 年，N－1 火箭 4 次飞行试验均告失败，从而使苏联被迫放弃载人登月计划。因此，世界上只有少数具备综合实力的国家能够实施探月计划也就不足为奇了。

① 2009 年 8 月 29 日，在轨运行的月船 1 号与地面失去联系，但其首要任务均已完成。参见任彦：《印度“月船 1 号”失踪》，《人民日报》2009 年 8 月 31 日第 14 版。

1.4 各国月球探测活动展望[①]

人类自20世纪50年代进入太空时代以来，随着航天科学技术的不断进步，世界各国对探索外层空间奥秘、开发外层空间资源的兴趣与日俱增。进入21世纪以来，主要空间国家明显加大了开展深空探测活动，特别是月球探测和火星探测活动的力度，为航天活动和太空经济不断注入新的元素。此次出现的新一轮探月高潮体现出许多新特点，如：随着空间活动商业化趋势不断发展，科学探索活动和追求经济利益呈现目标融合的趋势，由过去以提升人类对月球的科学认知水平为主向多元化空间应用和月球资源探测利用的方向发展；探月活动的规模不断加大、能级不断提升，采用其他领域的高新技术成果越来越多，探月活动一方面成为各种高新技术的综合演练场，另一方面也牵引出许多重大科技创新和攻关活动；越来越多的空间国家[②]和国际组织参与其中，国际空间合作的层次不断提高、范围不断扩大，各国的航天活动开始进入竞争与合作并存的新阶段，等等。

---

① 本节内容参考资料包括：部分资料引自《明月何时“邀”我还——人类月球探测回顾与展望》，载于《太空探索》2010年第5期，第20—29页；部分资料引自国防科工委月球探测工程中心编：《中国探月》，科学出版社，2007年10月第1版，第6页、第104页；部分资料引自中国中央人民政府门户网站专题文章《人类月球探测大事记：1959年—2007年》，http：//www. gov. cn/jrzg/2007—10/24/content _ 784781. htm，新华社2007年10月24日发布，2009年10月18日访问；部分资料引自中国探月网：http：//www. clep. org. cn，2011年5月18日访问；部分资料引自维基百科网 http：//en. wikipedia. org/wiki/Moon，2011年10月30日访问。对于不同来源的个别数据及表述不一致的地方，作者查阅国外相关资料进行了交叉考证。

② 英文全称为 United States Vision of Space Exploration，参见 http：//search. nasa. gov/search/search. jsp? nasaInclude＝U. S＋＋Vision＋of＋Space＋Exploration，2009年10月31日访问。

2007 年 5 月 31 日，14 个空间国家和地区①的外层空间活动管理机构发布了“全球探索战略”（Global Exploration Strategy），宣称这一战略将为人类带来巨大的社会、知识和经济利益……将开启太空探索的新时代，通过共同确立的具有挑战性的、和平的目标强化国际合作，成为未来主要利益攸关方寻求合作的起点，将激发各地民众特别是广大青年的热情。这一全球战略的目的是针对探索月球、最终探索火星及其他天体的目标展开国际谈判，就减少重复性探索活动进行协调，实现人类深空探索活动成就的最大化。

美国是世界深空探测领域的超级大国，也是到 20 世纪 60 年代为止唯一实现载人登月的国家。1989 年 7 月，在纪念阿波罗 11 号成功登月 20 周年集会上，美国时任总统老布什曾经提出以“建立空间站、月球基地和登上火星”为标志的美国航天计划三部曲②。如今，第一项任务已经完成，第三项任务正在加紧推进，第二项任务则未见到实质性进展。

进入 21 世纪以来，美国政府提出了重返月球计划，但执行过程可谓一波三折，备受争议。2004 年 1 月 14 日，美国时任总统乔治 · W · 布什在美国国家航空航天局（NASA）总部发表讲话，宣布美国将重新把航天员送上月球，并将以月球作为中转站，向更远的太空进发，进而执行火星探测任务。乔治 · W · 布什总统此次讲话的主要内容被纳入到正式文件《美国太空探索新构想》中，此后其主要任务又被纳入“星座计划”（Constellation Program），成为一项

---

① 包括美国、俄罗斯、法国、德国、英国、意大利、日本、中国、乌克兰、印度、加拿大、澳大利亚、韩国、欧洲空间局。本书中“空间国家”、“空间环境”、“空间现象”、“空间研究”、“空间法律”、“空间利益”、“空间能力”、“空间物体”、“空间活动”、“空间资源”、“空间主权”等概念中的“空间”均指外层空间。

② 资料来源：1989 年 7 月 22 日《人民日报》第 3 版，转引自贺其治、黄惠康主编《外层空间法》，青岛出版社，2000 年 10 月第 1 版，第 115 页。

包括研制能够重返月球并最终探索火星的新型火箭和新一代载人航天系统、以及重返月球并建立半永久性月球基地的雄伟计划。根据乔治·W·布什总统的讲话内容和《美国太空探索新构想》，美国将于2008～2009年间完成机器人登月任务，2015年前（最晚不超过2020年）完成载人登月任务。2006年12月，NASA“重返月球计划”，提出美国新一轮探月活动的目标和框架，其核心是在2020年左右实现载人登月，随后逐步建立永久性月球基地，并以此为跳板为登陆火星乃至探索更遥远的太空做准备。但奥巴马总统一上任就下令重新评估这些计划①，美国原本雄心勃勃的新一轮探月计划从而遭受挫折。

2006年12月，NASA发布月球探索目标，正式提出建立基于月球的交通管理制度，明确用于卸货和飞船乘组人员登陆的区域②。2008年7月，美国与加拿大、英国、法国、德国、意大利、日本、韩国、印度等八个国家签署了一个联合探月协议，号称“国际月球网络”，计划在未来几年内向月球发射多颗无人探测器，并逐步在月球上建立起6到8个固定或移动的月球科学站，对月表及月球内部

---

① 参见Report of the President's Commission on Implementation of United States Space Exploration Policy, *A journey to Inspire, Innovate and Discover*, June 2004。另据美国www. space. com网站2009年7月3日报道，美国总统奥巴马已经要求其政府2009年10月1日前详细审查现有的国家航天政策，以达成一项管理美国民用军用航天活动的新战略。另据www. people. com. cn2009年8月17日报道，美国总统奥巴马任命的一个“美国载人航天飞行计划评估委员会”（奥古斯丁委员会）于8月14日表示，由于预算不足（总额达1 080亿美元的10年预算已被削减大约300亿美元），美国载人航天计划将严重受阻，无法实现2020年重返月球的目标。2009年10月22日，评估委员会提交载人航天飞行方案评审最终报告——《寻求适合伟大国家的载人航天飞行计划》。

② 参见NASA：Lunar Exploration Objectives，第1版，2006年12月发布，参见NASA官方网站www. nasa. gov。

进行探测①。2009年6月18日（美国东部时间），美国成功发射两颗月球探测器——月球勘测轨道飞行器（LRO）和月球坑观测和遥感卫星（LCROSS），当年10月9日，月球坑观测和遥感卫星成功撞击月球，并据称在月球上发现了水。这项飞行试验任务曾被认为是美国“重返月球”战略计划的第一步，将为美国载人探月以及探索太阳系提供重要数据，而且一次向月球发射两颗探测器前所未有。2009年7月20日，美国政府和社会各界举行各种活动，高调纪念人类首次登月40周年，重新唤起了全球民众对人类重返月球的期待，也引起了广大航天科技工作者、外层空间法律制度研究人员对新形势下建立月球资源开发国际法律制度的广泛关注。

2010年2月1日，奥巴马政府向美国国会提交政府新一年度预算报告，建议取消重返月球计划②。2010年4月15日，美国总统奥巴马在佛罗里达州肯尼迪航天中心发表演讲，公布了一揽子雄心勃勃的“新太空计划”，表示美国太空探测的深度将超越月球而深入太阳系，因此将放弃重返月球的计划，代之以载人火星探测计划，将火星作为美国载人航天计划的目的地，计划在21世纪30年代中期之前安全运送美国航天员往返火星轨道。奥巴马总统表示，希望在他有生之年看到美国航天员成功登陆火星。2010年6月28日，奥巴马政府颁布国家航天政策，谋求空间霸权意图明显，指出“空间效益几乎已经渗透到我们生活的方方面面”、“航天能力目前已无处不在”，要通过发展航天“巩固美国在地球上的领导地位”。美国新版航天政策强调，在空间探索、民用航天、商业航天等领域将实行开放和合作方针，但首先要维护其空间绝对优势。由此可见，美国独

---

① 参见何绍改：《三星探月涌新潮——近年来月球探测活动扫描》，载于《国防科技工业》，2008年第11期。

② 据有关媒体报道，奥巴马总统曾对登月计划不屑一顾，说“我们已经去过那里”。参见2011年4月27日《参考消息》第7版文章《美议员提议重启登月计划》（资料来源：美国《大众科学》月刊网站2011年4月25日文章）。

霸外空的战略企图并没有改变。2010 年 10 月 11 日，奥巴马政府签署一项新的空间计划法案，批准拨款 580 亿美元，用于实施火星计划、延长空间站运行期限等空间研究及探索计划。

美国 2010 年“新太空计划”公布后，在美国国内引起强烈反响，各界对其评价可谓毁誉参半、莫衷一是。美国国家航空航天局（NASA）局长查尔斯·博尔登称：总统的计划非常大胆、充满活力，与其他太空计划不同的是，新计划可以得到足够的资金支持。而首位登陆月球的美国航天员尼尔·阿姆斯特朗则认为：这将给美国的太空项目造成“毁灭性”打击，注定使半个世纪以来一直是航天领域领导者的美国降格为太空探索领域的二流或三流国家。有 62 名议员甚至联名上书奥巴马，力劝其收回取消“星座计划”的决定，并要求立即恢复“星座计划”中大推力火箭的研制和生产。2011 年 4 月，一名来自佛罗里达州的议员在众议院提出一项以月球为主题的法案，认为 NASA 应该计划在 2022 年重返月球，并逐步实现人类常驻月球，美国应该根据这一目标重新调整 NASA 的经费①。

需要指出，虽然美国近十年来不断调整其太空政策，特别是对月球探测的目标和定位一再变化，但包括中国在内的一些主要空间国家似乎并未受此影响，对月球探测活动依然采取积极态度，欧洲空间局、俄罗斯、印度均坚持执行原定计划，日本甚至提出进一步利用机器人开发月球资源的设想。有评论指出，美国取消载人登月计划首先是因为其耗资巨大②，特别是 2008 年金融危机造成美国实

---

① 参见 2011 年 4 月 27 日《参考消息》第 7 版文章《美议员提议重启登月计划》（资料来源：美国《大众科学》月刊网站 2011 年 4 月 25 日文章）。

② 美国的阿波罗登月计划当年耗资 256 亿美元，而美国 2004 年提出的新一轮载人登月计划则需要开支 1 080 亿美元。参见夏丹《月球会上谈探月——访嫦娥一号月球探测工程首席科学家欧阳自远院士》，载于《太空探索》杂志 2010 年第 7 期。

体经济发展持续低迷、失业率居高不下、政府开支预算压力不断加大①，迫使美国的深空探测活动短期内只能选择火星探测等有限目标，而一旦美国国内经济状况得以复苏，载人登月工程早晚会重新提上日程。也有评论指出，美国取消探月计划说明，美国对月球资源价值的认识已经发生重大变化，美国的太空政策更加趋于务实和理性。上述两种论调的真实性和合理性有待于我们进一步观察验证。不管怎样，作为世界头号航天强国的美国对其航天政策作出任何调整和修正，都会引起各国的广泛关注。

苏联在 20 世纪为实施“登月计划”先后发射过 32 颗月球探测器，在人类早期探月活动的很多方面均遥遥领先并取得了一系列骄人成就。然而，苏联解体后，俄罗斯经济发展一度停滞，俄罗斯人在航天领域难以再现昔日辉煌。在资金缺乏的情况下，俄罗斯航天计划一段时间内被迫瘦身，其探月活动更是一度沉寂。进入 21 世纪后，石油天然气等资源给俄罗斯带来了丰厚回报，国家政局趋于稳定，俄罗斯再次点燃大国梦想，对航天事业的支持力度不断加大，探月计划被重新提到议事日程。俄罗斯在《2006－2015 年俄联邦航天发展规划》中公布了月球和火星探测器研制计划②，提出在 2025 年前实现载人登月，并打算在 2027—2032 年间建立永久性月球基地（居住站），2035 年将航天员送上火星。

俄罗斯新一轮月球开发计划将分四个阶段进行：第一阶段实施“月球·全球”项目，主要任务是研究月球内部结构，为发射月面巡

---

①　根据美国总统奥巴马 2012 年 1 月 5 日在美国国防部五角大楼发布的军事战略报告《维持美国的全球领导地位：21 世纪国防的优先任务》，美国这一最新军事战略将导致今后十年高达 4 500 亿美元的国防预算开支削减。参见 Obama: Defense Strategy Will Maintain U. S. Military Pre－eminence，http: //www. defense. gov/news/newsarticle. aspx? id＝66683，2012 年 1 月 16 日访问。

②　参见韩鸿硕、石卫平、蒋宇平：《2008 年世界深空探测获得丰硕成果（下）》，载于《中国航天》，2009 年第 4 期。

视器（月球车）选择着陆点，为未来建设月球基地及其他工程提供基础数据，同时要探测月球上的自然资源，例如水及其他易挥发的物质，以便今后进行开发和利用；第二阶段实施“月球·资源”项目，计划通过与印度合作于2012年左右发射月球车和轨道器，月球软着陆器将携带月球车在月球南极地区实施软着陆并进行现场勘测；第三阶段实施“月球·土壤”项目，在2018年左右分别发射月球车和月球采样返回探测器，利用月球车采集月球土壤和岩石样品，并将月球样品返回地球供地面分析研究；第四阶段实施“月球·多样”项目，开发研制一系列可在月面工作的自动化设备与设施，建设完成一个能够执行月球勘探、科学研究、采样返回等任务的自动化工作的月球基地，本项目实施时间尚未确定，可能在2020年左右。

俄罗斯与“探月计划”密切相关的是其“火星探测计划”。俄罗斯计划在2015年向火星发射载人飞船，但2011年11月9日发射升空的福布斯一土壤（Phobos—Grunt）火星探测器（搭载了中国首枚火星探测器萤火一号）不幸发生意外，在同运载火箭分离后因其主发动机启动失败而未能按计划实现变轨，并于2012年1月15日坠落于太平洋水域。俄罗斯在此之前执行的最近一次火星探测器发射任务是在1996年，亦告失败。

2001年11月，欧洲空间局各国部长批准了旨在对太阳系进行无人和载人探索的“曙光女神计划”（Aurora Programme）。该计划将分为5个阶段完成，并计划于2024年实现载人登月。2004年2月，欧洲空间局（ESA）宣布了其包括月球探测活动在内的“曙光女神计划”（Aurora Programme），提出在2020～2025年间将航天员送上月球，2030～2035年间发射载人火星探测器，同时寻找地球以外的生命迹象。2004年11月15日，ESA第一颗月球探测器斯玛特1号（SMART—1）成功进入月球轨道，2006年9月3日成功实现了定点撞月，为科学家获得了研究用的月表尘埃。德国认为月球具有极大的研究价值，计划耗资15亿欧元在2015年左右尝试发射无人飞船探月①。

根据日本宇宙航空研究开发机构（JAXA）2005 年宣布的远景目标，日本将在 2015 年前发射登陆月球的无人探测器，2020 年前实现载人登月，2025 年前启用拟人化机器人在月球表面建立一个无人探测基地。2009 年 6 月 2 日，日本政府空间政策战略总部（SHSP）② 根据日本 2008 年出台的《空间活动基本法》，发布新版《空间政策基本规划》，提出首先要在 2020 年前后实现双脚步行机器人探月，以此为建造科学探索基地做好准备。下一步则要通过航天员与机器人的合作，开展全面的月球探索活动，并将月球基地用于由人主导的科学探索活动。③

2009 年，印度公布了“登月计划”，该计划显示印度的下一个目标是于 2011 年将月船 2 号无人探测器送上太空，并让月球车在月球表面实现软着陆，2015 年完成首次载人航天飞行试验后，力争 2020 年实现载人登月。最新资料显示，月船 2 号探测器预计最早将于 2013 年发射升空。

2010 年 5 月 31 日～6 月 2 日，由国际宇航联合会（IAF）与中国宇航学会联合主办的世界月球会议（Global Lunar Conference）暨国际月球探测工作组（ILEWG）第 11 届月球探测与利用大会在北京召开，来自美国、俄罗斯、加拿大、德国、英国、意大利、印度、日本等 26 个国家和地区的 476 名航天专家和月球科学家出席大会，共商探月发展大计。此次会议反映了世界各国对月球探测的重视，再次证明了新一轮探月热正在世界范围内形成。中国工业和信息化部副部长、国家国防科技工业局局长陈求发在出席开幕式时表示，中国于 2004 年启动月球探测工程，2007 年成功发射嫦娥一号月球探

① 参见路透社 2009 年 8 月 12 日新闻，转引自《参考消息》报 2009 年 8 月 13 日第 7 版。

② 国内有资料译作日本宇宙开发战略总部，英文全称为 Strategic Headquarters for Space Policy。

③ 资料来源：联合国外层空间事务厅（联合国外空委秘书处）官方网站：http：//www. oosa. unvienna. org/oosaddb/showDocument. do? documentUid = 410&country=JPN，2010 年 12 月 20 日访问。

测器，开启了深空探索宇宙奥秘的时代，但这只是中国在深空探测领域迈出的第一步。中国在独立自主发展探月技术的同时，希望通过国际合作提高月球探测工程水平，实现与各国的技术和资源互补，共享探测成果。IAF 主席伯尔尼·费尔巴赫在致辞时表示，中国快速发展的太空计划，以及在探月方面所取得的巨大成就，是 IAF 选择在北京举办此次世界月球会议的重要原因。他说，这次真正意义上的全球性会议正逢其时，有三个原因促成了会议的重要意义：从科技角度看，月球是人们非常感兴趣的星体；探月有助于促进科技发展与创新；太空探索是令人激动的挑战，对各国来说都如此，需要携手合作、实现共同目标①。欧洲空间局局长让·雅克·多丹在发言中明确表达了进一步加快人类探索月球步伐、和平利用月球资源的希望，强调了充分利用国际空间站、加强世界各国合作的必要性。

人类的太空探测触角一步步走向深空地带将是航天科技不断发展进步的必然趋势。月球是人类进行深空探测的前进基地，对月球率先进行探测是人类积累深空探测经验的一项基础工作。人类的载人航天活动将从空间站逐步向空间基地发展，而建立月球空间基地作为人类开展载人登陆火星活动的跳板，将成为人类进行深空探测活动的有效路径之一。进入新世纪以来，各国开展月球探测活动方兴未艾，必将对人类今后以月球为基地开展火星、火卫、金星等深空探测活动提供重要的基础支撑和技术保障。在人类大规模启动月球探测和资源开发活动之前，系统梳理现行国际空间法律制度，提出规制月球资源开发活动的法律制度构想，推进外层空间的安全、和平、绿色、有序开发，无疑具有积极的现实意义。

1.5　中国月球探测活动回顾与展望

2000 年 10 月 5 日，时任国家国防科工委副主任兼国家航天局局

① 参见《中国航天报》新闻通讯（记者：陈全育）：《世界月球会议首次在华举行》，载于《中国航天报》2010 年 6 月 2 日第 1 版。

长栾恩杰在首届“世界空间周”庆祝大会上作了题为《面向 21 世纪的中国航天》专题发言，详细论述新世纪中国航天事业的发展目标和远景，并透露中国将开展月球探测活动①。2000 年 11 月 22 日，中国政府通过发表《中国的航天》白皮书②向全世界宣布：中国在今后十年将“开展以月球探测为主的深空探测的预先研究”。同年 11 月，在北京举行的国际空间展上，出现在军事博物馆展位上的中国登月沙盘，吸引了不少参观者驻足观看。2002 年 8 月 13 日，在山东青岛召开的 2002 年深空探测技术与应用国际研讨会上，中国正式对外宣布将开展月球探测工程③ 2003 年 2 月，原国防科工委④组织召开“2003 年民用航天工作会暨探月工程筹备会”，提出正式启动探月工程筹备工作。2003 年 9 月，原国防科工委向中央专委汇报《我国月球探测工程具体思路》。2004 年 1 月，国务院正式批准绕月探测工程立项，并为之命名为嫦娥工程，绕月探测工程正式启动。2004 年 2 月，国务院批准成立由原国防科工委任组长单位，国家发展与改革委员会、科学技术部、财政部、总装备部、中国科学院、中国航天科技集团公司等单位参加的绕月探测工程领导小组。2004 年 4 月，温家宝总理针对绕月探测工程做出重要批示：绕月探测工程是一项复杂的多学科高技术集成的系统工程。要统筹规划，合理确定科学和工程目标；充分调动和整合各方面科研资源，加大重大关键技术的攻关。”他同时要求：“要加强基础工作，突破关键技术，严格对

---

① 资料来源：中国网《21 世纪 我国计划探测月球与火星》，新华社发布。http：//www. china. com. cn/zhuanti2005/txt/2000 — 10/06/content _ 5006845. htm，2009 年 10 月 18 日访问。

② 2000 年《中国的航天》（2000 年版）白皮书中英文版本参见本书附录 M。

③ 资料来源：中国中央人民政府门户网站专题文章《人类月球探测大事记：1959 年—2007 年》，http：//www. gov. cn/jrzg/2007 — 10/24/content _ 784781. htm，新华社 2007 年 10 月 24 日发布，2009 年 10 月 18 日访问。

④ 2008 年 3 月国务院进行大部制改革后为国防科工局，下同。

工程全过程的管理，坚持质量第一，确保绕月探测飞行任务圆满成功。”① 2006 年 10 月，中国政府发表的《2006 年中国的航天》白皮书②宣布，我国的月球探测工程已经全面启动，开展了绕月探测工程的预先研究和工程实施，并取得重要进展。

与此同时，我国与月球探测工程密切相关的另一个国家重大科技专项计划——载人航天工程也在紧锣密鼓地进行。1999 年 11 月 20 日至 21 日，我国成功发射并回收第一艘神舟号无人试验飞船，标志着中国人遨游太空的计划开始进入倒计时。2003 年 10 月 15 日至 16 日，我国成功发射并回收神舟五号载人飞船，航天英雄杨利伟成为遨游浩瀚太空的第一位中国人，我国首次载人航天飞行获得圆满成功，突破了载人航天基本技术，成为世界上第三个独立开展载人航天飞行活动的国家。2005 年 10 月 12 日至 17 日，神舟六号载人飞船实现“两人五天”的载人航天飞行，首次进行有人参与的空间试验活动，在载人航天领域取得又一个重大成就。2008 年 9 月 25 日至 28 日，我国载人航天工程取得重大突破，神舟七号载人飞船圆满完成中国人首次出舱进行太空行走的任务。我国载人航天工程取得的辉煌成就为后续开展深空探测、载人登月任务奠定了重要基础。

我国的月球探测工程规划贯彻“有所为、有所不为”的方针，选择有限目标，突出重点，集中力量，力求在关键领域取得突破，循序渐进，持续发展，为后续深空探测活动奠定坚实的基础。整个工程规划共分三步走，即分为“绕”、“落”、“回”三期。一期工程为“绕”，即发射月球探测卫星，卫星绕月飞行，并进行遥测。主要科学目标包括：获取月球表面三维立体影像；精细划分月球表面的基本构造和地貌单元；进行月球表面撞击坑形态、大小、分布、密度等的研究。主要工程目标包括：研制和发射我国第一颗月球探测

---

① 引自国防科工委月球探测工程中心编《中国探月》，第 19 页，科学出版社，2007 年 10 月第 1 版。

② 《2006 年中国的航天》白皮书中英文版本参见本书附录 N。

卫星；初步掌握绕月探测基本技术；首次开展月球科学探测；初步构建月球探测航天工程系统；为月球探测后续工程积累经验。

二期工程为“落”，即发射一颗月球软着陆器，并携带一颗月球巡视勘察器（俗称“月球车”），进行首次月球软着陆和自动巡视勘测，计划在 2012 年前后发射。主要科学目标为：进行着陆区月貌与月质构造调查和综合研究，测定着陆点的热流、岩石剩磁等；进行月球内部结构研究，对月岩进行现场探测或采样分析，探测着陆区岩石的化学与矿物成分；日地月空间环境监测与月基天文观测。主要工程目标为：发射月球软着陆器，试验月球软着陆技术；研制和发射月面巡视车、自动机器人；进行高分辨率摄影；为月球基地的选址提供月面环境、月形、月岩的化学与物理性质等数据。

三期工程为“回”，即发射一颗月球软着陆器，软着陆在月球表面特定区域，进行首次月球样品自动取样并安全返回地球，在地球上对取样进行分析研究，计划在 2017 年前后发射。主要科学目标为：进行着陆区的探测与研究；采集月球样品返回地球，对样品进行系统的岩石学、矿物学同位素月质和月球化学研究，结合月面物质成分的分析数据，深化对月球和地月系统的起源和演化的研究。主要工程目标为：发展新型月球巡视车；发展小型采样返回舱、月表钻岩机、月表采样器、机器人操作臂等；在现场分析取样的基础上，采集样品返回地球；对着陆区进行考察，为载人登月探测、建立月球前哨站的选址提供数据①。

在完成上述三期工作后，中国的载人登月计划将会全部浮出水面，下一步将陆续启动“登月”、“驻月”工程，其中“登月”是指载人登月，“驻月”是指建设月球基地，创造可供人居住、生活、工

---

① 部分内容参见《中国航天报》新闻通讯：《我国首次探月工程取得圆满成功》，载于《中国航天报》2007 年 12 月 5 日专刊第 1 版。部分内容参见中国国家航天局官方网站文章：《我国月球探测工程的发展规划》，http：//www.cnsa. gov. cn/n1081/n7499/n314807/n330895/331346. html，2011 年 5 月 18 日访问。

作、实验的条件，进行“驻”月的科研活动。随着月球探测工程的逐步推进，相关技术可以运用于执行火星探测任务，我国必将跨入深空探测先进国家的行列。月球和火星探测是当代深空探测的重点领域，从国外航天发展历程和未来规划来看，月球探测是深空探测的第一步，而火星将是深空探测的重要对象，火星探测是行星际探测的开端。与世界航天强国相比，我国的火星探测活动起步较晚，与国外深空探测领域的先进技术水平存在一定差距。在我国顺利实施绕月探测工程的同时，逐步开展火星探测，是提升我国深空探测能力的必然趋势①。

2007 年 10 月 24 日，我国自主研制的第一颗月球探测卫星嫦娥一号成功发射，11 月 7 日进入环月轨道，卫星运转正常，传回了大量有关月球的数据，取得了以国际先进的全月球影像图和三维地形图等为代表的重要研究成果，我国由此成为苏联/俄罗斯、美国、日本和欧洲之后的第五个“月球俱乐部”成员。2009 年 3 月 1 日，嫦娥一号成功实现受控定点撞月②。我国首次绕月探测工程获得圆满

① 2010 年 10 月 21 日，中国空间技术研究院专家在第三届中国空间技术论坛上透露，中国空间技术研究院已经研究并提出我国自主火星环绕探测技术方案。参见《人民日报》记者蒋建科的新闻通讯：《我火星探测已有自主方案》，载于《人民日报》2010 年 10 月 22 日第 9 版。此外，《中国日报》2011 年 3 月 2 日头版头条以“‘Smart’ Mars probe will boldly go on trek”为题，对中国空间技术研究院深空探测首席科学家叶培建院士进行独家专访，该文部分透露了正在拟订中的火星探测器研制计划，提出希望在 2013 年自主发射我国第一颗“智能型”火星探测器。我国政府 2011 年 12 月 29 日发布的《2011 中国的航天》白皮书指出，我国将要开展的深空探测活动，包括开展深空探测专项论证，推进开展对太阳系行星、小行星和太阳的探测活动。火星探测将成为我国深空探测活动的切入点。

② 在嫦娥一号以受控撞月方式结束其 494 天的飞行之前，共向地面传回总量约为 1.37 TB 的科学数据。基于这些无偿与全世界共享的数据，中国诞生了首张全月图等科学成果，各国科学家发表论文 100 多篇。以上内容引自 http：//mil. news. sina. com. cn/s/2010－10－02/0814613115. html，2010 年 10 月 2 日访问。

成功，实现了中华民族的千年奔月梦想，开启了中国人走向深空探索宇宙奥秘的时代，标志着我国已经进入具有深空探测能力的国家行列①。这是我国推进自主创新、建设创新型国家取得的又一标志性成果，是中华民族在攀登世界科技高峰征程上实现的又一历史性跨越，是中华民族为人类和平开发利用外层空间作出的又一重大贡献②。这项工程是继 1970 年我国第一颗人造地球卫星成功发射、2003 年成功实现载人航天飞行之后，中国航天事业发展的又一座里程碑③，进一步展示和提高了我国的经济实力、科技实力和民族凝聚力，极大地激发了全体中华儿女的爱国热情④，进一步确立了我国作为世界航天大国的地位。

2007 年 10 月 24 日，中国自主研制的第一颗月球探测卫星嫦娥一号成功发射，标志着中国的探月工程成功迈出第一步。2010 年 10 月 1 日，中国自主研制的第二颗月球探测卫星嫦娥二号成功发射，标志着中国的探月工程又向前迈出重要一步。嫦娥一号和嫦娥二号卫星的成功发射，不仅创造了我国首次执行绕月探测飞行任务就取得圆满成功的壮举，而且嫦娥二号针对探月工程二期月面软着陆地区进行了详细观察，铸就了我国航天事业发展史上的第三座里程碑。

2010 年 10 月 1 日，嫦娥二号月球探测卫星在西昌卫星发射中心成功升空，中国月球探测工程二期揭开序幕。作为月球探测工程二期的技术先导星，嫦娥二号的主要任务是为嫦娥三号实现月面软着陆开展部分关键技术试验，并继续进行月球科学的探测和研究。嫦娥二号月球探测器获得 7 米分辨率、100%覆盖全月球表面的全月球影像图（嫦娥一号获得的全月球影像图分辨率为 120 米）和月球虹湾区域高清晰影像，超额圆满了完成“绕月阶段”任务，成为中国

---

① 参见胡锦涛：《在庆祝我国首次月球探测工程圆满成功大会上的讲话》，资料来源：新华网，2007 年 12 月 12 日访问。

② 标注同上。

③ 标注同上。

④ 标注同上。

探月工程取得的又一项重大科研成果。此前，国际上尚无其他国家获得和发布过优于 7 米分辨率、100%覆盖全月球表面的全月球影像图，“嫦娥二号”的这项成果 对我国研究月球物质特性、月球地质构造、月表物质成分的含量，探究月球起源与演化有着重要的科学价值。2011 年 4 月 1 日，嫦娥二号安全运行 180 天，达到半年设计寿命，全面完成了既定的工程目标和科学探测任务。2011 年 6 月 9 日，嫦娥二号月球探测卫星在圆满完成既定任务后，受控飞离月球轨道，飞向距离地球 150 万千米的第二拉格朗日点开展深空探测的拓展性试验。此次拓展性试验将进一步验证我国的深空探测关键技术，获取更多的探测成果。同时，这次试验具有轨道新、距离远、飞行时间长、准备时间短等特点，面临着很大的风险，对卫星系统、测控系统和地面应用系统都是极大的挑战。2011 年 8 月 25 日，经过 77 天的漫漫征程，嫦娥二号卫星在世界上首次实现从月球轨道出发，成功进入日地拉格朗日 L2 点环绕轨道。这标志着嫦娥二号不仅圆满完成了探月任务，而且超额完成了对日地拉格朗日 L2 点的探测任务，顺利完成了各项拓展试验，这是一次重大创新，堪称世界航天史上的一大创举。嫦娥二号卫星的此次新旅程，必将为我国未来的深空探测奠定坚实基础①。

我国的月球探测工程已被列为《国家中长期科学和技术发展规划纲要（2006—2020 年）》十六个重大专项之一。作为一项国家级战略性重大专项科技工程，月球探测工程将服从和服务于科教兴国战略和可持续发展战略，以满足科学、技术、政治、经济和社会发展的综合需求为目的，始终把推动科学技术进步放在首位，在带动相关的前沿理论、交叉学科及相关的战略性新兴产业发展等方面力求发挥应有的作用。嫦娥二号任务圆满成功，迈出了我国深空探测活动的重要一步，是我国探月工程取得的又一成就，是我们建设创新

① 参见《中国航天报》通讯：《“嫦娥二号”飞离月球 承担深空探测新使命》，2011 年 6 月 10 日第 1 版。

型国家取得的又一成果，是中国人民攀登世界科技高峰的又一壮举，谱写了中华民族自强不息、锐意创新的壮丽篇章。这一重大成就，对推动我国航天事业发展、引领我国科技创新，对激励全党、全军、全国各族人民意气风发地投身改革开放和社会主义现代化事业具有十分重要的意义①。

我国政府 2011 年 12 月 29 日发布的《2011 年中国的航天》白皮书②明确指出，今后五年，我国将按照“绕、落、回”三步走的发展思路，继续推进月球探测工程建设，发射月球软着陆和月面巡视勘测器，实现在月球的软着陆和巡视探测，完成月球探测第二步任务；启动实施以月面采样返回为目标的月球探测第三步任务，并开展载人登月前期方案论证；同时开展月球着陆巡视区的月表特性原位分析、形貌探测、结构构造综合探测，以及月表环境探测和月基天文观测。可以预见，在不久的将来，我国的月球探测工程必将不断取得新的更大进展，从而为进一步深化月球及太阳系科学研究、为人类和平利用外层空间作出新的更大贡献。

---

① 参见胡锦涛：《在庆祝探月工程嫦娥二号任务圆满成功大会上的讲话》，资料来源：新华网，2010 年 12 月 20 日访问。

② 参见附录 O。

第2章　月球资源开发需要遵循的国际法现状评析

20世纪60～70年代，人类进入太空时代初期，尽管当时东西方两大阵营处于冷战和军备竞赛（包括太空军备竞赛）状态，但在联合国的主持下，外层空间法仍然在较短时间内迅速建立和发展起来，形成了国际空间法的基本体系框架和重大原则，成为国际法的一个重要组成部门。随着航天科技及人类外层空间活动的不断发展，特别是深空探测、月球资源开发活动逐渐开始提上日程，外层空间活动商业化进程不断加快，涉及各种法律主体的权利、义务、责任的新问题不断呈现，在法律层面提出很多新挑战，特别是1979年《月球协定》的不成功实践事实上构成了目前外层空间法律体系的结构性缺陷，国际社会应该尽快采取措施予以解决。

2.1　外层空间法的法理基石

外层空间法作为国际法的新部门，是航天科技和人类外层空间活动的必然产物，其很多原则源于国际法的一般原理，同时又因其环境、技术和参与主体的特殊性进一步丰富了国际法的内涵，成为一个独具特色的国际法子体系。各国在从事月球资源开发活动的过程中，必然要遵循国际法的基本原则，同时也应遵循外层空间法的各项原则、条约以及针对月球资源开发活动专门制定的各类有效的协定或公约。

《联合国宪章》① 的宗旨和原则已不仅仅是一个普遍性主权国家

---

① 《联合国宪章》内容参见本书附录A，资料来源：联合国官方网站 http：//www.un.org/zh/documents/charter。

政府间国际组织的政治指南和行为规范，而且已成为整个国际关系和现代国际法的基石①。《联合国宪章》第一条明确规定了联合国的宗旨：一、维持国际和平及安全；并为此目的：采取有效集体办法，以防止且消除对于和平之威胁，制止侵略行为或其他和平之破坏；并以和平方法且依正义及国际法之原则，调整或解决足以破坏和平之国际争端或情势。二、发展国际间以尊重人民平等权利及自决原则为根据之友好关系，并采取其他适当办法，以增强普遍和平。三、促成国际合作，以解决国际间属于经济、社会、文化及人类福利性质之国际问题，且不分种族、性别、语言或宗教，增进并激励对于全体人类之人权及基本自由之尊重。四、构成一协调各国行动之中心，以达成上述共同目的。针对《联合国宪章》可能与其他国际条约的冲突，《联合国宪章》第 103 条明确规定：联合国会员国在本宪章下之义务与其依任何其他国际协定所负之义务有冲突时，其在本宪章下之义务应居优先。这条规定确立了《联合国宪章》在整个国际法体系中的根本性作用，对于解决不同法律制度文件、不同国际关系准则的优先适用问题至关重要。

1963 年《外空条约》第 3 条明确规定，国际法和《联合国宪章》适用于外层空间活动，因此，任何外层空间法律制度必须首先符合《联合国宪章》确立的国际关系基本准则。1967 年《外空条约》以多边条约的形式将 1963 年《外空宣言》所规定的九项政策性原则转化为国际法原则，应当适用于包括月球探测和月球资源开发在内的一切外层空间活动，并作为指导各国开展与月球及其他天体有关的外层空间活动的基本原则。

2.1.1　外层空间法的起源和体系特征

联合国在外层空间法的建立和发展过程中一直发挥着至关重要

---

①　参见许光建主编：《联合国宪章诠释》，山西教育出版社 1999 年版，第 12 页。

的作用。苏联 1957 年成功发射世界上第一颗人造地球卫星后不久，联合国立即认识到建立外层空间法律制度的必要性和迫切性。1958 年 12 月 13 日，联合国召开大会并通过决议①形式指出，确认外层空间乃人类共同利益所在，为保障外层空间物体的发射完全用于科学及和平目的，应共同研究制定一套监督制度。为此，联合国“和平利用外层空间特设委员会”同年宣告成立，由 18 个成员国组成②。1959 年 12 月 12 日，联合国大会决定将“和平利用外层空间特设委员会”改为常设机构，成员国增加到 24 个③，同时将机构名称改为“和平利用外层空间委员会”（以下简称联合国外空委）④，此名称沿用至今。

联合国外空委于 1961 年 11 月 27 日召开第一次会议，促进通过了大会 1961 年 12 月 20 日第 1721（XVI）号决议 A 至 E，其中包括

---

① 联合国“和平利用外层空间特设委员会”的英文名称为 the ad hoc Committee on the Peaceful Uses of Outer Space，相关内容参见联合国大会 1958 年 12 月 13 日第 1348（XIII）号决议，资料来源为联合国外层空间事务厅（外空委秘书处）官方网站 http：//www. unoosa. org/oosa/SpaceLaw/gares/html/gares_13_1348. html。

② 最初的 18 个成员国包括：阿根廷、澳大利亚、比利时、巴西、加拿大、捷克斯洛伐克、法国、印度、伊朗、意大利、日本、墨西哥、波兰、瑞典、苏联、阿联、英国、美国。相关内容参见联合国大会 1958 年 12 月 13 日第 1348（XIII）号决议，资料来源为联合国外层空间事务厅（外空委秘书处）官方网站 http：//www. unoosa. org/oosa/SpaceLaw/gares/html/gares_13_1348. html。

③ 所增加的 6 个成员国包括：阿尔巴尼亚、奥地利、保加利亚、匈牙利、黎巴嫩、罗马尼亚。相关内容参见联合国大会 1959 年 12 月 12 日第 1472（XIV）号决议，资料来源为联合国外层空间事务厅（外空委秘书处）官方网站 http：//www. unoosa. org/oosa/SpaceLaw/gares/html/gares_14_1472. html。

④ 联合国和平利用外层空间委员会的英文全称为 the Committee on the Peaceful Uses of Outer Space，英文简称 COPUOS，相关内容参见联合国大会 1959 年 12 月 12 日第 1472（XIV）号决议，资料来源：联合国外层空间事务厅（外空委秘书处）官方网站 http：//www. unoosa. org/oosa/SpaceLaw/gares/html/gares_14_1472. html。

推荐给各国用于指导其外层空间活动的第一批法律原则的第 1721 号决议 A 以及第 1721 号决议 B，大会在其中表示相信，联合国应当成为和平探索及利用外层空间国际合作的一个联络中心。1962 年 3 月 30 日，联合国外空委决定设立科技小组委员会（Scientific and Technical Subcommittee）和法律小组委员会（Legal Subcommittee），由外空委全体成员国参加①。这两个委员会随即于当年 5 月至 6 月分别召开了第一次会议，从此成为联合国框架内协调解决国际外层空间合作问题的两个重要平台。2011 年 6 月 1 日，联合国外空委举行了一次向联合国所有会员国开放的纪念活动，以纪念人类载人航天飞行五十周年暨联合国外空委五十周年，并通过了一项《人类载人航天飞行五十周年暨和平利用外层空间委员会五十周年宣言》。

联合国外空委目前有包括中国在内的 71 个成员国②，许多政府间机构和非政府的国际机构均委派观察员出席联合国外空委会议。1980 年 6 月，中国政府首次派出观察员代表团参加联合国外空委第 23 届会议，并于同年 11 月成为该委员会正式成员国。此后，中国政府参加了联合国外空委及其下属的法律小组委员会和科技小组委员会历次届会。中国政府还派代表团分别出席了联合国第二次（1982 年）和第三次外空大会（1999 年）。

联合国外空委设有一个主席团，由三位成员组成，包括一位主席，两位副主席（其中第二副主席兼报告员）。法律小组委员会和科技小组委员会各设主席一人，不设副主席和报告员。联合国秘书处下设的外层空间事务厅（简称外空事务厅或外空司，另译太空署）同时也是联合国外空委的秘书处，主要是负责组织协调工作。联合国外空事务司于 1993 年 9 月从纽约移至维也纳联合国办事处办公。自 1994 年起，联合国外空委及其小组委员会历次届会均在维也纳联

---

① 参见联合国文件：A/5109，1962 年 3 月 30 日。

② 上述数据引自联合国外层空间事务厅官方网站 http://www.unoosa.org/oosa/en/COPUOS/copuos.html，2012 年 1 月 14 日访问。

合国办事处举行。

法律小组委员会主要审议和研究和平利用外空活动中产生的法律问题，拟订有关的法律文件和公约草案；科技小组委员会主要审议和研究与探索及和平利用外空有关的科技问题，以及促进空间技术的国际合作和应用问题。外空委主要审议上述两个小组委员会的工作报告及不由小组委员会审议的一般性外空问题，就委员会的工作做出决定，并向联合国大会提出报告和建议。联合国外空委及其两个小组委员会每年各举行一届会议，审议联合国大会提出的有关外空问题及成员国提出的外空报告和问题。会议一般在上半年举行，以便向下半年举行的联合国大会提交报告、建议和决议案。联合国外空委及其两个小组委员会均以协商一致方式做出决定。

联合国外空委的主要任务是审查和平探索和利用外层空间的国际合作，研究联合国主持下制定的实施办法，研究和平利用外层空间可能产生的法律问题，向联合国大会提出报告和建议。其宗旨是制定和平利用外层空间的原则和法律制度，促进各国在和平利用外层空间方面的合作，研究与探索和平利用外层空间有关的科技问题及可能产生的法律问题。

鉴于联合国大会赋予外空委的主要任务之一是研究和平利用外层空间可能产生的法律问题，联合国外空委于是成为制定国际空间法的主要机构。从 1959 年正式成为联合国常设机构以来，联合国外空委先后主持制定并通过了五项国际条约（公约）、三项宣言、三项原则。联合国大会根据外空委的建议，分别于 1968 年 8 月、1982 年 8 月、1999 年 7 月在联合国维也纳总部召开了三次联合国探索及和平利用外层空间大会（即联合国外空大会）。联合国外空委近些年的工作重点就是落实第三次外空大会的各项建议。

联合国外空委的经常性活动包括促进气象、通信、导航、直播、遥感等各种卫星运营业务的国际合作，举办各种研讨会，进行外层空间研究情报的交换，通过与联合国粮农组织、教科文组织、欧洲空间局、国际宇航联合会、国际宇航科学院、国际空间法学会等国际机构及有关国家政府合作，开展空间技术和学术交流活动，通过联合国开发计划署援助有关国家将空间技术应用于社会发展，开展外层空间法的普及活动和培训项目等。

应该说，过去几十年来，在联合国主持下，国际社会在外层空间领域的法律制度建设方面取得了巨大成就，确立了人类开展外层空间活动的基本法律体系框架及目前月球资源开发活动应当首先遵循的国际法基本原则，这是本书深入研究月球资源开发国际法律制度的基础所在。

1967年以来，联合国主持制定并先后通过的五项国际条约包括1967年《外空条约》、1968年《营救协定》、1972年《责任公约》、1975年《登记公约》、1979年《月球协定》，与联合国先后通过的六项外层空间领域的法律原则（或宣言）一起，成为规范各国外层空间活动的重要法律文书，国际社会由此初步建立起空间营救制度、空间物体损害赔偿制度、空间物体登记制度以及探测开发月球及其他天体的原则，有力确保了国际社会对外层空间的和平开发和利用，有效避免了在外层空间发生以争夺空间资源、主张空间主权为诉求的各种论争、冲突甚至战争或战争威胁。这是人类20世纪60～70年代进入太空时代初期开展外层空间立法活动的重要成果，也是国际社会有效规制外层空间活动的重要成果，在外层空间法发展史、外层空间活动发展史上均具有极其重要的历史意义，对新形势下国际社会构建未来的月球资源开发国际法律制度具有十分重要的现实意义。中国全国人大常委会先后于1983年12月批准加入1967年《外空条约》，1988年12月批准加入1968年《营救协定》、1972年《责任公约》和1975年《登记公约》，从此成为国际社会维护外层空间法律制度和外层空间活动正常秩序的一支重要力量。

上述五项外空条约虽然是东西方冷战背景下、人类开展外层空间活动初期各方利益博弈、调和的产物，但即使在当今航天科技发展日新月异和人类外层空间活动发生深刻变化的新形势下，这些法律文件在确立外层空间活动基本规则方面仍然发挥着非常重要的基石作用。各国在从事月球资源探索、开发和利用活动中，不得滥用外层空间、不得损害他国的国家安全、不得破坏外层空间公共秩序，已经成为普遍认可的共识。

研究月球资源开发国际法律制度构建这一课题，必须首先对上述五项外空条约进行探讨。鉴于上述五项外空条约既有构成现行外层空间法律体系基本框架的体系性特征，又针对月球探测和月球资源开发活动提出了一些原则性的规范，而《外空条约》在其中又发挥着“外空宪章”的特殊作用，2.1.2 节将重点讨论《外空条约》的相关内容，2.1.3 节将分别结合《营救协定》、《责任公约》、《登记公约》等其他三项条约的相关内容对月球探测和月球资源开发这一课题进行讨论。2.2 节将集中讨论《月球协定》的相关内容，并结合《月球协定》未被国际社会普遍接受的事实，论证当前外层空间法律体系存在结构性缺陷这一命题。2.3 节将主要结合联合国六项有关各国外空活动的法律原则（或宣言）中的重点原则进行讨论，以逐步挖掘月球资源开发国际法律制度的法理基础和今后的构建方向。结合月球资源开发这一课题对现行外空条约体系及其主要内容进行深入分析，对于我们深化对月球资源开发国际法律背景的认识无疑是至关重要的。

2.1.2 《外空条约》评析

1966 年 12 月 19 日，联合国大会第 1499 次全体会议以第 2222（XXI）号决议形式审议通过《关于各国探索和利用包括月球和其他天体在内外层空间活动应遵守原则的条约》①，简称《外空条约》。《外空条约》于 1967 年 1 月 27 日起在美国、苏联、英国三国首都开

① 1967 年《外空条约》英文全称为 Treaty on Principles Governing the Activities of States in the Exploration and Use of Outer Space, Including the Moon and Other Celestial Bodies，英文简称为 the Outer Space Treaty。1967 年《外空条约》中英文版本全文见本书附录 B，资料来源：联合国外层空间事务厅（外空委秘书处）官方网站 www.oosa.unvienna.org。

放签署，1967年10月10日正式生效，习惯上称为1967年《外空条约》。截至2011年1月1日，共有101个国家或地区批准加入（含批准、接受、认可、加入或继承）该条约，另有26个国家或地区签署该条约，其中主要空间国家和发达国家均已批准加入1967年《外空条约》，我国于1983年12月正式批准加入该条约。

1967年《外空条约》是国际社会确立外层空间活动基本法律原则的第一项“造法性”条约，是国际上公认的“外空宪章”（*Magna Charta* for Outer Space），也是规范人类外层空间活动最重要的国际条约。1967年《外空条约》被国际社会和主要空间国家广泛接受，为此后制定其他四项外层空间国际条约起到积极的示范作用，也奠定了坚实的法理基础，同时为今后外层空间法的进一步发展、月球资源开发的国际法律制度的构建提供了重要的法律原则。

1967年《外空条约》首次以多边条约的形式将联合国大会1963年《各国探索和利用外层空间活动的法律原则宣言》（简称《外空宣言》）① 确定的九项政策性原则转化为国际法原则，并对这些原则的内容进行了扩充。尽管1967年《外空条约》没有能够建立起有效的执行机制和条款解释、争端解决机制，但是其国际法律地位和法律约束力是毋庸置疑的。

1967年《外空条约》第1条开宗明义地规定，“探索和利用外层空间，包括月球与其他天体在内，应本着为所有国家谋福利与利益的精神，不论其经济或科学发展的程度如何，这种探索和利用应是全人类的事情。外层空间，包括月球与其他天体在内，应由各国在平等基础上并按国际法自由探索和利用，不得有任何歧视，天体的所有地区

① 1963年《外空宣言》英文全称为 United Nations Declaration of Legal Principles Governing the Activities of States in the Exploration and Use of Outer Space，参见联合国大会1963年12月13日第1280次全体会议通过的1962年（XVIII）号决议。1963年《外空宣言》中英文版本全文见本书附录G，资料来源：联合国外层空间事务厅（外空委秘书处）官方网站 www.oosa.unvienna.org。

均得自由进入。对外层空间，包括月球与其他天体在内，应有科学调查的自由，各国应在这类调查方面便利并鼓励国际合作。”我们可以将本条款内容概括为“自由平等和共同利益”原则，而这里的自由应当包括自由进入（Freedom of Access）、自由探索（Freedom of Exploration）和自由利用（Freedom of Use）等三个方面的内容。

1967年《外空条约》的自由进入、自由探索、自由利用原则在1979年《月球协定》中得到了进一步体现。《月球协定》第6条第1款规定：所有缔约各国都享有不受任何种类的歧视，在平等基础上，并按照国际法的规定在月球上从事科学研究的自由。《月球协定》第8条规定，缔约各国可在月球的表面或表面之下的任何地点进行其探索和利用的活动，但须遵守本条约的其他规定。为此目的，缔约各国特别可以在月球上降落及从月球发射外空物体；也可以将它们的人员、航天器、装备、设施、站所和装置放置在月球的表面或表面之下的任何地点。人员、航天器、装备、设施、站所和装置可在月球表面或表面之下自由移动或自由被移动。

1979年《月球协定》第9条第2款进一步规定：（在月球上）设置站所应不妨碍依照本协定及《外空条约》第1条规定在月球上进行活动的其他缔约国的人员、航天器和设备自由进入月球所有地区。该条款实际上是以明示方式对1967年《外空条约》自由进入、自由探索原则的重申和发展。

1979年《月球协定》第6条第1款和第11条第4款也分别明确了平等原则：除了前文提到的第6条第1款外，第11条第4款进一步规定，缔约各国有权在平等基础上和按照国际法和本协定的规定探索和利用月球，不得有任何性质的歧视。根据国际法一般原理，平等行使权利并非要求实现所有国家都以绝对同等的水平一体从事所有外层空间活动，由于各国在相关资源禀赋、经济实力、科技实力、综合国力及空间政策偏好等方面的差距和差异，只能在法律形式上确保各国的自由探索开发权利及空间活动（包括相关的空间立法活动）参与机会的均等，且不因经济技术发展程度不同而受到任何歧视。

为防止对各国自由平等权利可能出现的滥用，1967 年《外空条约》还明确了“共同利益”原则，强调探索和利用外层空间是“全人类共同的事情”（the Province of all Mankind），“应为所有国家谋福利和利益，不论其经济或科学发展的程度如何”①。此外，1967 年《外空条约》也强调各国开展空间活动必须兼顾他国的利益，明确指出各国在外层空间（包括月球和其他天体）所进行的一切活动，应妥善照顾其他缔约国的同等利益②。1979 年《月球协定》也强调了这一原则，并在其第 2 条明确规定：月球上的一切活动，包括其探索和利用在内，应按照国际法，尤其是《联合国宪章》的规定，考虑到 1970 年 10 月 24 日大会通过的《关于各国依联合国宪章建立友好关系和合作的国际法原则宣言》，顾及维持国际和平与安全及促进国际合作与相互谅解的利益并适当顾及所有其他缔约国的相应利益予以进行。1979 年《月球协定》第 4 条除重申 1967 年《外空条约》第 1 条的“共同利益”原则外，还进一步明确了“可持续发展”的原则要求：月球的探索和利用应是全人类的事情（the Province of all Mankind），并应为一切国家谋福利，不问它们的经济或科学发展程度如何。应依照《联合国宪章》规定，充分注意今世与后代人类的利益，以及提高生活水平与促进经济和社会进步和发展的需要。

1967 年《外空条约》第 2 条强调了“不得据为己有”（Non-appropriation）原则：“外层空间包括月球与其他天体在内，不得由国家通过提出主权主张，通过使用或占领，或以其他方法，据为己有。”换言之，任何国家均不得对外层空间及包括月球在内的各种天体主张所有权。在这里，我们应当将其中的“天体”（Celestial Bodies）与“发射到外层空间或天体上的空间物体”（Objects Launched into Outer Space or Celestial Bodies）区分开来。人类为探

---

① 参见附录 B《外空条约》第 1 条。

② 参见附录 B《外空条约》第 9 条。

索和利用外层空间而建造并发射到地球轨道或外层空间的技术装置或设施应当属于“空间物体”，而自然生成的各种空间物体（如各类恒星、行星、小行星、行星之卫星、彗星等）则应属于“天体”的范畴。

1967 年《外空条约》的和平原则体现在其第 4 条的有关规定，“本条约各缔约国承诺不在绕地球轨道上放置任何载有核武器或任何其他种类大规模毁灭性武器的物体，不在天体上装置这种武器，也不以任何其他方式在外层空间布置这种武器。”从 1967 年《外空条约》的适用范围来看，该条款中的“天体”应当包括月球在内的各种天体。换言之，既不能在月球上布置任何携带核武器或任何其他类型大规模杀伤性武器，也不能在月球轨道上布置此种武器。1979 年《月球协定》对月球的非军事化做出了更加严格的规定，详见本书 5.3.4 节关于安全保障方面的相关内容。

需要指出的是，1967 年《外空条约》虽然被国际社会广泛接受，但它只是一项由一系列重大原则规定构成的条约，这就不可避免地带来两个结果：第一，它不可能涵盖和解决所有外层空间问题；第二，它缺乏有效的执行机制和条款解释、责任追究、争端解决机制，因而可操作性并不强。联合国此后主持制定的《营救协定》、《责任公约》、《登记公约》及《月球协定》虽然在局部领域部分解决了一些重要而迫切的法律原则的应用和操作问题，但对于全面规制月球资源开发活动而言，1967 年《外空条约》显然难以独立担当此项重任。而 1979 年《月球协定》由于其基础原则及部分核心条款备受争议，以及其自身极其有限的被接受程度，在短期内要发挥其应有的作用难度也非常大。

2.1.3 《营救协定》、《责任公约》、《登记公约》评析

(1)《营救协定》评析

1967 年 12 月 19 日，联合国大会第 1640 次全体会议以第 2345（XXII）号决议形式审议通过《关于营救宇宙航行员、送回宇宙航行

员和归还发射到外层空间物体的协定》（简称《营救协定》）[①]。《营救协定》于 1968 年 4 月 22 日开放签署，1968 年 12 月 3 日正式生效，习惯上称为 1968 年《营救协定》。截至 2011 年 1 月 1 日，共有 91 个国家或地区批准加入（含批准、接受、认可、加入或继承）该协定，另有 24 个国家或地区签署该协定，2 个政府间国际组织[②]宣布接受其各项权利和义务。主要空间国家和发达国家均已批准加入该协定，我国于 1988 年 12 月正式批准加入该协定。

由于外层空间探索活动，特别是载人航天活动具有极大的风险性，1967 年《外空条约》将航天员视为人类派往外空的使节，缔约各国对于遭遇意外事故、危难或紧急降落于他国领土上或公海上的航天员，应给予一切可能的援助。1968 年《营救协定》第 1 条对此做出了专门规定："每个缔约国获悉或发现宇宙飞船人员在其管辖区域，在公海，在不属于任何国家管辖的其他任何地方，发生意外，处于灾难状态，进行紧急或非预定的降落时，要立即：(a) 通知发射当局；在不能判明发射当局或不能立即将此情况通知发射当局的情况下，要立即用它所拥有的一切适用的通信手段，公开通报这个情况；(b) 通知联合国秘书长，他要立即动用他所拥有的一切适用的通信手段，传播这个消息。"乘坐航天飞机的航天员、在空间站或未来月球基地上工作的航天员适用此条的规定，应当享有被救助的权利。

随着空间活动商业化程度的不断提高，太空旅游将成为一种时尚。除了搭乘航天飞机、载人飞船进行航天飞行及到国际空间站体验太空生活等形式外，太空游客的下一个旅游目的地很有可能就是

---

① 1968 年《营救协定》英文全称为 Agreement on the Rescue of Astronauts, the Return of Astronauts, and the Return of Objects Launched into Outer Space，英文简称为 the Rescue Agreement。1968 年《营救协定》中英文版全文见本书附录 C，资料来源：联合国外层空间事务厅（外空委秘书处）官方网站 www.oosa.unvienna.org。

② 包括欧洲气象卫星应用组织和欧洲空间局。

月球。如果太空游客在往返月球途中或在航天器内遭遇意外，能否援引 1968 年《营救协定》视同“人类派往外空的使节”享受被国际社会援救的待遇，尚需从法律层面予以确认，本书将在 5.3.4 节对此进行专题论述。

(2)《责任公约》评析

1971 年 11 月 29 日，联合国大会在其第 1998 次全体会议上以第 2777 (XXVI) 号决议形式审议通过《空间物体所造成损害的国际责任公约》(简称《责任公约》)[①]。《责任公约》于 1972 年 3 月 29 日开放签署，1972 年 9 月 1 日正式生效，习惯上称为 1972 年《责任公约》。截至 2011 年 1 月 1 日，共有 88 个国家或地区批准加入（含批准、接受、认可、加入或继承）该公约，另有 23 个国家或地区签署该公约，3 个政府间国际组织[②]宣布接受其各项权利和义务。主要空间国家和发达国家均已批准加入该公约，我国于 1988 年 12 月正式批准加入该公约。

各国在从事空间活动过程中不可避免会发生损害行为，因而可能产生赔偿责任问题。1967 年《外空条约》第 6、第 7 及第 8 条已经对各国从事外空活动的国际责任做了原则性规定。其中第 6 条规定：“本条约各缔约国对本国在外层空间，包括月球与其他天体在内的活动应负国际责任，不论这类活动是由政府机构或是由非政府团体进行的。它并应负国际责任保证本国的活动符合本条约的规定。非政府团体在外层空间，包括月球与其他天体在内的活动，应经本条约有关缔约国批准并受其不断的监督。一个国际组织在外层空间，包括月球与其他天体在内进行活动时，遵守本条约的责任应由该国际组织和参加该国际组织的本条约各缔约国共同承担。”鉴于缔约国

---

① 1972 年《责任公约》英文全称为 Convention on International Liability for Damage Caused by Space Objects，英文简称为 Liability Convention。1972 年《责任公约》中英文版本全文见本书附录 D，资料来源：联合国外层空间事务厅（外空委秘书处）官方网站 www. oosa. unvienna. org。

② 包括欧洲气象卫星应用组织、欧洲空间局和欧洲通信卫星组织。

对本国的外空活动应负国际责任，各国空间法均规定了空间活动主体的准入制度，即没有经过国家授权部门的批准，不得从事空间活动。

1967 年《外空条约》第 7 条进一步规定，“凡发射或促使发射物体进入外层空间，包括月球与其他天体在内的缔约国，以及以其领土或设备供发射物体用的缔约国，对于这种物体或其组成部分在地球上、在大气空间或在外层空间，包括月球与其他天体在内，使另一缔约国或其自然人或法人遭受损害时，应负国际责任。”《外空条约》第 8 条则对空间物体致害归责问题进行了规定，首先明确向外层空间发射的物体包括在某一天体上着陆或建筑的物体及其组成部分的所有权，不因其在外层空间或在某一天体上或因其返回地球而受影响。而且，“发射到外层空间或天体上的空间物体”所有权人不仅对该空间物体拥有所有权，同时还应保有“管辖权和控制权”①，“对于这种物体或其组成部分在地球上、在大气空间或在外层空间，包括月球与其他天体在内，使另一缔约国或其自然人或法人遭受损害时，应负国际责任”②。

在 1967 年《外空条约》对发射实体造成损害的赔偿责任原则性规定的基础上，1972 年《责任公约》对这方面的规定更为具体，对参与空间发射和运行的各类主体在外层空间活动中担负的各类责任进行了较为清晰的阐述。

2009 年 2 月发生的俄美卫星在外层空间相撞的重大太空“交通事故”事件，理论上可以使用 1972 年《责任公约》进行归责处理。根据该公约第 2 条的规定，发射国对其空间物体在地球表面，或给飞行中的飞机造成损害，应负有赔偿的绝对责任；1972 年《责任公约》第 3 条则规定，任一发射国的空间物体在地球表面以外的其他地方，对另一发射国的空间物体，或其所载人员或财产造成损害时，

---

① 参见附录 B《外空条约》第 8 条。

② 标注同上。

只有损害是因前者的过失或其负责人员的过失而造成的条件下，该国才对损害负有责任。因此，上述两种情形下空间物体的责任主体均是发射国。

1979 年《月球协定》除了在其序言中直接提及 1967 年《外空条约》和 1972 年《责任公约》外，在其第 14 条第 1 款进一步确认了国家的主体责任：本协定缔约各国对于本国在月球上的各种活动应承担国际责任，不论这类活动是由政府机构或非政府实体所进行的，并应保证其活动符合本协定的各项规定承担国际责任。缔约各国应保证它们所管辖的非政府实体只有在该缔约国的管辖和不断监督下方可在月球上从事各种活动。与此同时，《月球协定》第 14 条第 2 款指出，缔约各国承认，由于在月球上的活动的增加，除《外空条约》和《责任公约》以外，或许需要有关在月球上引起的损害赔偿责任的细节办法。对任何此类办法的拟订均应依照该协定第 18 条所规定的程序，这就为后续立法留出了空间。

(3)《登记公约》评析

1974 年 11 月 12 日，联合国大会在其第 2280 次全体会议上以第 3235（XXIX）号决议形式审议通过《关于登记射入外层空间物体的公约》①（简称《登记公约》)。《登记公约》于 1975 年 1 月 14 日开放签署，1976 年 9 月 15 日正式生效，但习惯上被称为 1975 年《登记公约》。截至 2011 年 1 月 1 日，共有 55 个国家或地区批准加入（含批准、接受、认可、加入或继承）该公约，另有 4 个国家或地区签署该公约，2 个政府间国际组织②宣布接受其各项权利和义务。主要空间国家和发达国家均已批准加入该公约，我国已于 1988 年 12 月正式批准加入该公约。

---

① 1975 年《登记公约》英文全称为 Convention on Registration of Objects Launched into Outer Space，英文简称为 Registration Convention。1975 年《登记公约》中英文版本全文见本书附录 E，资料来源：联合国外层空间事务厅（外空委秘书处）官方网站 www. oosa. unvienna. org。

② 包括欧洲气象卫星应用组织和欧洲空间局。

外层空间法领域许多规定的实施需要以空间物体的有效登记为基础，空间物体只有在有效登记的前提下才能被识别出来，并在损害发生时进行有效归责。1975 年《登记公约》为确定空间物体身份及来源问题提供了有效解决方案。根据该公约，所有由发射国射入外层空间的物体，包括空间物体的运载工具及其零部件均可称为“空间物体”。“发射国”是在发射或促使发射空间物体的国家，或是从其领土或设施发射空间物体的国家。“登记国”是指将空间物体登入其登记册的发射国。该公约第 2 条第 1 款规定，“发射国在发射一个外空物体进入或越出地球轨道时，应以登入其所必须保持的适当登记册的方式登记该空间物体。每一发射国应将其设置此种登记册情事通知联合国秘书长。”

1975 年《登记公约》序言中特别提到了另外三项公约的相关规定：《外空条约》中关于各国应对其外层空间活动负有国际责任以及对其空间物体进行登记的规定；《营救协定》中关于有关国家应归还在发射当局领域之外所发现的空间物体，而发射当局经请求时，应在交还前提供证明资料的规定；《责任公约》中关于发射国应对其空间物体所造成的损害负有赔偿责任的国际规则和程序。这表明，《登记公约》同上述三项条约相互联系，结成一个紧密的整体①。

1975 年《登记公约》面临的主要问题是缺乏有效的执行机制，未能明确对违约行为的制裁措施，从而使其实际法律效力受到一定程度的影响。

2.2　《月球协定》评析

1979 年 12 月 5 日，联合国大会第 89 次全体会议以 34/68 号决

---

①　参见葛勇平：《〈登记公约〉中的登记国概念及相关法律问题》，载于赵海峰主编的《空间法评论第一卷》，哈尔滨工业大学出版社 2006 年 12 月第 1 版，第 70 页。

议形式审议通过《指导各国在月球和其他天体上活动的协定》（简称《月球协定》）[①]，1979 年 12 月 18 日开放签署，1984 年 7 月 11 日正式生效，习惯上称为 1979 年《月球协定》。截至 2011 年 1 月 1 日，批准加入（含批准、接受、认可、加入或继承）1979 年《月球协定》的国家包括：澳大利亚、奥地利、比利时、智利、哈萨克斯坦、黎巴嫩、墨西哥、摩洛哥、荷兰、巴基斯坦、秘鲁、菲律宾、乌拉圭等 13 个国家；另有法国、危地马拉、印度、罗马尼亚等 4 个国家签署该协定。主要空间国家及联合国五大常任理事国均未批准加入该协定（其中只有法国签署了该协定），也没有任何国际组织宣布接受其各项权利和义务。发达国家中只有奥地利、澳大利亚、荷兰、比利时批准加入了该协定，但均不能称为主要空间国家。法国和印度虽然签署但并未批准加入该协定。

1979 年《月球协定》是国际社会规范月球及其他天体探测和利用活动的专门条约。与 1967 年《外空条约》相比，1979 年《月球协定》不仅针对一般意义上的外层空间，而且进一步将规制月球及其他天体探索开发利用活动的原则具体化。由于 1979 年《月球协定》并未被国际社会特别是主要空间国家广泛接受，使得目前的外层空间法律体系存在结构性缺陷，在一定程度上制约了人类在立法轨道上开展深空探测活动特别是月球资源开发活动，也直接影响到外层空间法律体系的完善和进一步发展。

2.2.1 《月球协定》的出台背景

20 世纪 60 年代，国际社会就 1967 年《外空条约》进行酝酿谈判时，主要空间国家尚未针对月球及其他天体进行探测和资源开发公布确切的时间表。当时基于人类短期内完成登月计划的可能性较

---

① 1979 年《月球协定》英文全称为 Agreement Governing the Activities of States on the Moon and Other Celestial Bodies，英文简称为 Moon Agreement。1979 年《月球协定》中英文版本全文参见本书附录 F，资料来源：联合国外层空间事务厅（外空委秘书处）官方网站 www. oosa. unvienna. org。

小这样一个假设，1967 年《外空条约》并没有对未来的月球资源开发制定明确的法律制度。美国 1969 年 7 月成功实现登月后，共带回 382 千克月岩月壤样品和大量科学数据，人类探测和开发月球资源似乎顿时具有了现实可能性，于是加快相关的国际法律制度建设被迅速提上日程。

1979 年《月球协定》的出台事实上还存在一个重要背景，那就是 20 世纪 60 年代国际社会对海底资源归属及开发权的争论，一并引发了人们对南极、海底、太空等全球公域地带资源归属的普遍关注。1967 年 8 月 17 日，马耳他常驻联合国代表帕多（Avid Pardo）向第 22 届联合国大会建议，将国家管辖范围以外的海床、洋底及其资源宣布为“人类共同继承财产”①。

1969 年，阿根廷、法国、波兰试图通过联合国外空委制定一套制度，用于规制人类在月球及其他天体上的行为及资源开发活动。1970 年 6 月 23 日，阿根廷向联合国外空委提交了一份《关于使用月球及其他天体的自然资源的活动的原则协定草案》②，其中第一条明确指出，月球和其他天体的自然资源应为“人类共同继承财产”，并认为由此获得的收益应当由所有国家分享，以便提高生活水平和促进经济及社会发展。1970 年 7 月 3 日，阿根廷率先向联合国外空委提出建立关于月球及其他天体的国际法律制度的建议③。阿根廷的上述原则协定草案和建议当时得到埃及、印度和美国的支持。该份原则协定草案宣布月球和其他天体的自然资源属于“人类共同继承财产”，利用这些天体的自然资源获得的利益应当在不存在任何歧视的条件下让各国人民均有机会分享。分配这些利益时，应当按照《联合国宪章》第 55a 条的规定，考虑到促进提升生活水平的需要及经济、社会进步和发展的条件，考虑到发展中国家的利益和要求以

① 参见联合国文件 UN Doc A/6695，1967 年 8 月 18 日。

② 参见联合国文件 A/AC. 105/C. 2/L. 21，1970 年 6 月 23 日。

③ 参见联合国文件 A/AC. 105/C. 2/L. 71 及其附件一，1970 年 7 月 3 日。

及从事相关空间活动的国家的权利。阿根廷提出的上述建议同时触及到月球和其他天体的自然资源概念问题，将之定义为“来源于月球和其他天体的所有物质”，认为应当为此建立一套相对独立的法律制度，并与适用于带回地球加以利用的那些资源的法律制度相区别。

苏联对阿根廷的上述主张持反对态度。在1971年6月召开的第26届联合国大会上，苏联建议将制定关于月球的国际条约的议题纳入联大议程，并提交了一份包括15项条款的《月球条约》草案，明确主张自然人和法人均不得对月球表面或其表面下的底土提出财产要求，而且探索和利用月球的活动应当在适当照顾当代和今后世代利益的前提下开展。该项《月球条约》草案强调，严禁在月球上部署核武器和其他大规模杀伤性武器，严禁利用月球从事任何含有军事目的的活动。苏联的《月球条约》草案尽管包含了对月球表层及底土不得据为己有的原则，但也明显排斥了“共同继承财产”的概念，同时排斥了对月球资源的商业化开发条款，而且主张未来的《月球条约》只适用于月球，不能包括其他天体，也不涉及月球资源的法律地位问题①。

鉴于苏联代表团提出的《月球条约》建议草案，1971年11月29日，联合国大会未经投票通过决议，要求外空委及其法律小组委员会优先审议制定月球国际条约草案问题并向第27届联合国大会提交报告②。这一决议并没有提到“共同继承财产”概念。

20世纪70年代，美国政府主张探索月球和其他天体应该恪守和平目的原则，同时应该确保其航天员能够在月球和其他天体上自由从事科学研究活动，研究结果应该由全人类共享。美国政府对苏联

---

① 当时在这一问题上支持苏联的国家均为社会主义阵营国家，其中包括匈牙利、波兰、保加利亚、捷克斯洛伐克、蒙古等，参见联合国文件 A/AC. 105/C. 2SR. 187。

② 参见联合国文件 A/RES/2779，1971 年 11 月 29 日。（http://www. unoosa. org/oosa/en/SpaceLaw/gares/index. html # ARES _ 26 _ 2779，2011 年 5 月 13 日访问）。

提出的《月球条约》草案所持异议之一是该条约草案的适用范围不能仅限于月球，认为应当扩大到其他天体。

从 1970 年到 1979 年，在国际社会就《月球协定》草案进行的旷日持久的谈判中，各国对“共同继承财产”原则的争议一直是谈判的焦点，各国未能就月球及其自然资源的法律地位达成任何协议。《月球协定》草案谈判进程同时也直接受到国际社会 1973 年开始的就《海洋法公约》展开的谈判的影响。发展中国家主张，既然月球及其他天体和深海海床同属各国主权范围之外的全球公域，按照“共同继承财产”原则应当一体适用。苏联则认为，不能接受一项特定国际法准则在其他领域（这里指外层空间领域）的转换适用，因此明确反对“共同继承财产”原则。

1972 年，为推动谈判进程，联合国外空委法律小组委员会成立了一个专门工作组。1972 年 5 月，美国向该工作组提交了一份工作文件，正式提出“天体”应包括地球以外的一切自然天体，“月球及其他天体”应包括环绕或飞绕天体的轨道，明确同意“月球及其他天体的自然资源应属于全人类的共同继承财产”，但保留对此项原则的解释意见①。美国进而提出一项建议，主张在月球及其他天体资源利用成为现实之时，未来的《月球条约》签署国应当为此缔结协定；为此，当三分之一的《月球条约》签署国通知该条约文本保存国，宣称他们认为对月球及其他天体资源的实际利用在此后两年内可能成为现实或已经发生时，应当尽速召集所有签约国开会，以便就如何安排分享利用这些资源带来的利益进行谈判。美国认为，在此之前，对月球及其他天体资源的利用不应受到阻碍，因此反对任何要求延缓开发月球资源的主张。当时联合国大会已经宣布对深海海床资源延缓开发，但美国和其他一些发达国家并不认为这一宣布对他们有约束力。

---

① 参见联合国文件：A/AC. 105/101，ANNEX I，1972 年 5 月 11 日，转引自贺其治著：《外层空间法》，法律出版社，1992 年 6 月第 1 版，第 125 页。

1972年，埃及和印度提出一份工作文件，宣称“人类共同继承财产”原则的被接受程度正在不断增加，同时提出了利益分享的概念。同一年，联合国外空委法律小组委员会通过了一份名称为《月球协定》的草案文本，并提出应把此项工作列入优先议程。这份包括序言和21个条款的《月球协定》草案文本指出，月球应当由该协定签约国专门用于和平目的，应当确保科学研究自由；探索和利用月球应当是全人类的共同事情，应当服务于所有国家的利益，不问它们的经济和科技发展水平如何。这份《月球协定》草案就一些仍然存在争议的条款作出了标注，其中最主要的还是所谓“人类共同继承财产”原则问题。此外，这份《月球协定》草案是否扩张适用于月球之外的其他天体，各国依然没有达成共识。

1973年，印度再次强烈主张，“人类共同继承财产”原则应当一体适用月球及其他天体本身、月球及其他天体的底土及其资源。印度认为，除非有建立起来的国际法律制度作为依据，各国不应该进行对这些资源的开发。对此，苏联继续坚持其原先的主张，认为不应突破1967年《外空条约》所确定的“全人类共同事情”（the Province of all Mankind）原则。美国则继续拒绝延缓开发月球资源的任何动议。

在此后几年的各种正式和非正式谈判场合，各国就不少争议条款逐渐取得了一致，但针对“人类共同继承财产”原则一直难以突破。1978年，为打破这一僵局，奥地利向联合国外空委法律小组委员会提出了一份包含此前谈判成果内容的非正式折中解决方案，详细说明了“人类共同继承财产”概念应该具有的内涵。1979年，联合国外空委注意到法律小组委员会就完成《月球协定》草案谈判所作出的努力，同时也注意到法律小组委员会就奥地利代表提出的方案进行的非正式磋商。1979年6月26日至7月3日，联合国外空委法律小组委员会就奥地利提出的《月球协定》草案进行了四次闭门磋商，最后以协商一致方式通过了后来成为1979年《月球协定》的最终审议稿。

1979 年 11 月 12 日，联合国特别政治委员会通过包含“人类共同继承财产”原则的《月球协定》最终文本。1979 年 12 月 5 日，联合国大会采用协商一致的方式通过了《月球协定》最终文本①。当时达成的一项共识是，该项协定的适用范围应当扩展到太阳系内地球之外的其他天体，除非各国针对这些天体另外存在特定有效的法律规范。

1979 年《月球协定》于当年 12 月 18 日开放给各国签署，于 1984 年 7 月 11 日奥地利交存第五份批准书后正式生效。多年来，尽管联合国不断呼吁各国签署并批准加入 1979 年《月球协定》，国际社会对此反应冷淡。

2.2.2　《月球协定》的主要内容

1979 年《月球协定》共有 21 条内容，除序言部分和第 16 条至第 21 条规定了特殊适用范围等程序性内容外，实体内容主要体现在第 1 条至第 15 条，其核心内容包括以下几个方面。

（1）确立了月球应专用于和平目的、禁止各种军事利用的原则

1979 年《月球协定》重申了 1967 年《外空条约》关于和平利用外层空间的原则，强调各国在月球上的活动应遵守国际法，特别是《联合国宪章》，对月球的任何利用只能用于和平之目的。《月球协定》第 2 条规定，月球上的一切活动，包括其探索和利用在内，应按照国际法，尤其是《联合国宪章》的规定，考虑到 1970 年 10 月 24 日联合国大会通过的关于各国依《联合国宪章》建立友好关系和合作的国际法原则宣言，顾及维持国际和平与安全及促进国际合作与相互谅解的利益，并适当顾及所有其他缔约国的相应利益予以进行。1979 年《月球协定》第 3 条进而规定，月球应供缔约各国专为和平目的而加以利用，并为此规定了包括禁止在月球上使用武力或以武力相威胁、禁止在飞向或环绕月球的轨道上放置核武器或大规模杀

① 参见联合国大会第 34/68 号决议，1979 年 12 月 14 日。

伤性武器在内的四项禁令。事实上，1979 年《月球协定》对月球非军事化的规定比《外空条约》更为彻底和严格，因此对于国际社会推动整个外空领域非军事化具有重要意义。

(2) 确立了自由探索和利用原则

1979 年《月球协定》第 6 条规定，所有缔约各国都享有不受任何种类的歧视，在平等基础上，并按照国际法的规定在月球上从事科学研究的自由。缔约各国为促进本协定各项规定的实施而进行科学研究时，应有权在月球上采集并移走矿物和其他物质的标本。发动采集此类标本的缔约各国可保留其处置权，并可为科学目的而使用这些标本。缔约各国应顾及是否将此类标本的一部分供给感兴趣的其他缔约国和国际科学界作科学研究之用。缔约各国在进行科学研究时，也可使用适当数量的月球矿物和其他物质以支援它们的任务。1979 年《月球协定》对此处的“ 适当数量”未做解释，应理解为满足科研任务需要的必要、合理的数量。

1979 年《月球协定》第 8 条规定，缔约各国可在月球的表面或表面之下的任何地点进行下列探索和利用的活动：1）在月球上降落及从月球发射外空物体；2）将它们的人员、航天器、装备、设施、站所和装置放置在月球的表面或表面之下的任何地点。人员、航天器、装备、设施、站所和装置可在月球表面或表面之下自由移动或自由被移动。但缔约各国进行上述活动不应妨碍其他缔约国在月球上的活动。发生此种妨碍时有关缔约各国应依照第 15 条第 2 款和第 3 款的规定进行协商。

1979 年《月球协定》第 9 条规定，缔约各国可在月球上建立配置人员及不配置人员的站所。建立站所的缔约国应只使用为站所进行业务所需要的地区，并应立即将该站所的位置和目的通知联合国秘书长。以后每隔一年该缔约国应同样将站所是否继续使用，及其目的有无变更通知秘书长。1979 年《月球协定》第 9 条第 2 款进而规定，设置站所应不妨碍依照本协定及 1967 年《外空条约》第 1 条规定在月球上进行活动的其他缔约国的人员、航天器和设备自由进入月球所有地区。这一规定旨在有效防止各国通过建立站所而实际占有月球上的某一地区。

(3) 明确月球及其自然资源为人类共同继承财产

1979 年《月球协定》第 11 条明确规定，月球及其自然资源均为全体人类的共同继承财产，月球不得由国家依据主权要求，通过利用或占领，或以任何其他方法据为己有。《月球协定》第 4 条第 1 款对“人类共同继承财产”做了很好的解释：月球的探索和利用应是全体人类的事情并应为一切国家谋福利，不问它们的经济或科学发展程度如何。应依照《联合国宪章》规定，充分注意今世与后代人类的利益以及提高生活水平与促进经济和社会进步和发展的需要。这些内容实际上是对 1967 年《外空条约》第 1 条第 1 款“共同利益”原则的进一步发展和补充。1979 年《月球协定》第 11 条第 5 款、第 7 款进而对未来的月球资源开发国际法律制度做出了原则规定，提出了安全有序开发资源、合理管理资源、扩大资源使用机会、公平分享资源带来的惠益等具体措施。针对公平分享资源带来的惠益，第 7 款特别指出，应当对发展中国家的利益和需要，以及各个直接或间接对探索月球作出贡献的国家所做的努力，给予特别的照顾。

1979 年《月球协定》中的“人类共同继承财产”原则在国际社会备受争议，已经成为 1979 年《月球协定》未能成功实践的主要原因。本书将在第 4 章进行专题论述。

(4) 明确了月球环境保护措施

1979 年《月球协定》特别关注月球环境保护问题。《月球协定》第 7 条规定，缔约各国在探索和利用月球时，应采取措施，防止月球环境的现有平衡遭到破坏，不论这种破坏是由于在月球环境中导致不利变化，还是由于引入环境外物质使其环境受到有害污染，或由于其他方式而产生。缔约各国也应采取措施防止地球环境由于引入地球外物质或由于其他方式而受到有害影响。缔约各国应将它们按照前款规定所采取的措施通知联合国秘书长，并应尽一切可能预先将它们在月球上放置的一切放射性物质以及放置目的通知秘书长。此外，缔约各国应就月球上具有特殊科学重要性的地区向其他缔约国和秘书长提出报告，以便在不损害其他缔约国权利的前提下，考虑将这些地区指定为国际科学保护区，并经同联合国各主管机构协商后，对这些地区商定特别保护办法。

必须指出的是，虽然本书大量借用1979年《月球协定》条款进行分析论证，我们必须始终牢记《月球协定》并没有被国际社会广泛接受的事实，因为它并不能被视为国际社会普遍认可的成熟国际法加以对待。这也正是本书的研究对象——月球资源开发国际法律制度构建这一命题所要解决的问题。

2.2.3 《月球协定》的主要缺陷及其法律价值

1979年《月球协定》开放签署后，正式批准该协定的国家并不多，而且有限的缔约国或参加国中的大部分国家并没有直接涉足空间活动①。过去30多年以来，由于主要空间国家均未批准或加入《月球协定》，其实际价值受到了严重局限，月球及其他天体的探测和利用活动至今缺乏具体的法律规范，直接导致外层空间法律体系存在结构性缺陷。

1979年《月球协定》的不成功实践表明，没有主要空间国家的批准和参与，即使是联合国大会按照协商一致原则正式通过的国际条约，同样会缺乏其应有的价值和意义；要让主要空间国家批准和参与《月球协定》，必然需要在协定中尽可能体现这些国家的利益诉求，但这有可能损害发展中国家的利益，因此需要对各方利益统筹兼顾，实现互利共赢。随着国际社会政治格局多极化、利益主体多元化趋势日渐明朗，多边协调成本不断加大已是不争的事实，这种国际立法中的两难境地已经对联合国框架内“协商一致”原则提出

---

① 参见联合国联合国外层空间事务厅（外空委秘书处）官方网站www.oosa.unvienna.org，2009年8月27日访问。

了严重挑战。

从 1979 年《月球协定》自身涵盖的内容看，尽管很多条款有进一步解释空间，该协定还是不足以全面规制涉及月球探测和利用的所有空间活动，特别是空间活动商业化、私营化趋势未能得到充分体现。例如，《月球协定》第 11 条第 7（d）款指出，所有缔约国应公平分享这些资源所带来的惠益，而且应当对发展中国家的利益和需要，以及各个直接或间接对探索月球作出贡献的国家所做的努力，给予特别的照顾。但是 1979 年《月球协定》并没有就“公平分享”（Equitable Sharing）做出解释，究竟应该按照发展中国家的要求解释为“平均分配”（Equal Distribution），还是按照发达国家的要求及上下文内容解释为“均衡分享”（Balanced Sharing）？此外，对“惠益”（Benefits）一词又该如何解释？是指的所开发的资源本身、所开发的技术及其应用成果，还是指资源开发活动带来的利润？类似的这些极易产生歧义的词汇内涵必须予以澄清，才能最大限度地消除法律原则和概念的不确定性和不可操作性。事实上，《月球协定》的主要缺陷绝不仅仅限于个别词汇的表述和解释上，而在于发达国家和发展中国家对其主要法律原则“人类共同继承财产”概念的认同上发生了严重分歧，成为导致其批准国寥寥的主要原因。本书第 4 章将对“人类共同继承财产原则”进行专题论证。

尽管 1979 年《月球协定》的法律价值和法律约束力无法与 1967 年《外空条约》及 1968 年《营救协定》、1972 年《责任公约》、1975 年《登记公约》等另外三项条约相比，但它围绕月球资源开发问题，不仅重申了 1967 年《外空条约》的主要原则，而且对其许多敏感条款进行了扩张解释，在诸多方面非常具有前瞻性和开创性，并提出了一些重要规则，这些规则势必对国际社会开发月球和其他天体的活动产生重要影响。如 1979 年《月球协定》第 11 条第 3 款关于月球及其他天体不得成为私人（包括自然人及其他非政府实体）财产的规定，明显是对 1967 年《外空条约》第 2 条内容的发展。又如，1979 年《月球协定》规定当事国有义务预防月球环境，包括月球的轨道，或其他飞向或飞绕的轨道遭受有害污染，这是对 1967 年《外空条约》第 8 条内容的扩展。另外，1979 年《月球协定》第 7 条规定各缔约国应采取措施防止月球环境的现有平衡受到破坏，不论这种破坏是由于在月球环境中导致不利变化，还是由于引入环境外物质使其环境受到有害污染，或由于其他方式而产生。

因此，我们既要认识到 1979 年《月球协定》未被国际社会普遍接受的事实，更要认识到国际社会在《月球协定》谈判过程中就很多问题已经达成了广泛共识。毋庸置疑，1979 年《月球协定》必将对未来月球资源开发国际法律制度的构建产生重要影响。

2.2.4　《月球协定》的困境和出路分析

根据 1979 年《月球协定》第 19 条第 3 款的规定，该协定应在五个国家的政府缴存批准书后第 30 天生效。1984 年 7 月 11 日，在奥地利政府批准该协定后，1979 年《月球协定》正式生效。但截至 2011 年 1 月 1 日，仅有 13 个缔约国，4 个签署国，其尴尬程度与 1982 年《联合国海洋法公约》的早期命运十分相似。2012 年 2 月 29 日，土耳其政府向联合国交存正式文件，确认其同意正式加入 1979 年《月球协定》①。根据该项协定第 19 条第 4 款的规定，对于该项协定生效后交存批准书或加入书的国家，本项协定应自其交存批准书或加入书之日后第三十天开始生效。这样，土耳其自 2012 年 3 月 30 日起正式成为 1979 年《月球协定》的第 14 个缔约国。

1979 年《月球协定》未能被国际社会广泛接受的最主要原因是，其第 11 条宣布月球及其自然资源是“人类共同继承财产”，并提出了建立月球资源开发管理国际机构的基本原则。“人类共同继承财产”原则是 20 世纪后半叶发达国家和发展中国家两大阵营围绕“全球公域”

---

①　资料来源：http：//www. thespacereview. com/article/2047/1，2012 年 3 月 1 日访问。

(Global Commons)① 地带的利益问题展开斗争的最有争议的问题之一，这一原则不仅在 1979 年《月球协定》的谈判过程和批准实践中引发了广泛争议，在 1982 年《联合国海洋法公约》及其第 11 部分的谈判、解释和实施中也集中体现出其作为矛盾焦点的特征。本书第 4 章将专题针对"人类共同继承财产"原则进行分析，力求通过跟踪该原则的演进过程判断其在规范未来月球资源开发活动的适用价值。

鉴于目前国际社会对 1979 年《月球协定》的有限接受程度，继续将其作为月球资源开发国际法律制度框架的基础是否存在现实可行性呢？作者认为，1979 年《月球协定》由于其固有的局限性难以担当起这一重任。尽管 1979 年《月球协定》的某些条款获得了国际社会的广泛认同，如规定各国有权利为科研目的从月球上搜集月球物质样本、允许在月球表面建立基地和其他设施等，但"人类共同继承财产"原则作为 1979 年《月球协定》的核心内容，并未被国际社会所普遍接受。不少国家不仅拒绝批准 1979 年《月球协定》，而且明确表示对在"人类共同继承财产"原则下签订任何其他的规范月球资源开发的协议均不感兴趣。美国及其他一些主要空间国家已经宣布，他们将不愿意就 1979 年《月球协定》及其可能的发展进行任何谈判。

上述针对 1979 年《月球协定》的消极态度也体现在各国对其第 18 条的程序性规定上。1979 年《月球协定》第 18 条规定："本协定生效后十年，联合国大会应在临时议程内列入审查本协定的问题，以便参照本协定过去的实施情况，审议是否需加修正。"1994 年 7 月 11 日是 1979 年《月球协定》生效 10 周年纪念日，按照这一规定，联合国外空委第 37 届会议审查了是否需要修订《月球协定》的问题，会议建议联合国大会在目前阶段暂不对此问题采取行动②。第

① 对"全球公域"(Global Commons) 概念的阐释详见本书 3.1.1 节。

② 参见联合国文件 A/49/20，资料来源：联合国外层空间事务厅（联合国外空委秘书处）官方网站 http://www.unoosa.org/oosa/en/COPUOS/Legal/ac105c2.html，2011 年 6 月 27 日访问。

49 届联合国大会将“和平利用外层空间的国际合作，包括审查 1979 年《月球协定》的问题”列入了大会议程，并于 1994 年 12 月 9 日一致通过第 49/34 号决议，决定接受外空委的建议，不对修订 1979 年《月球协定》的问题采取行动。自 1994 年至今，国际社会一直没有针对 1979 年《月球协定》采取任何实质性行动。

2008 年 3 月 31 日至 4 月 11 日，联合国外空委法律小组委员会第 47 届会议在奥地利维也纳召开，会议就联合国五项外层空间条约的现状和适用情况进行了审议，并讨论了各国较少参与 1979 年《月球协定》这一问题。奥地利、比利时、智利、墨西哥、荷兰、巴勒斯坦和菲律宾代表团向本次会议提交了一项《关于〈月球协定〉缔约国遵守该协定的益处的联合声明》。该《联合声明》的提出主要基于以下背景情况：第一，考虑到加入 1979《月球协定》的国家较少以及有些国家经常对该协定的地位提出疑问，即究竟应当将其视为国际法的一部分还是视其具有与其他四项联合国空间条约具有同等地位；第二，该协定的案文曾于 1979 年 12 月 5 日得到联合国大会（第 34/68 号决议）的赞许，以及大会在该决议中表示希望各国尽可能广泛地加入这一协定；第三，该协定已根据《联合国宪章》第 102 条进行登记并于 1984 年 7 月 11 日生效，并于此后成为国际法的一部分；第四，世界空间国家探索和利用太阳系内月球及其他天体及其资源的兴趣与日俱增；第五，1979 年《月球协定》提供了一个具体的国际法律框架，该框架已被联合国大会和国际社会所接受。

上述《联合声明》主要包括以下几方面的内容：第一，尽管 1979 年《月球协定》包含了一些重申 1967 年《外空条约》相关内容的条款，但很多条款专门适用于太阳系内的月球及其他天体，因此与其他外空条约相比，1979 年《月球协定》有着独特的价值；第二，1979 年《月球协定》的部分独有条款对于规制相关项目、活动及任务的原则、程序、理念及国际合作等方面具有特别的益处；第三，与其他外空条约相比，1979 年《月球协定》在月球站所建设程序、保护人的生命和健康、禁止将外空及天体据为己有等方面具有新的贡献和突破；第四，1979 年《月球协定》虽然没有就月球资源开发制度确定完整的工作机制，但为此预留了空间，提出了“人类共同继承财产”原则；第五，迄今为止，联合国外层空间条约中没有任何一项其他条约提出过开发天体自然资源的解决方案；第六，1979 年《月球协定》为预防在太空或从太空开发、放置或试用武器装备做出了贡献。有鉴于此，上述《联合声明》强调：第一，加入 1979 年《月球协定》将会带来实质性益处，将不仅有利于更好地理解外层空间法的概念和程序，更标志着按照外层空间法的通行规则寻求建立规制天体自然资源开发活动的多边解决方案的共同承诺；第二，特别考虑到各国参与天体探索活动的可能性，1979 年《月球协定》缔约国鼓励已签署该协定但尚未批准加入的国家，以及其他国家，成为该协定的缔约国。

与此同时，上述《联合声明》对其自身性质和定位进行了严格限制：本《联合声明》依据 1979 年《月球协定》缔约国的经验，并不以任何方式构成某种共同立场或者对所提及条约或决议的条文的权威解释。声明的唯一目的是在联合国外空委开展旨在拟定和更广泛地适用外层空间法的框架内，向该委员会提出一些应当加以思考的问题。由此可见，上述《联合声明》虽然充分肯定了 1979 年《月球协定》的贡献和作用，并呼吁各国加入该协定，但目前并未对该协定的前景产生实质性影响。

1979 年《月球协定》第 11 条第 5 款明确指出，本协定缔约各国承诺一俟月球自然资源的开发即将可行时，建立指导此种开发的国际制度，其中包括适当程序在内。1979 年《月球协定》诞生 30 多年来，随着主要空间国家航天科技发展水平的日新月异及各国财力、私人实体财力的不断增加，国际社会对月球资源开发的兴趣与日俱增是不争的事实，对构建统一、高效、普遍接受的国际法律制度的期待与日俱增也是不争的事实，月球资源开发已经不再是非常遥远的事情。在月球资源开发条件日渐成熟的背景下，及时研究制定相应的国际法律制度规范，尽可能预先防止可能出现的无序开发甚至掠夺式开发，减少各类投资主体对月球资源开发投资风险的疑虑，具有非常现实的意义。

事实上，1979 年《月球协定》的有限成功对国际社会决定不再制定任何“普遍的”外层空间条约产生了一些影响①。人们通过反思发现，仅仅凭借一时的政治妥协或者某个利益集团的一厢情愿并不一定能够产生稳固、可行的国际法律制度。研究构建一个能够被发展中国家和发达国家普遍接受的月球资源开发国际法律制度框架，已经绝不仅仅是一个法律层面的问题，必须充分考虑国际政治经济社会力量对比变化的各种因素，必须充分考虑导致 1979 年《月球协定》不成功实践的主要热点问题和关键因素，做到因势利导，统筹兼顾，这样才有可能获得最终成功。

我国虽然没有加入 1979 年《月球协定》，但对该协定的内容和法律地位一直非常关注。2010 年 3 月 22 日，联合国外空委法律小组委员会第 49 届会议在维也纳召开，中国常驻维也纳联合国及其他国际组织代表胡小笛大使率由外交部、国家航天局组成的中国代表团与会，并就一般性交换意见议题做了发言：不论是自主发展还是国际合作，中国一贯主张和平利用外空，始终恪守五项外空条约所确立的各项基本原则。五项外空条约构建了探索和利用外空的法律框架，指出了人类外空活动的正确发展方向，是实现和谐外空的重要制度保障。同时，我们也应看到，航天事业的迅猛发展对现有外空法律框架提出了新的问题和挑战②。2011 年 3 月 28 日，中国常驻维

① 参见 Marco Pedrazzi、赵海峰著，吴晓丹译：《国际空间法教程》，黑龙江人民出版社 2006 年 8 月第 1 版，第 10 页。

② 资料来源：中国常驻维也纳联合国和其他国际组织代表团官方网站 http: //www. chinesemission － vienna. at/chn/dbtyw/hplywk/t675113. htm，2012 年 3 月 20 日访问。

也纳联合国代表团陈佩洁临时代办率由外交部、国家航天局组成的中国代表团出席联合国外空委法律小组委员会第 50 届会议，并就一般性交换意见议题做了发言：一直以来，中国秉承和谐外空理念，恪守五项外空条约所确定的各项基本原则，致力于建设和平、发展、合作和法治的外空。中国希望国际社会进一步完善外空法律制度，为空间活动有序开展提供法律基础①。2012 年 3 月 19 日，中国常驻维也纳联合国和其他国际组织代表团代表成竞业大使率团参加联合国外空委法律小组委员会第 51 届会议并做一般性发言时指出，无论是自主探索利用外空，还是开展国际合作，中国始终恪守以五项外空条约为基础的外空法律制度，当然，我们也必须看到，航天事业的迅猛发展对现行外空法律制度提出了新的问题和挑战，国际社会有必要进一步完善外空法律制度，为解决问题、应对挑战提供法律基础②。中国政府的上述表态体现了我国对外层空间法律制度体系建设的一贯立场（我们可以继续追溯中国代表团 2009 年及此前在联合国外空委的相关发言内容并从中得到印证③）。我们可以从中看到，我国政府对 1979 年《月球协定》在现行外空法律制度体系中的基础法律地位一方面持积极肯定态度，同时也为呼吁进一步完善现行外空法律制度留出了余地。

---

① 资料来源：中国常驻维也纳联合国和其他国际组织代表团官方网站 http：//www. chinesemission － vienna. at/chn/dbtyw/hplywk/t810327. htm，2012 年 3 月 20 日访问。

② 资料来源：中国常驻维也纳联合国和其他国际组织代表团官方网站 http：//www. chinesemission － vienna. at/chn/dbtyw/hplywk/t915380. htm，2012 年 3 月 20 日访问。

③ 例如，中国代表团团长唐国强大使在 2008 年 4 月 2 日联合国外空委法律小组委员会第 47 届会议上的一般性发言中指出，1967 年《外空条约》和其他四项外空国际条约共同构成现有外空国际法律制度，在规范国家空间活动、保障国家空间权益、维护空间秩序和促进空间合作等方面发挥了积极、有效的作用。上述内容参见中国常驻维也纳联合国和其他国际组织代表团官方网站 http：//www. chinesemission － vienna. at/chn/dbtyw/hplywk/t420202. htm，2012 年 3 月 20 日访问。

2.3 联合国通过的若干宣言评析

除了1967年《外空条约》、1968年《营救协定》、1972年《责任公约》、1975年《登记公约》、1979年《月球协定》等五项国际条约外，联合国自20世纪60年代起，还陆续主持通过了六项原则或宣言，包括1963年《外空宣言》、1982年《各国利用人造地球卫星进行国际电视广播所应遵守的原则》（简称《卫星电视直播原则》）①、1986年《关于从外层空间遥感地球的原则》（简称《遥感地球原则》）②、1992年《关于在外层空间使用核动力源的原则》（简称《核动力源使用原则》）③、1996年《关于开展探索和利用外层空间的国际合作，促进所有国家的福利和利益，并特别要考虑发展中国家的需要的宣言》（简称《国际空间合作宣言》）④ 及1999年《空间千

---

① 英文全称为 Principles Governing the Use by States of Artificial, Earth, Satellites for International Direct Television Broadcasting (the DBS Principles, 1982)，相关内容参见本书附录H，资料来源：联合国外层空间事务厅（外空委秘书处）官方网站 www. oosa. unvienna. org。

② 英文全称为 Principles Relating to the Remote Sensing of the Earth from Outer Space (the Remote Sensing Principles, 1986)，1986年12月3日联合国大会41/65号决议通过，相关内容见本书附录I，资料来源：联合国外层空间事务厅（外空委秘书处）官方网站 www. oosa. unvienna. org。

③ 英文全称为 Principles Relevant to the Use of Nuclear Power Sources in Outer Space (the NPS Principles, 1992)，相关内容见本书附录J，资料来源：联合国外层空间事务厅（外空委秘书处）官方网站 www. oosa. unvienna. org。

④ 英文全称为 Declaration on International Cooperation in the Exploration and the Use of Outer Space for Benefit and in the Interest of all States, Taking into Particular Account the Needs of Developing Countries，1996年12月13日第51届联合国大会51/122号决议，相关内容见本书附录K，资料来源：联合国外层空间事务厅（外空委秘书处）官方网站 www. oosa. unvienna. org。

年：关于空间与人的发展的维也纳宣言》（简称《维也纳宣言》）[①]等。上述六项原则或宣言虽然在严格意义上并不具有法律拘束力，但作为联合国大会通过的正式文件，在一定程度上代表了国际空间法的发展趋势，对各国在相关领域的活动具有指导作用，是最终形成法律规范的重要基础，因而通常被认为是共同构成外层空间法体系的重要组成部分。本节将重点评析 1963 年《外空宣言》及 1996 年《国际空间合作宣言》，并对今后以原则或宣言方式进行国际立法的趋势进行展望。

2.3.1　《外空宣言》评析

1967 年《外空条约》、1968 年《营救协定》、1972 年《责任公约》、1975 年《登记公约》、1979 年《月球协定》等五项国际条约均是在 1963 年《外空宣言》[②] 基础上在联合国主持下制定通过的。被称为“外空宪章”的 1967 年《外空条约》虽然基本上脱胎于 1963 年联合国大会通过的《外空宣言》，但在实践中并不能完全取而代之，1963 年《外空宣言》至今仍然发挥着重要作用。

1963 年《外空宣言》又称《外空原则宣言》，是所有外层空间法的基础。作为联合国主持制定的外层空间领域的第一个法律原则宣言，1963 年《外空宣言》展现了外层空间法的雏形，对外层空间法

---

① 英文全称为 Space Millennium：Vienna Declaration on Space and Human Development，1999 年 7 月 30 日联合国第三次外空会议（UNISPACE III）通过，相关内容见本书附录 L，资料来源：联合国外层空间事务厅（外空委秘书处）官方网站 www. oosa. unvienna. org。

② 1963 年《外空宣言》的中文全称是《各国探索和利用外层空间活动的法律原则宣言》，英文全称为 United Nations Declaration of Legal Principles Governing the Activities of States in the Exploration and Use of Outer Space，联合国大会 1963 年 12 月 13 日通过的 1962（XVIII）号决议。1963 年《外空宣言》中的九条原则均已体现在 1967 年《外空条约》中，在此不再进行逐条分析，相关内容见本书附录 G，资料来源：联合国外层空间事务厅（外空委秘书处）官方网站 www. oosa. unvienna. org。

的形成和发展具有开创性作用。该项宣言规定了各国在探索和利用外层空间时应遵守的九项原则，涉及到与外空活动有关的所有重要方面，至今仍被广泛认可和应用。事实上，1967 年《外空条约》的基本内容均来源于 1963 年《外空宣言》。1967 年《外空条约》以多边条约的形式将《外空宣言》所规定的九项政策性原则转化为国际法原则，成为外层空间法发展史上的重要里程碑。

1976 年，部分赤道国家①通过《波哥大宣言》（Bogotá Declaration）对地球同步轨道提出主权要求，其理由之一就是 1967 年《外空条约》明显缺乏对外层空间的法律定义，因此认为其第 2 条提出的“不得据为己有”原则不适用地球同步轨道，但是这一主张并没有被国际社会所接受。按照外层空间法领域的通说，关于禁止外层空间主权要求的原则不仅仅体现在 1967 年《外空条约》中，更体现在 1963 年联合国大会一致通过的《外空宣言》中，而后者实际上已经成为国际上公认的习惯规范，成为国际社会所有成员的共同义务。

1963 年《外空宣言》的基础地位和应用实践证明，联合国大会通过的关于外层空间的各项原则或宣言，在规范外层空间活动中发挥着重要作用，虽然就法律约束力而言不能与已经生效的国际条约相比，但其中的很多原则性规定与相关的国际条约条款遥相呼应，共同构成了现存的外层空间法体系。在构建月球资源开发国际法律制度过程中，应当引起各国政府、航天科技工作者及外层空间法专家学者的必要关注。

2.3.2 《国际空间合作宣言》评析

从 1958 年联合国大会通过第一份关于外层空间的决议开始，和平、发展、合作一直是外层空间领域国际谈判、博弈的主题和主线，联合国此后通过的外层空间领域各项原则宣言和国际条约均体现了

---

① 有关国家包括哥伦比亚、刚果、厄瓜多尔、印度尼西亚、肯尼亚、乌干达和扎伊尔等。

促进国际空间合作的原则立场。联合国大会 1996 年 12 月 13 日通过的《国际空间合作宣言》① 是开展国际空间合作的一份重要的国际文件，是联合国在发展外层空间法律制度方面的重要成就。由于 1996 年《国际空间合作宣言》在强调国际空间合作的同时，对空间合作利益分配做出了重要规定，所以又被称为《空间利益宣言》(the Declaration of Space Benefits)。

外层空间活动属于非常典型、非常复杂的巨系统工程，由于其所具有的高技术、高投入、高风险、项目周期长等特殊性质以及外层空间资源的有限性，无论从技术层面、经济层面还是法律制度层面，开展国际空间合作都从过去的一项选择转化成为现实的需要，在外层空间领域完全脱离国际社会进行单边行动的情况已经成为历史。比如地球静止轨道资源其实非常有限，如果在轨道位置和频率分配、空间情报交换等问题上，各国不能通过国际合作共同制定大家一体遵循的游戏规则，势必会对空间活动的可持续开展带来消极影响。又如，空间碎片对外层空间环境、秩序的污染和破坏显而易见，但如果国际社会对此听之任之，势必会直接影响到今后外层空间活动的安全性和相关科学数据的准确性。事实上，许多空间技术的应用成果只有通过广泛的国际合作才能更加彰显其经济价值和社会效益，比如美国的全球定位系统（GPS）实际上就是空间技术应用成果全球共享的范例。当前，主要空间国家已经在运载器、卫星应用、载人航天及深空探测等众多领域开展研发和应用合作，合作范围和渠道正在进一步扩大。美国、俄罗斯、欧洲空间局、日本等航天大国与国际组织就国际空间站的建设和应用进行的卓有成效的国际合作更成为外层空间领域乃至高科技领域的国际合作典范。

与此同时，随着越来越多的国家具备航天科学技术开发和应用能力，外层空间领域的国际竞争将更加激烈，但国际合作也会更加广泛深入。为应对竞争，各国将会不断加强战略合作，必要时会组

① 该项宣言中英文版本全文参见本书附录 K。

成能够发挥各自优势的联盟。从政治层面看，由于外层空间活动耗资巨大、风险极高，多数发展中国家虽然具有政治意愿，但从经济上、技术上均不具备独立开展外层空间活动的条件，开展国际空间合作遂成为他们参与外层空间活动、分享空间活动成果的唯一通道。由于外层空间活动所具有的特殊的产业辐射、战略引领作用及其对国家安全的保障作用，主要空间国家大多把航天产业列为重点发展的战略性产业。因此，国际空间合作事实上已经成为主要空间国家制定国别外交及外经贸政策、维护自身权益、扩大外层空间领域国家影响力的一张重要王牌。

1996 年《国际空间合作宣言》将外层空间国际合作的原则进一步具体化，并表明了开展国际空间合作应当遵循的八项具体原则。

1）应当根据包括《联合国宪章》和 1967 年《外空条约》在内的国际法的各项规定开展为和平目的探索和利用外层空间的国际合作。开展国际合作应是为了促进所有国家的福利和利益，不论其经济、社会或科学技术的发展程度如何，并应成为全人类的事业。应特别考虑到发展中国家的需要。

2）各国均可在公平和相互可以接受的基础上自行决定参加探索和利用外层空间的国际合作的所有方面。这种合作活动的合同条件应公平合理，应当充分尊重有关各方的合法权益，例如尊重知识产权。

3）所有国家，特别是具有有关空间能力和正在进行探索和利用外层空间方案的国家，应在公平和相互可以接受的基础上帮助促进和推动国际合作。在这方面，应特别注意到发展中国家和空间方案刚起步的国家在与空间能力较先进的国家开展国际合作时所产生的福利和利益。

4）国际合作的开展应采取有关国家认为最有效和适当的方式，其中包括政府和非政府方式；商业和非商业方式；全球、多边、区域或双边方式；以及各种发展水平的国家之间的国际合作。

5）国际合作在特别顾及到发展中国家需要的同时，考虑到它们对技术援助的需要和合理有效地分配资源，应尤其致力于达到下列目标：a. 促进空间科学和技术及其应用的发展；b. 推动有关国家的实用和适当空间能力的发展；c. 促进各国在相互可接受的基础上交流专业知识和技术。

6）各国和国际机构、研究机构、发展援助组织以及发达国家和发展中国家，都应考虑到如何适当发挥空间应用和国际合作的潜力，以求实现其发展目标。

7）应加强和平利用外层空间委员会作为在探索和利用外层空间中开展国际合作方面的国家和国际活动交流信息的论坛的作用。

8）应鼓励所有国家根据其空间能力及其参与探索和利用外层空间的程度，为联合国空间应用方案和国际合作领域的其他活动作出贡献。

1996 年《国际空间合作宣言》提出的上述八项原则是在巴西等 20 多个发展中国家提出的工作文件基础上形成的，在一定程度上反映了中国政府关于国际空间合作的一贯立场，因而在外空委审议过程中得到了中国代表团的积极支持。此外，1996 年《国际空间合作宣言》的各项原则在 1999 年 7 月联合国第三次外空会议通过的《空间千年：关于空间与人的发展的维也纳宣言》① 中得到了重申，成为指导各国开展国际空间合作的基本准则，必将对未来月球资源开发国际合作制度的建立产生积极影响。

1967 年《外空条约》第 1 条第 1 款明确规定，探索和利用外层空间（包括月球和其他天体），应为所有国家谋福利和利益，而不论其经济或科学发展程度如何，都应成为全人类的事情。所有国家可在平等、不受任何歧视的基础上，根据国际法自由探索和利用外层空间，自由进入天体的一切区域。由于各国发展程度的高度不平衡性，航天技术欠发达国家的空间利益保障只能通过国际合作来实现，但《外空条约》并未对此项原则特别是空间利益的公平分配问题做

① 即《维也纳宣言》。参见联合国文件 A/CONF. 184/L. 16. Add. 2，1999 年 7 月 30 日，本书附录 L。

出具体规定。发达国家尤其是主要空间国家认为，尽管《外空条约》第 1 条提出了共同利益原则，但如何展开国际空间合作，如何分享空间利益及空间信息以及分享到什么程度应当由相关国家根据具体情况决定，应当充分考虑保障自由竞争和保护知识产权的原则。发展中国家则坚持，通过开展国际空间合作分享空间利益是空间国家的国际义务，鉴于《外空条约》通过后发展中国家与发达国家航天技术的差距不断扩大的事实，应该通过法律手段确保这种合作义务的切实履行。

1996 年《国际空间合作宣言》是发展中国家因对国际空间合作及空间利益分配现状不满而与发达国家长期进行斗争、调和的产物，被认为对外层空间法的发展作出了重要贡献。首先，该宣言对 1967 年《外空条约》第 1 条所规定的“共同利益”原则提出了权威性的解释，强调各国在自由探索和利用外层空间的同时，有义务开展互利互惠的国际合作；其次，该宣言基本上终结了发达国家和发展中国家长期以来针对在外层空间领域建立国际新秩序、进行强制性合作的争论。该宣言第 2 条特别指出，各国均可在公平和可以相互接受的基础上自行决定参加探索和利用外层空间的国际合作的所有方面，合作应采取有关国家认为最有效和适当的方式。这种合作活动的条件应当公平合理，完全符合有关各方的自主意愿、合法权利和利益，例如对外层空间领域的知识产权保护问题应当一体遵循通行的国际规则。

需要指出的是，1996 年《国际空间合作宣言》引用了《联合国宪章》和 1967 年《外空条约》的相关内容，但对 1979 年《月球协定》只字未提。在 1979 年《月球协定》正式生效十几年之后，各国在联合国框架内经过充分沟通后于 1996 年通过《国际空间合作宣言》的事实已经证明，发展中国家以前提出的要求发达国家强制性合作及自动转让航天技术的立场已经软化，“人类共同继承财产”原则自此在事实上已经有了更加务实、更为灵活的解释，对后续月球资源开发国际法律制度的构建必将产生重要影响。1996 年《国际空间合作宣言》对国际空间合作的概念进行了澄清，解决了发展中国家长期以来要求的强制性技术合作问题，对一向比较敏感的合作利益分配及知识产权保护问题也做出了明确结论，标志着国际社会对“人类共同继承财产”原则的解释更加务实和灵活，这些谈判成果应该体现在未来的月球资源开发国际法律制度中。

2000年11月，中国国务院新闻办首次发布《中国的航天》白皮书①，在其中的第四部分以“国际合作”为题，明确了中国政府开展国际空间合作的原则立场。中国政府认为，国际空间合作应遵循1996年《国际空间合作宣言》中提出的基本原则，应以和平开发和利用空间资源，为全人类谋取福利为宗旨；应在平等互利、优势互补、取长补短、共同发展以及公认的国际法原则的基础上进行；优先目标是共同提高各国、特别是发展中国家的航天能力，享受航天技术的惠益；应采取必要措施保护空间环境和空间资源；支持加强联合国外空委的作用，支持联合国的空间应用方案。

2006年10月，中国国务院新闻办发布《2006年中国的航天》白皮书②，在其中的第五部分以“国际交流与合作”为题，再次重申国际空间合作应遵循1996年《国际空间合作宣言》中提出的基本原则，主张在平等互利、和平利用、共同发展的原则基础上，加强空间领域的国际交流与合作。在这一版白皮书中，中国政府宣布“外层空间是全人类的共同财富”，世界各国都享有自由探索、开发和利用外层空间及其天体的平等权利；世界各国开展外空活动，应有助于各国经济发展和社会进步，应有助于人类的安全、生存与发展，应有助于各国人民友好合作。

2011年12月，中国国务院新闻办发布《2011年中国的航天》白

---

① 相关内容参见本书附录M，资料来源：中国国家航天局官方网站 http：//www.cnsa.gov.cn/n1081/n7484/98354.html，2008年5月15日访问。

② 相关内容参见本书附录N，资料来源：中国国家航天局官方网站 http：//www.cnsa.gov.cn/n1081/n7484/98351.html，2008年5月15日访问。

皮书①，在其中的第五部分以“国际交流与合作”为题，再次重申国际空间合作应遵循 1996 年《国际空间合作宣言》基本原则，主张在平等互利、和平利用、共同发展的原则基础上，加强空间领域的国际交流与合作，并在这里首次提出促进“包容性发展”这一概念。在这一新版白皮书中，中国政府宣布了开展国际空间交流与合作的基本政策，与《2006 年中国的航天》白皮书相关内容相比并没有出现实质性变化，不同之处在于，这次将“支持联合国系统内开展和平利用外层空间的各项活动；支持政府间或非政府间空间组织为促进航天事业发展所开展的各项活动”排在首位，说明我国政府今后将更加注重支持发挥联合国在外空活动领域的协调作用。《2011 年中国的航天》白皮书以双边合作、多边合作及商业活动为主题，分别列举了 2006～2011 年五年间我国开展国际空间交流与合作的一些典型案例，体现出形式更加多样、领域更加广泛、层次更加深入这样一些特点，充分体现出我国通过开展国际空间交流与合作积极履行航天大国责任、促进航天事业包容性发展、促进各国经济发展和社会进步、造福全人类的基本理念。

实行改革开放政策 30 多年来，中国政府一贯主张以务实态度积极推进国际空间合作。以国际商业发射服务为例，我国自 1985 年进入国际商业发射服务市场到 2011 年 12 月，我国自主研制的长征系列运载火箭共计执行国际商业发射任务 33 次，发射 39 颗国际商业卫星，并提供 6 次搭载发射服务②。1999 年 10 月 14 日，由中国和巴西联合研制的中巴地球资源卫星 01 星（CBERS－01）使用长征四号运载火箭（LM—4）发射成功。2003 年 10 月 21 日，中巴地球资源卫星 02 星（CBERS－02）使用长征四号运载火箭发射成功。2007

① 相关内容参见本书附录 O，资料来源：中国国务院新闻办公室官方网站 http：//www. scio. gov. cn/zfbps/ndhf/2011/index. htm，2011 年 12 月 31 日访问。

② 参见中国长城工业集团有限公司官方网站 http：//cn. cgwic. com/LaunchServices/LaunchRecord/Commercial. html，2011 年 12 月 31 日访问。

年 9 月 19 日，中巴地球资源 02B 卫星（CBERS－02B）使用长征四号乙（LM－4B）运载火箭发射成功。中巴联合研制地球资源卫星已经成为在高技术领域进行南南合作的典范。此外，中国、孟加拉国、印度尼西亚、伊朗、蒙古国、巴基斯坦、秘鲁、泰国等亚太地区部分国家发起的亚太空间合作组织已于 2005 年 10 月在北京正式成立，目前正式成员国已达 7 个（另有两个国家已经签署、正在履行国内批准程序）①。亚太空间合作组织已成为本区域开展国际空间合作的重要平台。

2.3.3　外层空间法"软法"立法模式展望

鉴于联合国主持制定国际条约一般要经过成员国协商一致—联大会议通过—开放签署—成员国批准生效等较为复杂的程序，国际社会在经历了《月球协定》的不成功实践之后，更加倾向于通过联大决议的方式，制定包括 1996 年《国际空间合作宣言》在内的一系列法律原则或宣言。尽管这些原则或宣言的性质和效果特别是法律约束力受到广泛质疑，但其重要性和影响力仍不容低估。与联合国大会通过的其他各类"宣言"相比，在外层空间领域通过的六项原则或宣言应该具有特别重要的意义，因为这些原则或宣言无一例外地经受了旷日持久的艰苦谈判并最终通过协商一致的方式得以通过，而且在事实上已经成为外层空间法体系的重要组成部分。

本节简要评析的几项原则或宣言均在特定领域或从特定角度规定了各国在从事空间活动过程中所应遵从的原则，属于国际法中的"软法"范畴，虽然不具有严格意义上的法律效力，但是作为联合国通过的正式决议，同样构成了外层空间法的法律渊源，并在很大程度上得到了国际社会的广泛认同②。在人类外层空间活动开始走向

① 参见亚太空间合作组织官方网站 http：//www.apsco.int/member.aspx，2011 年 5 月 15 日访问。

② 参见尹玉海著：《国际空间法论》，中国民主法制出版社，2006 年 11 月第 1 版，第 40 页。

深空探测阶段的今天，利用“软法”模式构建月球资源开发国际法律制度，将多数国家能够接受的普遍原则以联合国决议形式文件化，进而形成国际上认可的习惯法，将成为国际社会在这一领域寻求国际立法的有效途径之一。

在缔结新的国际条约难度不断加大的形势下，国际立法中形成的这种“软法”模式在实践中取得了较好效果，已经成为国际社会共同解决全球环境问题、气候变化问题、可持续发展问题的重要通道，应该引起月球资源开发国际法律制度的研究者、起草者及谈判各方的必要关注。本书 5.2.3 节将对这一课题作进一步探讨。

第3章 月球土地归属引出的法律问题

国际社会在20世纪60年代通过的1961年联大1721号决议、1963年《外空宣言》、1967年《外空条约》已经相继确立了对外层空间及天体的“不得据为己有”（Non-Appropriation①）原则，成为外层空间法律体系的基本原则之一。虽然这一原则在实践中不断受到挑战，但由于各国政府的普遍认可已经成为管理“全球公域”地带的重要国际法原则。

3.1 外空及天体的“不得据为己有”原则

3.1.1 外空及天体的“不得据为己有”原则概述

1961年12月20日，联合国大会通过1721（XVI）号决议，宣布“外层空间及天体……不得由国家进行占领”，这是联合国最早明确外层空间“不得据为己有”原则的正式文件。1963年12月13日，联合国大会通过《外空宣言》②，明确了国际社会进行外空探索和利用活动应当遵守的九项原则，其中第3项原则强调，外层空间及天体决不能通过主权要求、使用或占领，或使用其他任何方法，据为一国所有。上述两项决议在联合国大会均获得一致通过，美国和苏联作为当时的两个主要空间国家发挥了重要的主导作用。

1967年《外空条约》第2条明确规定，外层空间，包括月球与

---

① 从语义学上讲，作为Non-Appropriation的反义词，appropriation具有“擅用、私用、挪用、窃用、剽窃”（take and use as one'sown）之意，见《牛津现代高级英汉双解词典》第52页，商务印书馆·牛津大学出版社1988年5月第1版。

② 参见本书第2.3.1节相关内容。

其他天体在内，不得由国家通过提出主权主张，通过使用或占领，或以任何其他方法，据为己有。这与传统国际习惯法中可以通过发现、占有、实际占有等方式获取未被他人拥有的领土主权的方式有着本质的区别，说明传统国际法关于在“全球公域”（Global Commons）以外地带获取领土主权的惯例并不适用于外层空间。《外空条约》作为一项具有法律约束力的国际文件，其第 2 条的规定是国际社会确保外层空间自由和平探索和利用的法律保证。但是，作为一个生效并被国际社会广泛接受的法律文件，《外空条约》只是一个由一系列原则构成的条约，其第 2 条并没有明确提及外空及天体的自然资源的归属问题。1979 年《月球协定》则试图澄清这一问题。

“全球公域”（Global Commons）概念最早从英国中世纪的“公地”（Commons）制度引申而来：封建主在自己的领地中划出一片尚未耕种的土地作为牧场，无偿提供给当地牧民放牧。然而，由于在此类“公地”范围内是无偿放牧，而且没有任何机制决定谁能进入公共牧场放牧、最多能容纳多少牛羊在此放牧以及放牧时间限制等等，每位牧民都想尽可能增加自己的放牧牛羊数量。随着牛羊存栏数量的无节制增加，公共牧场最终不堪重负而成为不毛之地。

1968 年，美国生物学家加勒特·哈定（Garrett Hardin）在《科学》杂志上发表《公地悲剧》（Tragedy of the Commons）一文。哈定在文中对上述典故从经济学意义上进一步发挥：有一片茂盛的公共草场，政府把这块草地向一群牧民开放，这些牧民可以在草场上自由放牧。随着在公共草地上放牧的牛群逐渐增多，公共草地放牧容量已经达到饱和。此时再增加一头牛就可能会使整个草场的牛的单位收益下降，因为这会导致草场供应给每头牛的平均草量下降。但是面对这个情况，每个牧民还是都想再多养一头牛。因为多养一头牛增加的收益由这头牛的主人独享，而增加一头牛带来的每头牛因草量不足的损失却分摊到了在这片草场放牧的所有牧民身上。于是，对于每个牧民而言，增加一头牛对他的收益是比较划算的。在情形失控后，每个牧民都会不断增加放牧的牛，最终由于牛群的持续增加使得公共草场被过度放牧而造成退化，从而不能满足牛的食量，并导致所有的牛因饥饿而死，“公地悲剧”因此产生。哈定强调指出，人类过度使用空气、水、海洋水产等看似免费的公共资源，必将付出无形而巨大的代价。自此，“公地悲剧”成为在环境科学、经济学、社会学、政治学等领域广泛谈论的话题。

国际社会及国际法学界在此基础上逐步形成了“全球公域”（Global Commons）这一概念，泛指在任何国家主权和管辖范围之外、为所有国家的共同利益而存在的区域，如南极洲、大气和海洋等，也包括海洋生物、迁徙鸟类或濒临灭绝的野生生物等地球上没有确定所有权归属的自然资源。全人类共同拥有的外层空间作为一种特殊的地球外“公域”地带，无疑也应当属于这一范畴，并且这一概念与“不得据为己有”原则紧密相连。随着全球化进程不断加快、科学技术不断进步和地球环境的持续恶化，“全球公域”概念的外延日益拓展，近年来已开始涉及全球气候变化、互联网空间管理等需要国际社会共同面对的全球性治理问题。国际社会尝试通过建立有效的管理机制共同解决这些问题，并为此做出了艰苦努力，这将对月球资源开发国际法律制度建设具有重要的启示意义。

1979 年《月球协定》第 11 条第 1 款明确规定，月球及其自然资源均为全人类的共同继承财产。月球及其自然资源既不是无主物，不能任人据为己有，也不是单纯的公有物，因为对于公有物，各国和个人虽然不可以占有，但可以同样地利用它们①。作为全人类的共同继承财产，虽然各国和个人可以同样地利用月球及其自然资源，但必须为全人类的共同利益而利用，这就要求为此开展国际合作并分享科学技术②。本书 4.1 节将对公有物及人类共同继承财产的概念作进一步分析。

---

① David S. Myers, “Common Interest” and “Non-appropriation” in Outer Space: Political Interpretation of Legal Principles, International Relations, May 1979, P. 530.

② 标注同上，P. 531。

1979年《月球协定》第11条第2款在月球领域（包括其他天体[①]）进一步确认了1967年《外空条约》第2条的内容：月球不得由国家依据主权要求，通过利用或占领，或以任何其他方式据为己有。《月球协定》第11条第3款进一步指出："月球的表面或表面的下层或其他部分或其中的自然资源均不应成为任何国家、政府间国际组织或非政府间国际组织、国家组织或非政府实体或任何自然人的财产。在月球表面或表面下层，包括与月球表面或表面下层相连接的构造物在内，安置人员、航天器、装备设施、站所和装置，不应视为对月球或其任何领域的表面或表面下层取得所有权。"上述规定实际上是对《外空条约》第2条及《月球协定》第11条第1款的进一步扩展和解释，从总体上应该能够解决月球上既存的自然资源的归属问题。

3.1.2 "不得据为己有"原则有待明确的另类涵义

尽管不得针对月球及其他天体主张主权或财产权已经成为国际社会的共识，但"不得据为己有"原则是否适用于那些已经被某个国家或某个经营实体从月球及其他天体上开采或挖掘出来的那些自然资源？如果"不得据为己有"原则在这里完全适用，则月球资源开发活动势必会完全失去经济上的动力，因为任何国家、任何经营实体或个人都不可能花费大量人力物力财力、承担巨大风险去开发注定不可能属于自己的资源（或者在投资回报得不到应有保障的前提条件下进行盲目开发）。如果"不得据为己有"原则在这里完全不适用，则只要具备经济和技术条件，月球资源开发活动必然会一哄

① 1979年《月球协定》第1条明确规定：本协定内关于月球的条款也适用于太阳系内地球以外的其他天体，但如任何此类天体已有现已生效的特别法律规则，则不在此限。本书提出的月球资源开发国际法律制度实际上也应当适用于任何其他天体，为避免用词上的反复重复与累赘，因此本书中的月球应作广义的理解，范围包括月球本身及太空中的任何其他天体，而且不限于太阳系内。

而起，全然不顾《外空条约》所明确的“共同利益”原则，而且《外空条约》确立的“自由平等”原则应当包括的自由进入、自由探索和自由利用等权利也势必难以得到保障。

这里我们只要引入“可移动财产”和“不可移动财产”这两个概念进行区别，则上述难题应该可以得到解决。

根据《布莱克法律词典》，“不可移动财产”是指“不能被移动的财产或一个物体如此坚固地附着在土地上以致它被认为是土地的一部分”①，因此“不可移动财产”往往首先与土地直接相关；而“可移动财产”则指“能够被移动或移置的财产……包括没有如此附着在土地上以致会被当地法律认定为属于土地的一部分”②。这样，凡是在技术上不能被开采、挖掘的月球矿产资源应当属于“不可移动财产”范畴，而能够被开采、挖掘的月球矿产资源则应当属于“可移动财产”范畴，前者无疑应当受到“不得据为己有”原则的制约，后者则应当结合具体情况进行分析。

1979 年《月球协定》第 11 条第 3 款明确规定，月球的表面或表面下层或其任何部分或其中的自然资源均不应成为任何国家、政府间或非政府国际组织、国家组织或非政府实体或任何自然人的财产。这是联合国官方文件公布的《月球协定》中文版本的原文，但如果我们对照其英文版本会发现二者存在着细微的差别：Neither the surface nor the subsurface of the Moon, nor any part thereof or natural

---

① 《布莱克法律词典》词条原文为：An immovable (usually plural) is a property that cannot be moved; an object so firmly attached to land that it is regarded as part of the land，参见 Black's Law Dictionary 第 8 版（2004 年）第 765 页。

② 《布莱克法律词典》词条原文为：A movable is defined as a property that can be moved or displaced, such as personal goods; a tangible or intangible thing in which an interest constitutes personal property; specifically, as anything that is not so attached to land as to be regarded as a part of it as determined by local law, also termed movable property, movable thing. 参见 Black's Law Dictionary 第 8 版（2004 年）第 1 040 页。

resources *in place*, shall become property of any State, international intergovernmental or non-governmental organization, national organization or non-governmental entity or of any natural person。差别之处在于中文版本将 natural resources *in place* 对应表述为"其中的自然资源"很令人费解，并没有反映出英文版的确切涵义。我们再看一下该句话的法语表述：Ni la surface ni le sous-sol de la Lune, ni une partie quelconque de celleci ou les resources natuelles *qui s'y trouvent*, ……。这里的 les resources naturelles *qui s'y trouvent* 如果翻译为汉语，其意思为"既有的自然资源"，与英文中的" natural resources *in place*"涵义如出一辙。因此，《月球协定》第 11 条第 3 款的这句话实际上是在强调既有的、既存的或已经存在的自然资源不得据为己有，实际上恰恰应当属于前面论述的"不可移动财产"范畴，*in place* 这一后置定语，实际上为月球资源中的"可移动财产"部分进行特殊规制留出了空间。换言之，月球上的自然资源一经挖掘或移动，解决其财产所有权归属问题从法律上不应该存在障碍，关键在于挖掘或移动本身是否符合国际社会普遍认可的程序、相关的利益分配机制是否合理。

我国 1980 年 6 月首次派出观察员代表团参加联合国外空委员会第 23 届会议，同年 11 月联合国正式接纳中国为该委员会成员国，此后中国参加了历届联合国外空委员会及其下属的科技和法律小组委员会届会①。而《月球协定》最终文本则于 1979 年 12 月 5 日提交联合国大会采用协商一致的方式通过，并于 1979 年 12 月 18 日开放签署，有鉴于此，我国当年应该并没有参与联合国外空委员会组织的《月球协定》谈判过程，迄今也没有批准加入这个协定，由此可以推断，上述中文版本应该没有经过我国的官方确认。"其中的自然资源"这种表述方式，应当认定为从外文向中文的翻译不完全准确，

① 参见《中国的航天》(2000 年版)，国务院新闻办 2000 年 11 月发布。参见附录 M。

不足为凭。虽然《月球协定》第 21 条规定，阿拉伯文、中文、英文、法文、俄文及西班牙文等 6 种文本具有同等效力，但如果文本之间发生歧义，显然应从当时的立法宗旨、立法背景出发进行解释。

从资源开发的目的看，月球资源开发可以分为科研开发与商业开发两大类。1967 年《外空条约》虽然没有明确月球资源的归属问题，但规定了科学探测自由的原则，此后主要空间国家进行月球探测并从月球上取回岩石和月壤样本并没有引起任何争议，证明国际社会对出于科研目的而进行适当的资源开发是完全能够接受的。《外空条约》同时也并没有禁止为商业目的而进行月球资源开发，只是强调探索和利用外空活动要为所有国家谋福利与利益。

1979 年《月球协定》则对《外空条约》第 1 条提出的科学探测自由原则作了进一步的扩展，并澄清了用于科研目的的月球资源的归属问题。《月球协定》第 6 条第 2 款规定，缔约各国为促进本协定各项规定的实施而进行科学研究时，应有权在月球上采集并移走矿物和其他物质的标本。发动采集此类标本的缔约各国可保留其处置权，并可为科学目的而使用这些标本。缔约各国应顾及是否将此类标本的一部分供给感兴趣的其他缔约国和国际科学界作科学研究之用。缔约各国在进行科学研究时，也可使用适当数量的月球矿物和其他物质以支援他们的任务。针对月球资源的商业开发问题，《月球协定》第 11 条第 5 款做出了原则性规定：缔约各国承诺一俟月球自然资源的开发即将可行时，建立指导此种开发的国际制度，其中包括适当程序在内。这样，《月球协定》实际上只解决了用于科研目的的月球自然资源归属问题，而把用于商业目的的月球自然资源归属问题留给了未来的国际制度去解决。

从鼓励月球资源有序进行商业开发、造福全人类的大局出发，今后制定新的国际法律制度应当明确月球自然资源一经开采、挖掘或移动，可以被经营者拥有财产权。需要配套做出规定的是，一定要对开采、挖掘或移动月球自然资源做出程序上的规定，并对从此类资源开发中所获利益如何分配进行法律上的约定。本书第 5 章将对此提出立法构想。

3.2 “不得据为己有”原则面临的挑战

3.2.1 “不得据为己有”原则在国际社会面临的挑战

应当承认，国际社会确立的外空及天体的“不得据为己有”原则对在外层空间法领域长期存在的有关月球主权及其土地归属问题已经做出了最后结论，破除了某些法学家提出的各种设想，诸如月球资源开发中的泛国家活动的概念和思想、联合国将月球采取一定方式分配给所有国家的权利设想、国家对月球联合主权设想、月球的区域可以采取“有效占领”以及其他手段达到占有的目的等①。

但几十年来，少数国家、私人实体及个人挑战这一原则的企图和努力不时见诸媒体，前者的典型案例就是1976年部分赤道国家②通过发布《波哥大宣言》对地球静止轨道提出的主权主张。而不少私人实体及个人就外层空间主张或“买卖”所谓天体所有权的诉讼案件和由此引发的行政执法事件已成为佐证对外层空间及天体“不得据为己有”原则的经典案例。

2003年10月，美国公民 Gregory William Nemitz 在美国内华达地区法院提起诉讼，向美国国家航空航天局（NASA）提出损害赔偿要求，称后者一个航天器登陆其宣称享有所有权的爱神星（Eros）而“侵犯”了其私有财产权。他的起诉于2004年4月27日被内华达州地区法院驳回，理由是不存在一个允许美国公民就外空天体主张权利的机制。2005年2月10日，美国旧金山第九巡回区上诉法院确认了该项驳回判决。这是美国有关外层空间天体所有权的第一个

---

① 参见尹玉海著：《国际空间法论》，中国民主法制出版社，2006年11月第1版，第60页。

② 有关国家包括哥伦比亚、刚果、厄瓜多尔、印度尼西亚、肯尼亚、乌干达和扎伊尔等。

联邦上诉法院的判例。

2012 年 1 月，一位名叫 Sylvio Langevin 的加拿大公民向加拿大魁北克法院提出一项诉讼请求，要求对太阳系九大行星以及木星的四颗卫星甚至各大天体之间的外层空间主张权利，他的理由是希望能够将这些内容纳入到他的收藏范围。鉴于 2001 年以来 Sylvio Langevin 共向加拿大法院提出 45 项诉讼请求（其中四项诉讼请求向加拿大最高法院提出），一位法官曾于 2009 年对他的诉讼权利进行了限制。此次他提出一项没有诉讼对象的诉讼请求，可能是为了降低他再次被限制诉讼的风险，因为他本人坦诚世界上没有任何人能够对他提出的宇宙权利主张进行授权。2012 年 2 月，Alain Michaud 法官宣布 Sylvio Langevin 属于"滥用诉权者（quarrelsome litigant）"，这就意味着未经法官书面同意，Sylvio Langevin 将不得再提起任何诉讼①。我们注意到，加拿大法院驳回该项诉讼请求仅仅基于当事人滥用诉权的事实及程序上的理由，并没有援引"不得据为己有原则"或 1979 年《月球协定》相关条款进行实体审判。

3.2.2　"不得据为己有"原则在中国国内面临的挑战

在西方一些国家纷纷出现私人或私人实体对月球及其他天体土地财产权要求的同时，我国也出现过一个经典案例。2005 年 9 月 5 日，一家自称为"大中华区月球大使馆"的公司（以下简称"月球大使馆"）在北京注册成立②。10 月 8 日，"月球大使馆"负责人接受媒体采访，宣布将根据美国"月球大使馆"总公司的授权出售月球

---

① Alain Michaud 法官注意到，Sylvio Langevin 过于 11 年间用不同化名肆意提起 45 项诉讼请求，极大地浪费了纳税人的司法资源。参见 BRIAN DALY，QMI AGENCY，"Man sues for ownership of most of solar system"，http：//www. lfpress. com/news/weird/2012/03/01/19445886. html，2012 年 3 月 1 日访问。

② 所谓"月球大使馆"公司在工商部门正式获准注册的名称为"北京月球村航天科技有限公司"。

土地；10 月 19 日，“月球大使馆”宣布开业，素有“月球疯子”之称的美国“月球大使馆”总公司总裁丹尼斯·霍普[①]特地赶到北京亲自出面兜售月球土地。先后共有 34 名顾客以 298 元/英亩的单价“购买”了 49 英亩的月球土地，涉及总金额 1.4 万余元，但售卖活动很快被工商部门叫停。当地工商部门以“月球大使馆”违反《投机倒把行政处罚暂行条例》[②] 为由，扣留了包括公司营业执照在内的相关财物[③]。

2005 年 11 月，“月球大使馆”向海淀区人民法院提起行政诉讼，请求撤销工商部门的行政决定，要求判令被告返还扣留的营业执照、公章、经营款、月球村土地所有权证书等财产。海淀法院一审判决“月球大使馆”败诉，认为工商部门认定原告销售月球土地的行为构成投机倒把并无不当，程序合法。当事人随后提起上诉。

2007 年 3 月，北京市第一中级人民法院驳回“月球大使馆”的上诉请求，终审认定其销售月球土地行为构成投机倒把，并强调，我国于 1983 年加入《外空条约》，该条约规定：探索和利用外层空间（包括月球和其他天体），应为所有国家谋福利和利益……各国不得通过主权要求、使用或占领等方法，以及其他任何措施，把外层空间（包括月球和其他天体）据为己有。从该条约规定可知，任何国家均不能对月球主张所有权。据此，作为特定国家管辖范围内的

---

① 1980 年，美国人丹尼斯·霍普（Dennis Hope）曾分别向联合国、美国、苏联递交所谓“所有权声明”，称其已通过“所有权声明”方式获得对月球和除地球以外太阳系八大行星及其卫星的所有权，作为其兜售月球土地的依据。

② 国务院于 1987 年 9 月 17 日颁布施行，并于 2008 年 2 月 15 日宣布该暂行条例失效。

③ 部分案例材料引自《人民网》英文网站（People's Daily Online — 'Lunar Embassy' appeals to get back licence），2005 年 11 月 16 日访问。部分案例资料引自“Beijing Authorities Suspend License of Lunar Embassy”，参见《中国日报》官方网站 www.chinadaily.com.cn，2005 年 11 月 7 日访问。

公民及各类组织，亦无权主张月球所有权①。

虽然国外通过售卖月球土地挑战国际法公认的对外空及天体“不得据为己有”（Non-Appropriation）原则的案例屡见不鲜②，西方学者主张外空私人所有权的也大有人在③，但作为在我国出现的第一个此类案件，“月球大使馆”售卖月球土地案件对我们加深理解国际空间法、促进我国航天法治建设将起到重要的推动作用。

仔细分析私人主张外空及天体不动产所有权的理由可以发现，不少人认为 1963 年《外空宣言》、1967 年《外空条约》只针对主权国家有效，并没有明确禁止个人、私人实体或非政府组织对外空及天体主张所有权，按照“法无明文禁止即自由”的法理原则，个人主张月球土地所有权并未违反任何禁止性规定。“月球大使馆”起诉工商部门时就宣称，出售月球土地并未违反法律的禁止性规定，而且月球土地作为销售标的物不属于国家特许经营商品，因此工商部门认定为“投机倒把”证据不足，应依法撤销。其实“月球大使馆”这一主张源于对国际空间法公认法律原则的片面理解和误读。本章 3.3 节将对此进行论证。

---

① 参见李欣悦、常鸣：《“月球大使馆”状告北京工商局终审败诉》，新华网，2007 年 3 月 17 日访问（稿件来源：《新京报》）。同时参见“Court Rejects Lunar Embassy's Right of Moon Land Selling”，稿件来源：Xinhua News Agency，March 17，2007，载于 http：//www. china. org. cn/englishi/China/203329. htm。

② 如所谓的“月球大使馆”网站见 www. lunarembassy. com；所谓的“月球土地”网站见 www. lunarland. com；所谓的“月球土地拥有者”网站见 www. lunarland. com。

③ 如美国戈罗夫教授认为依照《外空条约》第 2 条条文，私人“可以合法拥有外空的任何部分”，参见戈罗夫《对〈外空条约〉第 2 条的解释》，载于《福德汉姆法律评论》（Fordham Law Review）第 37 卷，1969 年，第 349－351 页。转引自贺其治著：《外层空间法》，法律出版社，1992 年 6 月第 1 版，第 65 页。

3.2.3 《南极条约》对南极领土主权要求处理方式的启示

南极作为地球上未被任何一国占领的处女地，其领土主权争议问题一直到1959年《南极条约》签署才得以解决，从此成为公认的"全球公域"地带。国际社会对南极领土主权要求的解决方式、对南极矿产资源开发问题的处理方式对我们深入研究月球资源开发国际法律制度有着重要的借鉴意义。

1955年7月，对南极洲提出过领土主权要求或认为他国对南极洲的主权要求与自身利益攸关的阿根廷、澳大利亚、比利时、智利、法国、日本、新西兰、挪威、南非、美国、英国和苏联等12个国家，派出代表在巴黎举行第一次南极国际会议，同意共同协调南极洲的考察计划，暂时搁置各方提出的领土要求。1957～1958年为国际地球物理年，上述12国的1 000多名科学家奔赴南极，从后勤保障、科学考察到资料交换等方面进行了广泛有效的合作。1958年2月5日，美国时任总统艾森豪威尔致函其他11国政府，邀请他们派代表到华盛顿共同商讨解决南极科学考察需要协调的问题及有关各方对南极领土的争议问题。经过60多轮谈判，上述12国于1959年12月1日签署了《南极条约》①。我国于1983年6月8日正式加入南极条约组织，同日该条约对中国生效，我国由此成为该条约缔约国之一；1985年10月7日，我国正式成为《南极条约》协商国成员，从此取得了对国际南极事务的合法权益和发言权。

1959年《南极条约》是国际法发展史上最重要、最具创新性的法律文件之一，被称为"南极洲宪法"。《南极条约》不仅为规范在南极地区从事各类活动提供了一个生效的、稳定的法律制度，较好地解决了南极领土主权要求问题，也大大推动了其他"全球公域"

---

① 《南极条约》的英文全称为 Treaty of Washington on Antarctica（简称 the Antarctic Treaty)。条约原件交存于美国政府的档案库中。条约全文内容参见中国网 http：//www.china.com.cn/chinese /zhuanti/ nk/733773.htm，2009年11月15日访问。

地带的立法工作，在一定程度上为《外空条约》的谈判提供了样板。国际社会第一次用条约的形式对各国领土范围以外的公共区域管理进行规制，并从促进国际合作、保障科学研究自由、禁止任何军事行动等方面对缔约国进行法律上的约束。《南极条约》虽然没有直接使用“不得据为己有”、“人类共同继承财产”这些概念，但在其序言中明确承认，为了全人类的利益，南极应永远专为和平目的而使用，不应成为国际纷争的场所和对象。《南极条约》对有关国家对南极的领土要求采取了既不承认、也不否认的“冻结”方式，暂时缓和了南极领土的国际争执，成为国际社会通过协商对话共同解决复杂、敏感、疑难问题的典范，并为各国赴南极开展正常的科学考察活动提供了法律依据。

广义上的“南极条约”不仅仅限于 1959 年《南极条约》，而是以 1959 年《南极条约》为基础，包括《南极海豹保护公约》、《南极生物资源保护条约》、《南极条约环境保护议定书》① 等条约在内的“南极条约体系”。《南极条约环境保护议定书》同样在其序言中指出，本议定书各缔约国确信有必要加强南极条约，以确保南极应继续并永远专为和平目的而使用，不应成为国际纷争的场所或对象。

根据 1988 年 6 月 2 日通过的《南极矿产资源活动管理公约》②最后文件，16 个《南极条约》协商国全部批准《南极矿产资源活动管理公约》文本后该公约正式生效。由于法国和澳大利亚最终以矿产资源活动对南极环境构成威胁为由，撤回了他们对《南极矿产资源活动管理公约》的支持而使该公约流产。

《南极矿产资源活动管理公约》虽然未能获得各国一致通过，但

---

① 《南极条约环境保护议定书》（另译《关于环境保护的南极议定书》），其英文全称为 the Protocol on Environmental Protection to the Antarctic Treaty，议定书全文内容参见 http：//www. lawyee. net /Act. Display. asp? RID = 307865&keyWord，2009 年 11 月 15 日访问。

② 《南极矿产资源活动管理公约》的英文全称为 Convention on the Regulation of Antarctic Mineral Resources。

它重申了《南极条约》所明确的立场：南极将永远用于和平目的、永远不能成为国际争端的客体，明确了各方从事南极矿产资源活动时对南极环境保护所承担的责任。与此同时，《南极矿产资源活动管理公约》的诸多内容实际上在一定程度上体现了“人类共同继承财产”的原则，明确了南极矿产资源活动不仅不得由少数国家垄断而且要促进公平有效参与，明确了开展南极矿产资源活动要考虑整个国际社会的利益，对《联合国海洋法公约》第 11 部分中关于深海海床资源开发活动的最终谈判成果产生了一定影响，对未来月球资源开发国际法律制度的构建具有重要的启示。

更为重要的是，《南极矿产资源活动管理公约》提出了建立南极矿产资源委员会管理框架的设想，明确了相关管理机构的组成和职责，提出了将南极矿产资源活动划分为三个阶段的设想，并明确了各个阶段所采取的不同管制方式。此外，《南极矿产资源活动管理公约》提出建立的责任追究机制、强制性争端解决机制在国际法历史上均具有重要的法律价值，对有效破解履行国际条约中的执行难题提供了有效思路，对我们研究构建月球资源开发国际法律制度具有重要的参考价值。

此外，由于《南极矿产资源活动管理公约》的很多条款被《南极条约环境保护议定书》直接引用，因此该项公约在南极环境保护方面一直被视为重要的参考性法律文件。《南极条约环境保护议定书》于 1991 年 10 月 4 日在西班牙马德里签署（故又称《马德里议定书》），1998 年 1 月 14 日开始正式生效。该议定书宣布从其生效之日起，50 年内禁止南极的矿产资源活动。至此，20 世纪国际社会普遍关注的“南极洲资源开发利用问题”有了最终结论。

3.3 月球土地归属问题法理分析

3.3.1 现有国际法对“不得据为己有”原则义务主体的认定

从条文本身看，1967 年《外空条约》第 2 条确实只规定了国家的义务，并没有明确提到个人、私人实体或非政府组织的义务，也没有对个人、私人实体或非政府组织提出明确的禁止性要求，即只规定了国家不得通过提出主权主张，通过使用或占领，或以任何其他方法，将包括月球与其他天体在内的外层空间据为己有。从第 2 条内容本身看，似乎《外空条约》在这里出现了漏洞。

但与此同时，《外空条约》第 6 条明确规定，本条约各缔约国对本国在外层空间，包括月球与其他天体在内的活动应负国际责任，不论这类活动是由政府机构或是由非政府团体进行的，它应负国际责任保证本国的活动符合本条约的规定。非政府团体在外层空间、包括月球与其他天体在内的活动，应经本条约有关缔约国批准并受其不断的监督，一个国际组织在外层空间，包括月球与其他天体内进行活动时，遵守本条约的责任应由该国际组织和参加该国际组织的本条约缔约各国共同承担。

1979 年《月球协定》第 14 条第 1 款同样规定：本协定缔约各国对于本国在月球上的各种活动应负国际责任，不论这类活动是由政府机构或非政府团体所进行的，并应负国际责任保证本国活动的进行符合本协定所载的各项规定。缔约各国应保证它们所管辖的非政府团体只有在该缔约国的管辖和不断监督下方可在月球上从事各种活动。因此，缔约各国必须保障《月球协定》关于“月球的表面或表面的下层或其他部分或其中的自然资源均不应成为任何国家、政府间国际组织或非政府间国际组织、国家组织或非政府实体或任何自然人的财产”① 的国际履行义务。

3.3.2　月球土地归属问题法理分析

根据 1969 年《维也纳条约法公约》确定的善意原则（the Principle of Good Faith），条约解释要能够揭示条约规定的真正含义，从而保证对条约的履行符合立约的目的和宗旨，符合缔约国各方缔结条约的本意。只有对条约的解释是善意的，才能最大限度地保证对

---

① 参见附录 B《月球协定》第 11 条第 3 款。

条约正确地理解，从而适当地履行条约①。西方著名国际法学家郑斌(Bin Cheng)先生曾经表示，“即使条约法不以善意原则为基础，那么也完全在善意原则的约束之下；因为这一原则一直支配着条约，从它们的形成到它们的消亡。”②

如果将《外空条约》第2条和第6条综合起来解读可以发现，《外空条约》已经从法理上排斥了对外空的一切领土主张。不仅国家不得对外空及天体提出主权主张，由于国家对其所管辖的公民及私人团体、对其所加入的国际组织承担连续监督义务，国家也不得通过其所管辖的公民及私人团体或其所加入的国际组织对外空及天体提出主权主张。个人、私人实体、国际组织从事外层空间活动必须经过其所隶属的国家批准并服从该国的连续监管。一国的公民是否可以取得对天体的财产权，理论上应由各国的法律规定。如果国家的法律允许其国民占有外空和天体，那么国家就可以通过授权其国民占有以规避国家不得占有外空和天体的国际法义务。法人和自然人完全可以构成国家占有外空和天体的手段，即国家以其他措施将外空据为己有③。

因此，“不得据为己有”原则是绝对的，既不容许国家或政府占有，也不允许私人或私人企业占有④。各国根据其承担的对外空及天体“不得据为己有”的国际义务，不得公然批准个人、私人实体或国际组织对外空及天体提出不动产所有权主张的行为。任何未经国家批准对外空及天体提出不动产所有权主张的行为均属无效行为；

---

① 参见朱文奇、李强著：《国际条约法》，中国人民大学出版社，2008年4月第1版，第60页。

② Shabtai Rosenne, Developments in the Law of Treaties 1945—1986, Cambridge University Press, 1989, P. 173, footnote 56，转引自朱文奇、李强著：《国际条约法》，中国人民大学出版社，2008年4月第1版，第59页。

③ 参见凌岩：《试论对月球和其他天体的所有权》，载于凌岩主编的《国际空间法问题新论》，人民法院出版社，2006年11月第1版，第19页。

④ 参见迈特著：《空间活动和正在形成的国际法》，加拿大麦吉尔大学，1984年，第279－281页，转引自贺其治著：《外层空间法》，法律出版社，1992年6月第1版，第65页。

而国家即使“批准”也是非法的、无效的，因为国家本身从来没有获得过国际社会的相关授权。事实上，《外空条约》第 2 条最后一句话提出的“或*以任何其他方法*把包括月球和其他天体在内的外层空间据为己有”不啻为一个兜底规定，它被广泛地解释为国家不能利用其他实体将外空或天体据为己有①。这一条款将一切不可能列举穷尽的各种“占有”方式均囊括其中，成为维护外空及天体“不得据为己有”原则的法律武器。

从 1967 年《外空条约》起草、谈判的实践看，各国签署、加入《外空条约》时既未提出保留意见、也未要求对其第 2 条的涵义进行解释的事实，证明所谓“国家主权”、“私人所有权”问题在当初的条约谈判阶段已经得到解决。因此，反过来看，如果允许某个人占有外层空间的组成部分，《外空条约》防止在外空进行殖民化竞赛、为所有国家的利益而探测和利用外空的基本目标就会受到背叛②。

2004 年 3 月，国际空间法学界的权威学术机构国际空间法学会理事会发表声明，针对国际社会出现的对月球和其他天体的财产权要求表达了关切，并对 1967 年《外空条约》第 2 条做出了法理解释，认为该条款的立法宗旨在于排除任何形式的对包括月球和其他天体在内的外层空间的领土要求。国际空间法学会理事会的这项声明还指出，1967 年《外空条约》第 6 条的立法宗旨在于，各国对其开展的各类空间活动负有国际责任，而无论此类活动是由政府机构执行还是由非政府实体执行，并且非政府机构从事各类空间活动必须获得其所在缔约国家的批准并受其持续监管。国际空间法学会理事会据此认为，非政府实体（含私营实体）从事的各类空间活动均

---

① 参见 Jonathan Thomas，Privatization of Space Ventures：Proposing a Proven Regulatory Theory for Future Extraterrestrial Appropriation，1 Int' l L. & Mgmt. Rev. 191，P. 200，转引自凌岩：《试论对月球和其他天体的所有权》，载于凌岩主编的《国际空间法问题新论》，人民法院出版社，2006 年 11 月第 1 版，第 19 页。

② 参见 Fabio Tronchetti，the Non-appropriation Principle under Attack：Using Article II of the Outer Space Treaty in its Defense，P. 3。

属国家行为，1967 年《外空条约》第 2 条所规定的不得将外层空间由国家据为己有的禁令应包括禁止任何非政府实体（无论以个人或公司形式出现）提出此类要求，因为这将属于国家行为。禁止国家层面将外层空间据为己有，也就等于阻止通过任何基于领土要求的国内立法行为将私人层面的领土主张合法化。因此，月球土地权证的售卖者援引任何国内立法条文或将国内政府机构的沉默视为对其提出外空领土要求正当性的默认均不足为凭。月球土地权证的售卖者并不能获得对其主张的合法权益，因此他们所售卖的权证没有任何法律价值或法律意义，也不会实现任何能够获得认可的权益转让。根据国际法，加入某项国际条约的缔约各国有义务在其国内法律体系内履行条约的各项条款。因此，根据 1967 年《外空条约》第 2 条和第 6 条的规定，缔约各国有义务在其法律体系内确保任何针对月球和其他天体的全部或部分主张财产权利的交易均不产生法律意义或被认可的法律效果。①

2009 年 3 月，国际空间法学会理事会再次发表声明，针对一段时间以来媒体上就上述内容刊载的一些令人误解的观点和讨论进行了澄清。该项声明认为，现行国际法确立了一系列明确的原则，根据这些原则，允许探索和利用外层空间（包括月球和其他天体在内）是基于为全人类的利益，但是任何对外层空间的任何部分（包括月球和其他天体在内）主张所有权的努力，或任何国内立法对此类主张的批准均受到禁止，在法律上也是非法的，这是基于对不得将外层空间据为己有的明确禁止。正是由于在外层空间或天体上任何国家均没有领土管辖权，也就不可能产生任何形式的私人所有权，而私人所有权的存在是以拥有授予所有权权益的领土主权权能的存在为先决条件的。现行国际法律制度对缔约各国和非政府实体（包括自然人、法人和私人公司）均有约束力，这一点在 1967 年《外空条约》第 6 条的严谨措辞中表述得非常清晰，而该项条约已经被包括

① 资料来源：国际空间法学会官方网站 http：//www. iislweb. org/publications. html，2009 年 12 月 30 日访问。

所有具有空间活动能力的 100 个国家[①]批准接受。这一法律制度的明确宗旨在于确保包括月球和其他天体在内的外层空间为全人类而探索和利用，而不仅仅是为那些在任何特定时间点上具有探索和利用外层空间能力的国家和私人实体。目前，国际空间法律体系尚未涵盖外层空间（包括月球和其他天体在内）资源开发的详细条款，尽管已经确立了规范所有外层空间自然资源开发活动（包括对私人和公司行为）的一般行为准则框架。国际空间法学会认为，一项开发外层空间自然资源的具体法律制度应当在不远的将来基于现行国际空间法通过联合国制定，其立法宗旨是澄清法律原则、提供法律确定性[②]。

2006 年 10 月 12 日，时任中国国家航天局局长孙来燕在国务院新闻办举行的新闻发布会上回答记者提问，在回答关于“月球大使馆”售卖月球土地的提问时表示，外层空间是人类的共同财富，（“月球大使馆”售卖月球土地）这种做法我们是不赞成的，也是反对的，这也违反了国际上的一些公约[③]。我国航天事务行政主管部门的这一表态，体现了中国政府履行外层空间有关条约的原则立场。

3.4　“月球大使馆”案件引发的法律思考

3.4.1　对“月球大使馆”案件适用法律的思考

“月球大使馆”2005 年售卖月球土地一案最终以被工商部门扣押相关证照财物、两级人民法院先后判决当事人行政诉讼败诉而收场。工商部门依法行政、人民法院依据国际法判决使其成为我国处理外空天体所有权问题的经典判例，必将载入国际空间法的发展史册。

---

① 截至 2011 年 1 月 1 日，共有 101 个国家或地区批准加入（含批准、接受、认可、加入或继承）该条约。

② 资料来源：国际空间法学会官方网站 http：//www. iislweb. org/publications. html，2009 年 12 月 30 日访问。

③ 资料来源：中国新闻网，2006 年 10 月 12 日发布。

应该指出，2005年北京市工商部门将《投机倒把行政处罚暂行条例》[①]作为行政执法依据曾引发较大争议，也成为当事人提起行政诉讼的主要理由。引发争议主要在于我国1997年修订《刑法》时已经明确取消“投机倒把罪”，在时隔八年之后、市场经济体制已进一步完善的情况下，人们发现工商部门仍在沿用计划经济时代制定、但一直未能废弃的行政规章打击所谓“投机倒把”行为。这里固然有上位法与下位法在同一法律体系内的一致性问题、过时法律法规或部分过时条文的及时清理问题[②]，但更应让我们深入思考的是国际法与国内法的有效对接问题。

根据国际法“条约必须遵守”（*Pacta Sunt Servanda*）原则，国家一旦同意接受条约的约束，就承担了善意履行条约的义务[③]。我国的条约实施在实践中采取了直接适用[④]、优先适用和转化适用（Transformation）相结合的方式。我国宪法虽然没有正式确认我国缔结或参加的国际条约在国内法律体系中的法律地位，但目前已经有部分法律明确规定应直接适用或优先适用国际条约，并明确了国际惯例的适用条件。

---

① 国务院已于2008年2月15日宣布该暂行条例及其实施细则失效，失效理由是“调整对象已消失，实际上已经失效”。该暂行条例“暂行”时间长达21年之久。

② 根据2009年8月27日第十一届全国人大常委会第十次会议通过的《关于修改部分法律的决定》，《计量法》、《野生动物保护法》、《铁路法》、《烟草专卖法》等四部法律中有关“投机倒把”、“投机倒把罪”的规定已经删除并进行了修改。这意味着“投机倒把”这一带有浓厚计划经济色彩的名词将成为历史名词，不再出现在我国的现行法律体系当中。参见新华网2009年8月27日相关新闻。

③ 1969年《维也纳条约法公约》第26条规定：凡在有效期内之条约对其各当事国有拘束力，必须由各该国善意履行。“条约必须遵守”原则是1969年《维也纳条约法公约》的基石。

④ 目前我国有一系列法律明确规定应直接适用国际条约，如1982年《商标法》第9条，1985年《继承法》第36条，1992年《专利法》第18条，1997年《刑法》第9条等。

如我国1986年《民法通则》第142条规定，中国缔结或者参加的国际条约同国内民事法律有不同规定的，适用国际条约的规定，但中国声明保留的条款除外。从这一条款可以看出，有关民事类的一些国际条约并不需要单独的特别立法即可予以直接适用①。我国1986年《民法通则》第142条第3款进一步规定，在没有国内法和国际条约适用的情况下，可以适用国际惯例，这等于我国从法律上承认了国际惯例的法律效力。我国1991年《民事诉讼法》第238条（2007年10月28日全国人大常委会对该法作出修改决定时，该法条序号变更为第236条，内容未作修改）规定，中华人民共和国缔结或者参加的国际条约同本法有不同规定的，适用该国际条约的规定，但中华人民共和国声明保留的条款除外。虽然这一条款纳入到该法第四编“涉外民事诉讼程序的特别规定”项下，但没有理由认定国内民事诉讼程序就不能适用该条款。我国1989年《行政诉讼法》第72条规定，中国缔结或者参加的国际条约同本法有不同规定的，适用该国际条约的规定，但中国声明保留的条款除外。由此可见，我国各类法律主体在民事诉讼及行政执法、行政诉讼活动中，国际条约的效力应高于相关的国内法律法规。

2007年中国法院对“月球大使馆”案件的判决代表着对太空及天体“不得据为已有”原则纳入《外空条约》40年来的非常重要的确认②，也是中国积极履行国际空间法有关条约承诺的具体表现。

3.4.2　对我国更好实现与国际条约有效接轨的思考

一般而言，规制国际空间活动的条款往往比较原则，并不能直接约束到某一个国家的特定法人实体或自然人。参与外层空间活动并承认国际空间法相关条约或协定的有关国家，应当通过国内立法形式明确其应当承担的国际义务。

---

①　参见朱文奇、李强著：《国际条约法》，中国人民大学出版社，2008年4月第1版，第223页。

②　参见Fabio Tronchetti，the Non-appropriation Principle under Attack：Using Article II of the Outer Space Treaty in its Defence，P. 8。

美国及欧洲一些空间大国的法律明确规定，国家依法承认或者参与的国际条约或协定，具有高于本国法律的效力。如英国 1986 年《外层空间法》第 38 章强调，“本法授予国务大臣以批准权和其他权力，以保证联合王国对与本国相关的人发射和运营空间物体及在外层空间进行其他活动承担国际责任”。俄罗斯在其 1996 年 11 月 29 日修改的《俄罗斯联邦空间活动法》第一条“空间活动法律关系的调整”中明确规定，空间活动法律关系的调整，应遵循俄罗斯联邦宪法、公认的国际法原则与规则、俄罗斯联邦参加或缔结的国际条约、本法、联邦的其他法律及规范性法律文件。澳大利亚在其 1998 年 12 月 21 日颁布的《空间活动及其目的法》中，明确将“根据联合国外空条约履行澳大利亚特定的义务”作为其三大立法目的之一。因此，为确保全面落实国家因缔结或加入特定国际条约所应承担的国际责任，缔约国最好通过国内立法予以保障。

作为一个在国际事务中发挥重要作用的法治大国，我国应该考虑首先在宪法或宪法相关法律（如《立法法》、《缔结条约程序法》或其他相关法律）中明确我国缔结或参加的国际条约和重要协定的法律地位及其与国内法律体系的关系。直接适用、优先适用的国际条约和重要协定应当首先在全国人大常委会决定批准时进行明示①；现行做法是仅在相关法律中明示，最好是将二者结合起来，以体现法律体系的完整性、一致性。需要转换适用的，应该在全国人大常委会批准缔结或参加国际条约后，尽快纳入国内专门立法规划，确保国际条约与国内法律实现及时有效对接，避免出现国内法律适用上的真空或“两张皮”现象，这是在立法领域、司法领域加快与国际接轨的应有之义②。即使在国际条约直接适用的情况下，缔约国也可以进一步通过国内立法将适用方法、适用范围和执行机制进一步

① 《中华人民共和国宪法》第 67 条规定，全国人大常委会负责决定同外国缔结条约和重要协定的批准和废除。

② 我国 2001 年底加入世界贸易组织后遇到大量的有关《WTO 协定》在国内的转化实施问题，与国际空间法条约在国内的转化实施相比，其性质是一样的。

具体化，使条约的实施更具可操作性。

我国航天科技工业行政主管部门[①]曾于 2001 年 2 月与外交部联合颁布《空间物体登记管理办法》，2002 年 11 月颁布《民用航天发射项目许可证管理暂行办法》，均是对我国于 1983 年、1988 年先后加入的 1963 年《外空条约》、1972 年《登记公约》的转换适用，是与这些国际条约进行对接的规范性法律文件。但是，我国现行的此类立法存在的主要缺陷是数量少，层次低，内容过于简单，对违规行为没有明确的制裁手段，可操作性差，尚不能构成真正高位阶的空间法律，距离形成完整的国内外层空间法律体系的目标差距甚远，未来的立法任务艰巨[②]。北京市第一中级人民法院 2007 年直接援引我国参加的《外空条约》进行判决，可以说在我国首开将国际空间法条约用于国内司法实践之先河，无疑具有划时代意义。

从“月球大使馆”案件的演进过程和法院审判结果可以看到，我国加快国内航天立法、填补外层空间活动领域的法律空白已经刻不容缓，这既是在法治化轨道上进一步发展我国航天事业、规范外层空间活动特别是外层空间商业活动的需要，也是我国与国际通行做法[③]接轨并通过国内空间立法积极履行外层空间法条约、积极参

---

① 2007 年前为国防科工委，2008 年 3 月国务院进行“大部制”改革后，国防科工委演变为新成立的工业和信息化部下属的国防科工局，国家航天局作为原国防科工委的内设机构继续保留，由国防科工局负责管理。

② 部分资料及观点引自赵海峰《中国空间立法的现状与未来》，《空间法评论第二、三卷》，哈尔滨工业大学出版社，2009 年 5 月第 1 版，第 48—86 页；部分资料及观点引自陈善广主编的《空间法概要》，中国宇航出版社，2007 年 4 月第 1 版，第 79—89 页。

③ 目前主要空间国家和部分新兴空间国家均已制定了国内空间法，包括美国、俄罗斯、英国、法国、德国、日本、乌克兰、意大利、加拿大、澳大利亚、瑞典、挪威、西班牙、南非、巴西、阿根廷、智利、韩国、荷兰、比利时等国家。美国和俄罗斯等主要空间国家的国内空间法体系较为完备，其立法模式和经验尤其值得我国借鉴。中国是极少数没有制定国内空间法的重要空间国家，情况与印度有些类似。

与国际外层空间合作、充分维护我国的外层空间利益、维护我国外层空间司法主权和法治国家形象的需要。

我国 2001 年 12 月加入世界贸易组织（WTO）后的实践充分证明，只有在遵守国际法和国际惯例的前提下，充分利用国内立法工具、国际法律工具引导、影响现行国际贸易规则的发展和适用方向，才能在贸易、投资、知识产权等领域实现我国国家利益的最大化。过去 10 年来，中国积极履行在世界贸易组织（WTO）框架内承担的国家义务，不断完善对外贸易投资法律制度，确立了社会主义市场经济条件下的对外贸易投资管理新体制，规范了对外贸易经营者及境外投资人的权利和义务，健全了货物进出口、技术进出口和国际服务贸易管理制度，建立了具有中国特色的对外贸易调查制度和对外贸易促进体制，并根据世界贸易组织规则完善了贸易救济制度以及海关监管和进出口商品检验检疫制度，改革完善了人民币汇率形成机制，确立了统一、透明的对外贸易制度。我国对外贸易和外商投资快速增长，进出口总额、外商投资总额的位次不断提升，为我国综合国力的提升作出了重要贡献。事实证明，加入世界贸易组织（WTO）、履行相关国际承诺已经成为我国深化改革开放的重要推手。一批批中国企业在国门进一步打开之后“与狼共舞”，极大地提高了我国企业的国际竞争力，世界贸易组织（WTO）框架内通行的游戏规则可谓功不可没。在当前国际外层空间法律体系并不完善的背景下，要充分借鉴其他领域的立法经验，努力通过国内立法手段实现我国外层空间利益的最大化、国际违约风险的最小化，推动我国航天事业实现又好又快发展。

从更高层面看，加快国内航天立法也是我国推动国际政治经济新秩序的建立和发展、推进国家权力和国家责任的法治化建设、推进人类和平与合理利用外层空间（特别是推进外层空间非军事化、推进外层空间环境保护及资源合理有序开发）、推动建设持久和平、共同繁荣的和谐世界（自然应当包括和谐太空）的背景下维护国家战略安全、实现中华民族伟大复兴的战略需要。国际空间法律体系的不断完善，将为我国提供较为有利的国内立法环境。我们期待有关部门能够尽快将航天法列入国家立法规划，以推进我国的航天事业在法治化轨道上实现更高层次的跨越发展。

第 4 章　“人类共同继承财产”原则与月球资源开发

1979 年《月球协定》自通过 30 多年来，国际社会在外层空间立法方面基本上处于停滞状态。《月球协定》成为国际外层空间立法史上的一个分水岭，其原因并非在于外层空间法律体系已经非常完善。相反，航天科技日新月异、空间活动商业化程度的日益提高、参与空间活动的国家愈来愈多，使得冷战时代人类空间活动初期制定的外层空间法条约处处显得不能适应发展的需要。批准《月球协定》的国家数量远远少于批准 1967 年《外空条约》的国家数量，而发展中国家和发达国家对 1979 年《月球协定》中“人类共同继承财产”(Common Heritage of Mankind)① 概念的理解、解释存在严重分歧，应该属于其中的深层次原因，对其进行深入分析对构建月球资源开发国际法律制度具有重要的参考价值。

---

① “人类共同继承财产”英文原文为“Common Heritage of Mankind (CHM)”，有人译作“人类共同遗产”或“人类共同继承遗产”（联合国《月球协定》中文版文件使用了“全体人类的共同财产”表述方式），作者认为均不妥，主要考虑到“遗产”一词不能准确反映需要人类世代相传此类“共同财产”的内在要求，其次，“遗产”明显属于私法领域的词汇（“遗产”一词在“世界文化遗产”中的应用当属例外），而财产一词则比较中性。因此无论从语言学角度，还是从法学角度，“人类共同继承财产”应当是最符合词条原意的译法。我国著名国际空间法学家贺其治先生在其《外层空间法》专著（法律出版社 1992 年 6 月第 1 版）第八章（《月球协定》）正文及附件五“中英文专门名词对照表”中也将“Common Heritage of Mankind”译为“人类共同继承财产”。囿于篇幅限制，本书不作展开论述。

4.1 “人类共同继承财产”概念的由来

4.1.1 “人类共同继承财产”概念的产生背景

“人类共同继承财产”是近几十年来国际法理论和实践中产生的一个新概念，被西方著名国际法学家郑斌（Bin Cheng）教授誉为国际法发展史上首次创造的“一个属于崭新范畴的区域”①。正确理解“人类共同继承财产”概念的起源必须了解二战后源于南北问题和东西问题相互交织而产生的错综复杂的国际政治背景：在美国和苏联为首的东西方两大阵营进行冷战和太空军备竞赛的同时，战后纷纷获得独立主权的广大发展中国家积极寻求在国际政治舞台上发挥更加积极作用，谋求逐步改变长期以来由西方强权主导建立的游戏规则，并代之以所谓“国际政治经济新秩序”。这些国家积极推进对国际关系的重新定位，希望发达国家能够在各个领域为发展中国家提供优惠待遇及发展援助，以解决西方国家过去长期进行殖民统治及各国资源禀赋不同等历史、地理因素造成的南北政治、经济发展不平衡问题。“人类共同继承财产”概念正是在这一大背景下发展中国家与发达国家进行博弈的产物②。

早在1952年，联合国法律事务司副司长Oscar Schachter曾经指出：“外层空间及天体将成为全人类的共同财产，任何国家均不得

① 参见（英）郑斌：《外层空间：国际法律结构和外空、外空物体及外空人的国际法律地位》，载于加拿大麦吉尔大学《航空与空间法年刊》，第5卷，1981年，第81、85页。转引自贺其治著：《外层空间法》，法律出版社，1992年6月第1版，第134页。

② 即便在20世纪冷战时期，在“人类共同继承财产”原则上的争执，社会主义国家和资本主义国家两大阵营的对立远不如发展中国家和发达国家之间的对立突出，故本书不作重点分析。

对其实施统治"①。1966年，美国时任总统约翰逊在谈到国际深海海床区域时指出，国际深海海床区域属于"全人类的遗产"，应当避免进行"不受约束的资源开发"（Unfettered Harvesting）② 而对之加以保护。

"人类共同继承财产"概念正式作为国际条约谈判内容并非肇始于1979年《月球协定》。1967年8月17日，马耳他常驻联合国代表帕多（Arvid Pardo）向第22届联合国大会建议，将国家管辖范围以外的海床、洋底及其资源宣布为"人类共同继承财产"③，任何国家不得据为己有，而且应该对此进行专门保护以确保其用于和平目的，进而提出应该采取必要步骤在一项有国际约束力的文件中体现这一基本原则。"人类共同继承财产"这一概念遂开始进入国际社会的视野，很快成为此后1982年《联合国海洋法公约》及1979年《月球协定》谈判中争论最激烈、并最终纳入这两份法律文件的重要原则，成为20世纪60、70和80年代以77国集团为代表的发展中国家联盟组织与发达国家进行谈判和斗争的重要理论武器之一。

4.1.2 "人类共同继承财产"概念的内涵

目前有据可查的各种国际法律文书使用"人类共同继承财产"这一概念时，均未发现对其内涵和外延直接进行解释。中国社会科学院法学研究所2003年编纂出版的《法律辞典》将"人类共同继承财产"单列为一个词条，并结合1982年《联合国海洋法公约》和1979年《月球协定》中的"不得据为己有"原则进行了阐述④，有助于我们理解其出台背景和适用范围，但该辞典并未从法律词汇学

① 参见N. M. Matte, Limited Aerospace Natural Resources and Their Regulation, 7 Annals Air & Space L. 379 (1982)。

② 参见N. Rembe, Africa and the International Law of the Sea 38 (1980)。

③ 参见联合国文件UN Doc A/6695，1967年8月18日。

④ 参见中国社会科学院法学研究所《法律辞典》第1144页，法律出版社，2003年1月第1版。

角度对“人类共同继承财产”概念从正面直接进行解释。根据《布莱克法律词典》的定义，“人类共同继承财产”是指不考虑地理位置，被认为属于全人类所有的地球和宇宙的区域，并且应该为全人类的惠益而受到保护和管理。它包括海洋之海底及其底土，以及外层空间①。由此可见，“人类共同继承财产”的所有者是全人类，这使它不同于“无主物”，也不同于“公有物”或“共有财产”。

“无主物”（*res nullius*）一般指不属于任何人的东西，或者无主的动产。它们或是从未被占有，或者被其所有人抛弃，但是它们可以通过占有而取得。“人类共同继承财产”属于全人类，不可以通过发现或占有等方式而被取得，也不同于“公有物”或“共同财产”。

“公有物”（*res communis*）一般是指任何人不得占有的财产，但任何人均可以使用之，如阳光、空气和海洋。根据罗马法，公有物归宗族、国家或市府所有，其成员可享用，但无权作任何处分或要求分割②。从任何人不得占有这一角度，“人类共同继承财产”与“公有物”存在一定的相似性，但“公有物”排除的仅仅是任何形式的占有，对自由使用“公有物”未作任何限制。国际社会公认的“公海自由”原则的法理基础正是源于“公有物”。格老秀斯（Hugo Grotius）③ 曾以古罗马法论证了公海自由原则：第一，公海是无法有效占领的，不在任何国家主权管辖范围之内，任何国家不能加以

---

① 参见《布莱克法律词典》（Black's Law Dictionary），2004 年版（第 8 版），第 293 页。原文为：The parts of the earth and cosmos that can be said to belong to humanity，without regard for geographic location，and that should be protected and administered for its benefit. The term embraces the ocean floor and its subsoil，and outer space，also termed Common Heritage of Humankind.

② 参见王泽鉴著：《民法物权》第一册，中国政法大学出版社，2001 年出版。

③ 雨果·格老秀斯（Hugo Grotius，1583—1645），出生于荷兰的 17 世纪著名法学家，被认为是近现代国际法、自然法的奠基人。

控制；第二，公海可供任何人无害使用，是用之不竭的资源。公海自由的实质是保障航海交通自由，而深海海底及其自然资源属于不可再生、不可更新的有限资源，其开发显然属于“取用”或某种形式的“占有”，而绝不是单纯的“使用”。

在 1958 年联合国大会关于外层空间法律地位的辩论中，所有发言的国家的代表在强调外层空间应用于和平和科学目的的同时，都主张外层空间不得为任何国家所占有，也就是认为国家的空中主权原则不适用于外层空间。联合国大会第一委员会报告员在他的报告中称，“外层空间作为‘一切人的公有物’这一国际性质，看来已被接受”①。

1967 年，阿根廷常驻联合国代表 Aldo Amando Cocca 教授在联合国外空委法律小组委员会宣称，国际社会已经认可了“人类”②（Mankind）这一国际法新主体的存在，并且已经将包括月球和其他天体在内的外层空间这一范围最广阔的人类共同财产（即“人类公有物”，*res communis humanitatis*）赋予给了“人类”③。这里提出的“人类公有物”概念在内涵上已经非常接近“人类共同继承财产”，不同之处在于“人类共同继承财产”既要排除任何形式的占有，也要对财产的使用进行限制和规制，因此“人类共同继承财产”原则

---

① 参见联大第一委员会报告员奥地利代表马奇（Matsch）的报告。A/PV. 792。转引自贺其治著，《国际法和空间法论文集》，第 21 页，中国空间法学会内部资料，2000 年发表。

② “人类”（Mankind）一词进入国际法律文书比“人类共同继承财产”更早，如《联合国宪章》序言部分，1959 年《北大西洋公约》序言部分，1968 年《不扩散核武器条约》等。

③ 参见海洋法国际法庭副庭长 Helmut Tuerk 法官在 2009 年 3 月 23 日“《月球协定》30 周年回顾与展望学术研讨会”上发表的《〈月球协定〉的谈判》（The negotiation of the Moon Agreement）一文，资料来源 http://www.unoosa.org/oosa/search.html? q=RES+2779&btnG=Search&site=oosa&sort=date%3AD%3AL%3Ad1&entqr=0&ud=1，2011 年 5 月 8 日访问。

需要有一套国际法律制度和机制才能保障其顺利实施。

“共有”（Co-ownership）则属于传统民法的范畴，它是指多个权利主体对一物共同享有所有权①。“共有财产”的性质首先是私有性、多主体性和排他性，故共有人对“共有财产”的应有部分在生前可以转让给他人（包括其他共有人），也可以通过遗嘱作身后处分，甚至可以随时要求进行分割而终止共有关系。我国 1986 年《民法通则》第 78 条将“共有”分为“按份共有”和“共同共有”，但没有对这两种共有形式进行详细区分。我国 2007 年《物权法》第八章专门对不动产或动产的“共有”进行了规定，而且将“共有”划分为按份共有和共同共有两大类，并明确了两类共有人的权利、义务和责任。我国 2007 年《物权法》第八章第 98 条提出了“共有物”的概念，这也是该版《物权法》全文唯一一处使用“共有物”这一概念的地方。根据上下文进行解释，这里的“共有物”与第八章其他法条反复使用的“共有的不动产或动产”概念所要表述的内容是完全一致的，因此《物权法》中的“共有物”与前文阐述的“公有物”有着本质的区别。共有权的最主要特点在于，对外是一个完整的所有权关系；对内按照不同的共有类型，共有人之间享有不同的权利、承担不同的义务②。按份共有基本是按约定设立，而共同共有则一般基于某种共同关系而产生，如夫妻共有、家庭共有、遗产分割前的共有等③。

相对于“共有财产”或“公有物”，“人类共同继承财产”只有

---

① 参见全国人大常委会法制工作委员会民法室编著：《中华人民共和国物权法解读》（主编：王胜明，副主编：姚红、杨明伦），中国法制出版社 2007 年 3 月第 1 版，第 201—202 页。

② 参见杨立新、程啸、梅夏英、朱呈义著：《物权法》，中国人民大学出版社，2004 年 9 月第 1 版，第 85 页。

③ 参见全国人大常委会法制工作委员会民法室编著：《中华人民共和国物权法解读》（主编：王胜明，副主编：姚红、杨明伦），中国法制出版社 2007 年 3 月第 1 版，第 203—206 页。

全人类一个所有权主体，全人类作为一个利益共同体，其内部并不存在份额、权利、义务、责任的划分或区别对待问题，也不存在对其所有权进行分割、转让或以其他形式进行处分的问题，因此它与“共有财产”也有着本质的区别。

4.1.3 “人类共同继承财产”概念的发展

1970 年 12 月 17 日，第 25 届联合国大会审议通过了第 2749 号决议《关于各国管辖范围以外海床洋底及其底土的原则宣言》①，第一次在一项国际文件中正式接受了“人类共同继承财产”原则，宣告“各国管辖范围以外海床洋底及其底土，以及该地域的资源，属于人类共同继承财产”，任何国家、自然人或法人均不得以任何方式据为己有，任何国家不得对该地域之任何部分主张或行使主权或主权权利；规定所有关于探测及开发该地域资源的活动以及其他有关活动，均应受行将建立的国际制度管制；该地域之探测及其资源开发应以全人类福利为前提，不论该国家之地理位置，系为内陆国或沿海国，并应特别顾及发展中国家的利益与需要，该地域应保留专供和平用途；依据本宣言的各项原则，应即以一项普遍协议的世界性国际条约建立适用于该地域及其资源的国际制度，包括实施其各项规定的适当国际机构等。上述这些原则规定成为海底委员会和第三次联合国海洋法会议制定国际海底勘探开发制度和管理机构的原则基础②。尽管联合国大会的决议仅仅具有建议性质，不具有法律约束力，但并不意味着它们不具有任何法律效力。联合国大会第 2749 号决议以 118 票赞成、0 票反对、14 票弃权的表决结果证明，

---

① 参见联合国大会 1970 年 12 月 17 日决议 UN General Assembly Resolution 2749 (XXV)，英文全称为 Declaration of Principles Governing the Seabed, and the Ocean Floor, and the Subsoil thereof, beyond the Limits of National Jurisdiction。

② 参见陈德恭著：《现代国际海洋法》，海洋出版社，2009 年 1 月第 1 版，第 414 页。

“人类共同继承财产”原则在“各国管辖范围以外海床洋底及其底土以及该地域的资源”范畴内可以被认定为一项法律确信（Opinio Juris）。第2749号决议对于新的国际法原则和规则的形成和确定具有一定的作用，这决议本身可以表现为各国的法律信念①。

美国1969年7月首次登月活动获得成功后，国际社会即开始酝酿制定关于月球法律地位及月球资源开发的条约（后来正式定名为《月球协定》）。阿根廷于1970年6月向联合国外空委法律小组委员会提交了《关于使用月球及其他天体的自然自愿的活动的原则协定草案》，并在该草案第1条中指出：“月球及其他天体的自然资源应为全人类的共同继承财产”②。该原则最初遭到苏联及其他一些国家的反对③。从1970年至1979年，在联合国主持下，各国就《月球协定》草案进行了旷日持久的谈判，争议的核心焦点便是“人类共同继承财产”原则。有不少国家的代表其实从一开始便对“继承财产”这种提法表示了不满，认为“继承财产”是民法中继承法领域非常严肃的一个法律词汇，如果大家认可这种说法，是否应该反问人类究竟又是从何人手中继承了月球及其他天体的自然资源？随着谈判的深入，更多国家认同应把“人类共同继承财产”作为一个政治概念进行整体理解，于是谈判的焦点开始转向这一概念所应体现的原则。

1979年《月球协定》中的“人类共同继承财产”原则实际上是对1967年《外空条约》“共同利益”原则的重要发展。1979年《月球协定》第4条第1款重申了1967年《外空条约》中的“共同利益”原则，并进而在第11条第1款明确，月球及其自然资源均为全

---

①　参见王铁崖：《论人类的共同继承财产的概念》，载于《王铁崖文集》，中国政法大学出版社，2003年出版，第89页。

②　参见联合国文件：A/AC. 105/C. 2/L. 21，1970年6月23日，转引自贺其治著：《外层空间法》，法律出版社，1992年6月第1版，第124页。

③　参见联合国文件：A/AC. 105/116，ANNEX I，1973年4月20日，第24—25页，转引自贺其治著：《外层空间法》，法律出版社，1992年6月第1版，第132页。

体人类的共同继承财产。事实上，1979 年《月球协定》对“人类共同继承财产”原则做出了非常精辟的解释：即应依照《联合国宪章》规定，充分注意今世与后代人类的利益、以及提高生活水平与促进经济和社会进步和发展的需要①。换言之，从空间属性上说，月球及其自然资源既不是“无主物”，也不是“公有物”，而是全人类的共同财产，应该由全人类共同决定进行处置，任何国家、组织、个人除非得到全人类的有效授权，均无权对月球资源进行处置。从时间属性上讲，月球及其自然资源不仅属于当今人类，也属于今后人类的世世代代，当今人类无权代表其子孙万代对月球及其自然资源竭泽而渔进行掠夺式开发，开发月球及其自然资源必须考虑资源的永续利用、环境的承载能力和可持续发展。

国际社会对“人类共同继承财产”原则问世后，特别是纳入到一些国际法条约后，国际社会对它的解释和应用范围一直存在很大争议。我们不妨在综合考察 1967 年《外空条约》、1970 年《管理国家管辖范围以外海床洋底及其底土的原则宣言》、1979 年《月球协定》、1982 年《联合国海洋法公约》（包括对其第十一部分的修正）等国际法律文件相关内容及其出台背景的基础上，对“人类共同继承财产”原则的基本内涵从以下五个方面进行概括：

第一，“人类共同继承财产”在空间范围上应当属于全人类共同所有，且所有权不得进行分割，任何国家、实体或个人均不得以任何形式据为己有；

第二，“人类共同继承财产”在时间范围上应当属于全人类世代共同所有，当代人类社会应当确保对相关资源进行合理有序开发，不得由于滥用而导致相关资源的枯竭；

第三，“人类共同继承财产”的相关资源开发应当以全人类的共同利益为导向，各国进行自由探索和资源开发的机会应当均等，鼓励开展国际合作和互助，一国的自由开发不得对他国的自由开发权利造成

---

① 参见附录 F，1979 年《月球协定》第 4 条第 1 款。

损害，资源开发的成果应当通过适当的共享机制实现合理分配；

第四，“人类共同继承财产”的相关资源开发应当专用于和平之目的，资源开发的手段也应当是和平的，不得使用武力或以武力相威胁；

第五，“人类共同继承财产”的相关资源开发过程中应当确保环境（包括地球环境、外层空间环境、月球及其他天体环境等）不受污染和危害。

4.2 “人类共同继承财产”原则的运用实践

4.2.1 “人类共同继承财产”原则在《海洋法公约》中的运用

1982 年《联合国海洋法公约》第 136 条将深海海床资源正式确认为“人类共同继承财产”，国际社会在使用国际深海海床资源以及该用语方面开始确立为广大成员认可的制度①。由于《联合国海洋法公约》第十一部分使用了“人类共同继承财产”这一措辞，将深海海床排除在国家财产之外②，这部分引起的争论最多，也是美国批准该公约的最大障碍③。

1982 年《联合国海洋法公约》提出要建立落实“人类共同继承财产”原则的管理机构——国际海底管理局④。然而，由于各方意见和利益的冲突，对于管理局行使控制权的程度及其给与发展中国家

---

① 参见赵云著：《外空商业化和外空法的新发展》，知识产权出版社，2008 年 1 月第 1 版，第 64 页。

② 参见《联合国海洋法公约》，1982 年 12 月 10 日，第 136－137 条，1833 U. N. T. S. 3（1994 年 11 月 16 日生效）。

③ 参见 Jonathan I. Charney，the United States and the Revision of the 1982 Convention on the Law of the Sea，23 Ocean Development & International Law 280（1992），转引自赵云著：《外空商业化和外空法的新发展》，知识产权出版社，2008 年 1 月第 1 版，第 70 页。

④ 参见《海洋法公约》第 157 条。

的优惠待遇等问题存在争议①，一直到 1994 年《关于执行 1982 年 12 月 10 日〈联合国海洋法公约〉第十一部分的协定》②正式通过后，国际海底管理局才得以正式成立，成为国际社会负责许可和管理在各国管辖范围以外的海底区域矿物的勘探和开发的权威机构。

1994 年《关于执行 1982 年 12 月 10 日〈联合国海洋法公约〉第十一部分的协定》在海洋法的发展史上具有划时代意义③。该协定在重申深海海床及其资源是"人类共同继承财产"的基础上，确立了管理开发这些资源的法则和程序。该协定以协商一致为基础的决策流程取代了一个成员国有一票否决权的体制，同时规定在协商一致不能达成时，才使用不少于所有议席 2/3 的多数通过决议④。同时采取以市场为导向的做法解决技术转让问题，发展中国家可以在公平合理的商业条款下获得技术⑤。

此外，《联合国海洋法公约》附件三第 6—7 条提出的限额生产制度被取消，补助或者任何其他任何差别待遇不适用于深海海床资源开发的规定⑥，以及十五年计划取代五年计划指导勘探工作方案

① 美国和欧洲都不赞成《联合国海洋法公约》第十一部分。参见 James L. Malone, the United States and the Law of the Sea, 24 Va. J. Int' l L. 785, 786 (1984); Michael Hardy, the Law of the Sea and the Prospects for Deep Sea-bed Mining: the Position of the European Community, 17 Ocean Development & International Law Journal 309, 314 (1986)，转引自赵云著：《外空商业化和外空法的新发展》，知识产权出版社，2008 年 1 月第 1 版，第 66 页。

② 参见《关于执行 1982 年 12 月 10 日〈联合国海洋法公约〉第十一部分的协定》及附件，1994 年 7 月 28 日，1836 UNTS41，再版于 33 I. L. M. 1309 (1994)。附件于 1996 年 7 月 28 日生效。

③ 该协定的谈判和生效过程参见本书第 5. 3. 1 小节的相关内容。

④ 参见《海洋法公约》附件三第 3 条。

⑤ 参见《关于执行 1982 年 12 月 10 日〈联合国海洋法公约〉第十一部分的协定》附件第 5 节。

⑥ 参见《关于执行 1982 年 12 月 10 日〈联合国海洋法公约〉第十一部分的协定》附件第 6 节。

的批准[1]，这些新措施均为投资者提供了经济收益上的确定性[2]。截至2005年，已有7个先驱投资者与国际海底管理局签订了勘探“区域”资源的合同[3]，可以预见，商业性“区域”开发活动的大规模开展必将引起国际社会的广泛关注。

1991年3月5日，经联合国批准，中国大洋矿产资源研究开发协会（以下简称中国大洋协会）在国际海底管理局和国际海洋法法庭筹备委员会登记注册为国际海底开发先驱者，在国家管辖范围外的国际海底区域分配到15万平方千米的开辟区。1999年3月5日，在完成开辟区50%区域放弃义务后，中国大洋协会为我国在上述区域获得7.5万平方千米具有专属勘探权和优先商业开采权的金属结核矿区，拓展了我国战略资源的储备总量。根据《联合国海洋法公约》有关规定，国际海底管理局于1997年批准了中国大洋协会15年勘探工作计划。2001年5月，中国大洋协会和国际海底管理局签订《勘探合同》，中国大洋协会由国际海底开辟活动的先驱投资者成为国际海底资源勘探的承包者。2011年7月，国际海底管理局核准中国大洋协会提出的多金属硫化物矿区申请，使中国大洋协会在西南印度洋国际海底区域获得1万平方千米具有专属勘探权的多金属硫化物资源矿区，并在未来开发该资源时享有优先开采权。这是中国大洋协会在国际海底获得的第二块享有专属勘探权和优先开采权的海底矿区。中国大洋协会此次获得享有专属勘探权和优先开采权

---

① 参见《关于执行1982年12月10日〈联合国海洋法公约〉第十一部分的协定》附件第2节。

② 参见赵云著：《外空商业化和外空法的新发展》，知识产权出版社，2008年1月第1版，第73页。

③ 国际海底开发7个先驱投资者为：印度国家海洋研究院（NIO）、法国大洋结核块研究协会（AFERNOD）、日本深海资源开发公司（DORD）、俄国海洋地质作业南方生产协会（YUZHMORGEOLOGIYA）、中国大洋矿产资源研究开发协会（COMRA）、韩国海洋研究开发院（ KORDI）、国际海洋金属联合组织（ IOM），参见金永明：《人类共同继承财产法律性质研究》，载于《社会科学》2005年第3期。

的多金属硫化物资源矿区，将有利于对海底资源的了解和利用，有利于提高对深海的科学认知水平和有效保护海底环境，有利于带动和促进有关的深海技术装备研制迈上新台阶，也有利于实现《联合国海洋法公约》所确立的国际海底活动服务于全人类利益的宗旨。①

根据《国际法院规约》第38条相关规定，“国际习惯，作为通例之证明而接受为法律者。”习惯国际法的形成需要有法律确信（Opinio Juris）和国际社会以国家为主体的法律实践（General Practice）两个条件。“人类共同继承财产”原则1970年正式纳入联合国第2749号决议、1982年正式纳入《联合国海洋法公约》、1994年纳入操作性较强的《关于执行1982年12月10日〈联合国海洋法公约〉第十一部分的协定》的事实证明，这项原则在国际深海海床及其资源领域已经完成了从法律确信走向法律实践的过程，从而构成了国际海洋法中的习惯规则。

4.2.2 “人类共同继承财产”原则在《月球协定》中的运用

“人类共同继承财产”原则能否直接适用于包括月球及其他天体在内的外层空间，仍然需要从法律确信、国家实践这两个要素角度进行分析。

在1967年《外空条约》“共同利益”原则的基础上，1979年《月球协定》第11条特别指出，月球及其自然资源均为“人类共同继承财产”。从时间上看，1979年《月球协定》是将“人类共同继承财产”原则从概念转化为法律的第一份国际条约。但“人类共同继承财产”原则一直为主要空间国家所诟病，在实践中其普遍接受程度被证明远远不如体现在1967年《外空条约》中的“共同利益”原则，也成为1979年《月球协定》批准国寥寥的重要原因之一。与1982年《联合国海洋法公约》相比，1979年《月球协定》的国际地位和实际影响力也是相距甚远。因此，“人类共同继承财产”原则在

① 参见http：//baike. baidu. com/view/2714820. htm，2011年8月17日访问。

包括月球及其他天体在内的外层空间领域，仅仅停留在 1979 年《月球协定》的相关条文上，在月球资源开发利用的操作层面并未真正产生国家实践。

1979 年《月球协定》未能被多数空间国家所接受的具体问题在于，该概念以平等的名义要求强制性转让利益，以及这一原则对于私有财产权和国际管理体制产生的法律上的不确定性①。发达国家和发展中国家对于这一概念着眼于两个截然不同的视角②：发达国家将其视作收回投资成本和将利润投入将来的开发活动的需要，发展中国家则将其视作一个纠正以往不平等做法和重新分配全球资源和财富的机会③。美国第 26 任总统、共和党人西奥多·罗斯福④曾坚持认为，政府应该提供公平的竞技场以创造均等的机会，他甚至提出“在人类向前迈进的不同阶段，不劳而获与劳而不获者之间的斗争一直是进步的中心条件”。抛开西方资本主义、殖民主义早期发家阶段的掠夺性、侵略性不说，西方资本主义政治家的这种确保“制度公平”和“机会均等”、但不确保“结果均等”的自由公平竞争理想在欧美发达国家主流社会可谓根深蒂固，同样深刻地影响到过去一个世纪以来国际政治经济新秩序及国际竞争合作机制的构建。

---

① 参见 Kevin V. Cook, the Discovery of Lunar Water: An Opportunity to Develo Pa Workable Moon Treaty, 11 *Geo. Int' l. Envtl. Rev.* 647, 648 (1999)，转引自赵云著：《外空商业化和外空法的新发展》，知识产权出版社，2008 年 1 月第 1 版，第 66 页。

② 参见 Kelly M. Zullo, the Need to Clarify the Status of Property Rights in International Space Law, 90 Geo. Law Journal 2413, 2424－2426 (2002)，转引自赵云著：《外空商业化和外空法的新发展》，知识产权出版社，2008 年 1 月第 1 版，第 66 页。

③ 参见 M. C. W. Pinto, the Developing Countries and the Exploitation of the Deep Seabed, 15 Columbia Business Law Review 30 (1980)，转引自赵云著：《外空商业化和外空法的新发展》，知识产权出版社，2008 年 1 月第 1 版，第 66 页。

④ 西奥多·罗斯福（Theodore Roosevelt, 1858—1919），美国著名军事家、政治家，1901—1909 年间担任美国总统，被认为是美国历史上最伟大的总统之一。

从发展中国家角度看，他们尽管缺乏独立开发月球资源所需要的技术和资本，但希望能够从发达国家开发出来的资源利益中合理分得一杯羹，所持理由为月球资源属于“人类共同继承财产”；发达国家则认为自己长时间投入大量资本、技术并承担巨大风险而开发出来的资源利益，不应该由发展中国家以搭便车形式无偿进行分享，因为这不符合市场经济的公平分配原则，更无法通过有效保护投资行为、有效保护知识产权而鼓励技术创新和创造。在“效率”与“公平”两种价值出现明显冲突的背景下，“人类共同继承财产”原则虽然最终能够在海床洋底资源开发领域得以率先落实，是发展中国家与发达国家利益不断调和、博弈的结果。我们应特别注意到发展中国家最终在技术转让条件方面做出了重大让步，体现在《联合国公约》第十一部分第 5 节中。

1982 年《联合国海洋法公约》（特别是其第十一部分）谈判过程和最终解决机制虽然对外层空间活动特别是月球及其他天体的资源开发制度建设具有重要的示范和参照作用，但国际社会必须充分顾及到外空资源开发活动的特殊性质，充分顾及到 20 世纪末苏联解体以及东欧社会主义国家发生剧变后人类对过往“吃大锅饭”、“绝对平均主义”等极“左”思潮下传统社会主义概念的反思和修正，应当一体考虑各类外层空间活动参与国家的不同利益诉求。天下大同的乌托邦理想世界固然令人神往，但绝不能无视各国发展水平而超越现实条件强行推进实施。因此，按照具体问题具体分析的哲学思路，“人类共同继承财产”原则不宜在月球及其他天体的资源开发制度建设中进行简单照搬或转化适用。

4.3 “人类共同继承财产”原则与未来月球资源开发

4.3.1 “人类共同继承财产”原则与“全球公域”管理

纵观 1979 年《月球协定》、1982 年《联合国海洋法公约》第十一部分[①]及 1988《南极矿物资源活动管理公约》等三个规制“全球公域”地带的法律文件，我们可以发现它们在实践中具有相似的命运。三者的共同目的是在“全球公域”地带提供旨在规范相关资源开发的原则和规则，但在实践中除了 1982 年《联合国海洋法公约》第十一部分经过大面积修正后才得以施行外，另外两项法律文件事实上均不能视为成功。

尽管不成功的原因各不相同，但前两个法律文件中的“人类共同继承财产”原则引发了巨大争议是主要原因。另外一个共同的原因可能在于，这些条约并不足以提供足够的经济回报保障及投资利益保障。这一因素是今后建立任何规制“全球公域”地带及相关资源开发活动的法律制度所必须考虑的。

美国、苏联/俄罗斯两个主要空间大国当初未能批准 1979 年《月球协定》，主要是由于其对“人类共同继承财产”原则实际上持反对态度；而其他国家则采取观望态度，致使批准该协定的国家甚少[②]。或者更为准确地说，应该是主要空间国家对发展中国家对“人类共同继承财产”原则的解释持反对态度，因为国际社会并未对该项原则的解释和应用达成一致。要想解决 1979 年《月球协定》的普遍接受问题，必须从根源上解决“人类共同继承财产”原则在月球资源开发的适用问题。1979 年《月球协定》禁止针对月球资源主张任何形式的财产所有权[③]，并要求与所有缔约国分享月球资源开发带来的惠益，多数空间国家认为这种规定难以接受，难以有效鼓励对月球资源的商业化开发。多数发展中国家则担心，由于 1979 年《月球协定》缺乏有效的执行机制和监督机制，在他们获得探索外空所必须的技术能力之前，月球及其他天体的有限资源可能已被发达

① 此处指 1994 年《关于执行 1982 年 12 月 10 日〈联合国海洋法公约〉第十一部分的协定》正式通过之前的 1982 年《联合国海洋法公约》第十一部分。

② 参见贺其治著：《外层空间法》，法律出版社，1992 年 6 月第 1 版，第 132 页。

③ 参见附录 F 1979 年《月球协定》第 11 条第 3 款。

国家开发殆尽了。

虽然全人类的共同利益、特别是发展中国家的特殊利益应当给与适当的考虑，但同时为主要空间国家国家提供一种必要的激励模型恐怕是此类法律制度走向成功的必要条件。

4.3.2 “人类共同继承财产”原则与未来月球资源开发

1979 年《月球协定》第 11 条明确规定，本协定缔约各国承诺一俟月球自然资源的开发即将可行时，建立指导月球资源开发的国际制度，其中包括适当程序在内①。1979 年《月球协定》甚至进一步明确了即将建立的国际制度的主要宗旨：第一，有秩序地、安全地开发月球的自然资源；第二，对这些资源作合理的管理；第三，扩大使用这些资源的机会；第四、所有缔约国应公平分享这些资源所带来的惠益，而且应当对发展中国家的利益和需要，以及各个直接或间接对探索月球做出贡献的国家所作的努力，给予特别的照顾②。上述条款实际上是明确提出要把月球资源国际开发制度建立在“人类共同继承财产”原则之上，并使之能够有效规制月球及其他天体的商业开发活动。

然而，在是否要由缔约各国公平分享月球资源开发的惠益本身就备受争议的情况下，如何确保缔约各国公平分享月球资源开发带来的惠益，在操作层面更成为一大难点。商业投资者会因为成本和风险的增加而顾虑重重，从而使资源开发活动很难展开。从利益分享角度而言，即使抛开在法律约束力方面存在争议的 1979 年《月球协定》，被国际社会广泛接受的 1967 年《外空条约》提出的“共同利益原则”实际上与 1979 年《月球协定》的“人类共同继承财产”原则是一脉相承的，只是表述方式不同而已：探索和利用外层空间（包括月球和其他天体），应为所有国家谋福利和利益，而不论其经

① 参见附录 F 1979 年《月球协定》第 11 条第 5 款。

② 参见附录 F 1979 年《月球协定》第 11 条第 7 款。

济或科学发展程度如何，都应成为全人类的事情。因此，在外层空间活动中的人类共同利益原则具有国际法意义上的拘束力。换言之，如果一个国家、国际组织或私营实体从事的外层空间活动并不是为所有国家的利益，或否认其空间活动属于全人类的事情，则构成对《外空条约》这一义务的公然违反。但现实情况却并不令人鼓舞，多数外层空间活动只是使得少数空间国家或国际组织受益，而国际社会对这一现状只能默认，因此，1967 年《外空条约》第 1 条的有效性实际上已经大打折扣。当然，长远看来，即使外层空间活动没有与所有国家的利益直接相关联，只要没有直接影响或侵害其他国家的空间利益，这些活动实际上也在间接地推动着人类的发展和进步①。

除却月球及其他天体的资源开发，以卫星通信服务、卫星全球定位系统、卫星遥感服务、太空旅游、以及在国际空间站和载人飞船上进行的医药、生物、农业等领域的科学实验为代表的外空资源商业开发活动其实早已开始付诸实践，而卫星发射服务及卫星发射保险服务本身也早已开始走向商业化。近年来，非政府团体对外空活动产生越来越大的兴趣，他们清楚地看到外空活动可以产生很可观的利润②。然而，对私营团体及非政府组织进一步的参与而言，现有外层空间法律体制的模糊和不确定性仍是一大障碍。缺乏法律稳定性较任何其他技术上的挑战而言，成为外层空间商业发展的主要障碍③。商业空间工业最终的成功和失败取决于立法者；他们将

---

① 参见 Sethu Nandakumar，“Common Heritage of Mankind”—Property Rights，in the Wake of Commercial Use of the Moon and Other Celestial Bodies。

② 参见 Ty. S Twibell，Space Law：Legal Restraints on Commercialization and Development of Outer Space，65 *UMKC Law Review* 589，591（1997），转引自赵云著：《外空商业化和外空法的新发展》，知识产权出版社，2008 年 1 月第 1 版，第 5 页。

③ 参见 Ty. S Twibell，Circumnavigating International Space Law，4 *ILSA Journal of International & Comparative Law* 259（1997），转引自赵云著：《外空商业化和外空法的新发展》，知识产权出版社，2008 年 1 月第 1 版，第 5 页。

影响并决定我们的监管环境、法律和政策①。现有国际空间法律制度体系明显滞后于、甚至制约着外层空间活动的有序发展，已经是不争的事实，必须引起国际社会的高度重视。

不难预言，随着各国航天技术的不断发展及可支配资金的不断增加，会有越来越多的国家、国际组织甚至私营实体具备空间探索能力。人类一旦在月球或其他天体上发现有用矿产资源的开采变得有利可图，必然会启动一轮大规模的“淘金热”。因此，在这些开发活动发生之前制定出有效的国际开发制度，澄清现行外层空间法条约中的模糊地带，弥合发达国家和发展中国家的利益分歧，特别是要解决投资回报与利益共享的均衡问题，使“人类共同继承财产”原则在月球资源开发领域得到有效落实，具有非常现实、非常紧迫的战略意义。

如果在一段时间内以“人类共同继承财产”原则为基础的 1979 年《月球协定》仍然不能为多数空间国家所接受，包括月球探测在内的外层空间活动的有效管制必然会受到很大影响。国际社会必须采取务实态度另辟蹊径，充分借鉴 1982 年《联合国海洋法公约》（特别是其第十一部分）的实施经验，针对存在争议的关键概念进行重新谈判、重新解释、重新定义，使之为多数国家、特别是主要空间国家所接受，从而确保月球资源开发活动在法治化轨道上有序推进。

---

① 参见 C. Stott，Making Space Profitable：the Role of Law and Policy，2004 Space Law Conference Paper Assemble 119－123（Beijing，2004），转引自赵云著：《外空商业化和外空法的新发展》，知识产权出版社，2008 年 1 月第 1 版，第 5 页。

第5章　月球资源开发国际法律制度的立法构想

本章在本书第2、3、4章评析外层空间法体系现状、分析外层空间法体系中“不得据为己有”原则及“人类共同继承财产”原则的基础上，从构建月球资源开发国际法律制度的必要性、可行性入手，提出构建月球资源开发国际法律制度的总体设想，最后就我国月球资源开发的政策制定及立法规划提出了建议。

5.1　构建月球资源开发国际法律制度的必要性

5.1.1　月球资源开发本身需要有效的法律规制

近几十年来，航天科技发展日新月异，人类外层空间活动已经从早期的发射人造地球卫星发展为载人航天飞行、建造运营常年有人照料的国际空间站以及开展深空探测活动，在上述领域以及月球探测和资源开发领域的新问题也不断呈现。鉴于月球资源开发活动的高技术性、高风险性以及涉及“人类共同继承财产”原则应用的国际敏感性，在法律制度构建方面提出很多新挑战，国际社会必须积极面对并尽快采取措施填补这一空白。1979年《月球协定》的不成功实践客观上为月球资源开发活动带来很多不确定因素，形成了目前外层空间法律体系的结构性缺陷，更增加了国际社会构建月球资源开发国际法律制度的必要性和紧迫性。

在目前的经济技术条件下，绝大多数外层空间活动发生在地球轨道上，但随着主要空间国家经济实力的不断增加和航天技术的不断发展，深空探测将成为未来空间活动的新领域。目前月球探测

（包括载人登月）已经列入不少空间国家的航天计划，对太阳系其他行星如火星、土星及其卫星的探测也已逐步提上日程。由于月球的自然条件与地球存在巨大差异，绕月探测飞行环境、月表环境及各类试验所需的技术条件会有很多新要求，这将势必对现有的以地球轨道为基础的国际空间法律格局提出新挑战。在明确的国际法律制度缺位的情况下，个别国家（或区域性国家联盟组织）单方面开展月球资源商业开发活动很有可能会引发国际争议。

自 1999 年 7 月联合国第三次外空会议发表《空间千年：关于空间和人的发展的维也纳宣言》以来，“外空活动长期可持续性”议题逐渐浮出水面，这是继联合国提出和平利用外层空间原则之后的又一项重大议题，对包括月球资源开发法律制度建设在内的国际空间法律制度的改革和发展必将产生重大影响。联合国外空委在 2009 年第 52 届会议上决定，科技小组委员会应自其 2010 年第 47 届会议开始，在议程中添加一个题为“外空活动长期可持续性”的项目。

联合国外空委科技小组委员会在其 2010 年第 47 届会议上，回顾了确保今后以安全和可持续方式利用外层空间的重要性，并且注意到，按照与本项目有关的工作计划，应当设立一个工作组，以协助编写一份关于外层空间活动长期可持续性的报告，对能够加强这类活动长期可持续性的措施进行审查，并编写一套适当的自愿采取的最佳实践准则（以下称准则），侧重于可予及时实施的增进外层空间活动长期可持续性的务实而谨慎的措施。2010 年 2 月 18 日，科技小组委员会在第 735 次会议上正式设立外空活动长期可持续性工作组。该工作组将在全球可持续发展这一更广范围内，研究外空活动长期可持续性问题，包括对实现《千年发展目标》的贡献，同时考虑到所有国家特别是发展中国家的关切和利益，并与和平利用外层空间保持一致。该工作组的目标是，确定外层空间活动长期可持续性所涉及的领域，审查和提出可从所有方面提高可持续性的措施，包括为和平目的安全而可持续地利用外层空间以造福所有国家。工作组将编写一份关于外空活动长期可持续性的报告，其中将载有一整套与外空活动长期可持续性（包括安全开展空间活动等）有关的当前做法和作业程序、技术标准和政策。

我国政府高度重视外空活动的长期可持续发展，认为“外空活动长期可持续性”是一项具有战略意义和长远影响的议题，并一贯支持联合国外空委科技小组委员会就此议题开展工作，希望这项工作不仅有利于外空事业地可持续发展，更会促进外空事业对全球可持续发展作出更大贡献。

因此，在月球探测和资源勘探、开发活动大规模出现之前未雨绸缪，在深入总结现行的以地球轨道为基础的外层空间法律制度经验教训的基础上，结合月球的特点建立月球资源开发国际法律制度，具有非常现实的战略意义。

5.1.2　太空运输管理秩序维护需要有效的法律规制

在近年来纳入联合国外空委议事日程的“外层空间活动长期可持续性”问题中，空间碎片（俗称“太空垃圾”）减缓问题已经成为各国关注的热点话题。近几十年来，随着利用空间环境的国家、非政府组织和私营部门实体越来越多，空间碎片急剧增加，发生空间碰撞和干扰空间物体运行的概率不断提高，直接影响到太空运输管理秩序的建设和维护，国际社会已经开始着手解决这一问题。

从有效规制环绕地球的外层空间运输管理秩序实践来看，由于卫星的寿命局限及对空间物体进行保养维护、脱轨回收存在技术难度等因素，近地空间已经日益成为空间碎片存留的地方。自 1957 年苏联将人类的第一颗人造地球卫星射入太空以来，人类的空间活动制造了数以亿计的空间碎片。目前地面能探测到的 1 000 千米以内、直径大于 10 厘米的空间碎片约有 1.8 万颗，10 厘米以下的这类“垃圾”有 10 万颗之多，并且仍在不断增加，它们主要源自美国和苏联/俄罗斯两个主要空间国家。大量的空间碎片将大幅度增加空间物体发生损害性撞击的概率，尽管实际发生的相撞事件并不多见，但各种尺寸的空间碎片如与航天器相撞，都会对航天器造成不同程度的危害，而空间碎片的持续增加势必会对现有的卫星通信信号形成不同程度的干扰。

2009年2月11日，美国国家航空航天局（NASA）官员表示，美国一颗为私营公司所有的商用通信卫星与俄罗斯一颗已经报废的卫星于2月10日（美国东部时间）在西伯利亚上空约790千米处相撞，这是太空中首次发生完整的在轨卫星相撞事件。

此前，人类曾通过轨道测算确认过以下三起重大空间碎片与航天器相撞事件：1991年12月底，俄罗斯一颗失效卫星宇宙1934撞上了本国另一颗卫星宇宙926释放出大量碎片，前者一分为二，后者零碎到无法跟踪；1996年7月，法国樱桃通信卫星被多年前阿丽亚娜运载火箭入轨时产生的一枚碎片击中，卫星主体虽然没有受到损伤，却导致一个观测装置受损，卫星运行超出正常范围；2005年1月17日，在太空中飞行了31年的美国雷神火箭废弃物和此前我国发射的长征四号火箭的残骸碰撞，后者的近地点轨道下降了14千米，美国的火箭废弃物则一分为四。

尽管国际社会已经制定了外层空间活动的基本规则，但由于此前没有发生过卫星相撞这类重大“空间交通事故”，外层空间交通管理法规尚存在着法律规则不完善、监控困难、可操作性不强等问题，远没有达到针对汽车等地面交通工具进行依法管理的水平，即使与空气空间以飞机为主要参与物的空中交通运输管理体制相比，也存在非常巨大的差距。

2009年2月发生的首次太空重大“交通事故”已引起全世界的密切关注。随着人类开发外层空间步伐的加快，外层空间中的“交通工具”将越来越多，在目前的技术条件下空间碎片也会相应增加，因而迟早会出现太空“交通拥堵”现象。由于太空的空间资源有限，美俄卫星相撞为太空的“交通安全”敲响了警钟，完善太空“交通法”是确保太空交通安全高效的关键，推进外层空间交通管理法规建设已经迫在眉睫。由于外层空间国际立法普遍采用的“协商一致”原则，制定新的多边条约和协定的时间成本和协调成本非常高。

随着人类外层空间活动不断走向深空探测领域，如果能充分吸取环绕地球的外层空间交通运输管理法规滞后的教训，在目前主要空间国家尚未明显获得深空探测既得利益的阶段，由联合国主持制定有关月球资源开发国际法律制度时针对环绕月球的交通运输管理进行国际立法，阻力相对会小一些，不失为推进外层空间交通运输立法的有效路径。如果能够成功施行，反过来必将促进环绕地球的外层空间交通管理法规及深空探测法律制度的完善和全面建立。

5.2 构建月球资源开发国际法律制度的可行性

5.2.1 构建月球资源开发国际法律制度的立法环境分析

冷战结束后，国内经济国际化、国际经济全球化、全球经济一体化步伐不断加快，国家之间的相互依赖不断增加，国际合作无论从广度还是深度都发生了前所未有的变化，信息科技、航天科技等领域多项前沿技术的重大突破及人类对全球资源环境的普遍关注使得“地球村”、“世界公民”等概念迅速被国际社会所接受，用国际法调整的国际生产关系、社会关系的范围越来越广。

在南极、外层空间、公海、国际海底区域等全人类共享的“全球公域”地带，甚至在国际贸易投资和近年兴起的全球共同应对全球气候变化领域，过去由主权国家专享的部分绝对主权将不得不继续在全球化进程中进行适当让渡，由国际机制行使，代之以各国必须共同面对、共同遵守、共同接受监管的游戏规则，称之为“主权让渡”(Sovereignty Transfer)。“主权让渡”是国际社会基于主权可以适当分割这一前提的重大理论创新，从 20 世纪欧洲共同体向欧洲联盟的演进过程可以清晰地印证这一概念的强大生命力。在各国的共同努力下，在外层空间领域对国家主权壁垒的部分突破，将确保有限资源的和平、合理利用，确保人类的外层空间活动实现可持续发展，包括月球资源开发在内的外层空间活动及其国际法律制度构建将有望成为佐证这一认识发展过程的典型案例。

自从联合国在 20 世纪 60～70 年代冷战背景下主持制定并通过五项国际空间法条约以来，国际社会有关外层空间活动的立法基本上处于停滞状态。冷战结束以后，国际社会开始逐步从单极走向多极，但联合国主持制定新的国际空间条约反而遭遇到前所未有的阻力，协调难度进一步加大，主要空间国家担心其自由探索外层空间计划受到限制或其既得空间利益受损，不希望改变目前的法律框架。但联合国外空委寻求完善外层空间国际法律制度的努力一直没有停止，在当前以月球资源开发为代表的深空探测活动日益成为热点话题的关键阶段，积极寻求构建各国普遍认可的月球资源开发国际法律制度，应当说具备较为有利的国际立法环境，立法时机已经成熟，关键在于立法模式的选择及其实现途径。

5.2.2 构建月球资源开发国际法律制度的最佳途径

国际法主要由国际条约、国际习惯及一般法律原则等 3 个部分组成，而国际条约则是国际法的主要渊源之一。由于国家是有主权的，在国家之上并不存在一个超国家的立法机构进行国际立法，无论是习惯还是条约，国家的同意（Consent）以前是、现在仍然是国际法的立法基础。国际法规则只是对已经同意了的国家具有拘束力，任何国际立法程序都不能将法律规则强加于不同意的少数国家。由于条约是成文的国际法律文件，制定、签署程序复杂而规范，对国家之间的权利、义务和责任规定明确，因而其在现代社会中有取代习惯法而被广泛利用的趋势。特别是在人类涉足时间不长的外层空间法领域，由于国际社会认知水平和科技能力的局限，很多习惯并未形成，国际条约具有严谨性、国家义务强制性等特征，其作为重要法律工具的作用在相当长一段时期内是难以替代的，因此，由世界各国共同缔结国际条约是构建月球资源开发国际法律制度的最佳立法模式。

联合国大会是当今国际社会最具权威、最具代表性的议事机构，其在国际立法中所起的作用是任何其他国际机构所不能替代的，联合国大会主持谈判并通过的很多国际条约、公约、议定书等法律文件已经成为国际法的重要渊源。如果离开联合国这一平台，构建有效的月球资源开发国际法律制度注定难以成功；同样，如果没有主要空间国家的参与，构建有效的月球资源开发国际法律制度也是注定要失败的。因此，在联合国框架内，以国际上普遍认可的外层空间法律原则为基础，充分考虑主要空间国家、发展中国家的利益诉求，将是今后寻求构建有效的月球资源开发国际法律制度的关键所在。

不可否认的是，进入 21 世纪以来，双边、多边峰会外交已日渐成为大国外交的重要平台，我们在强调在联合国框架内建立月球资源开发国际法律制度的同时，应不失时机地利用此类峰会达成广泛共识，以提高谈判效率。主要空间国家需要妥善处理好双边及多边谈判、峰会谈判与联合国框架内谈判的关系，避免出现被发展中国家集体抵制的局面。

从操作层面看，构建月球资源开发国际法律制度最快捷、最有效的立法途径是在全面确认 1979 年《月球协定》核心内容的前提下，对“人类共同继承财产”原则做出合理、均衡的解释，对各项实体条款进一步充实、完善、细化，并确保修订后的法律文件能够为国际社会特别是主要空间国家普遍认可。事实上，1979 年《月球协定》不仅在原则上已经明确要建立在月球以及其他天体上的自然资源开发制度，而且谈到了各国在月球上建立可居住站所的权利内容，关键是要对这些原则性规定进行细化，使之成为可操作的法律制度。

1979 年《月球协定》第 11 条第 5 款规定，本协定缔约各国承诺一俟月球自然资源的开发即将可行时，建立指导此种开发的国际制度，其中包括适当程序在内。1979 年《月球协定》第 11 条第 7 款进一步规定了即将建立的国际制度的主要宗旨：有秩序地和安全地开发月球的自然资源；对这些资源作合理的管理；扩大使用这些资源的机会；所有缔约国应公平分享这些资源所带来的惠益，而且应当对发展中国家的利益和需要以及各个直接或间接对探索月球作出贡献的国家所作的努力，给予特别照顾。

1979 年《月球协定》旷日持久的谈判过程及其不成功实践已经证明，在这一领域制定一份国际社会普遍接受的法律文件非常艰难。由于联合国外空委成立后一直采取协商一致而不是票决程序的方式进行决策，因此理论上可以说任何成员国都具有否决具有法律拘束力的国际法草案或决议案的权利。协商一致原则固然可以广泛寻求共识，但这种决策模式显然会大大延长国际空间立法进程，从而致使大量议案处于议而不决状态。对于协商一致原则能否在操作层面进行适当变通，本书 5.3.9 节介绍了世界贸易组织（WTO）的相关做法，希望能够对联合国外空委今后可能进行的决策程序改革有所启示。当然，在联合国外空委层面进行改革的难度会非常大，这里既有一个路径依赖问题，也有大国之间的博弈问题，这是我们今后需要密切关注的另外一个重要议题。

事实上，对 1979 年《月球协定》进行修订、完善并非完全没有空间。关键在于需要联合国和主要空间国家把握时机，适时推进这项立法工作。1982 年《联合国海洋法公约》历经曲折，在联合国秘书长主持下对其争议最大的第十一部分进行修订，最终于 1994 年通过《关于执行 1982 年 12 月 10 日〈联合国海洋法公约〉第十一部分的协定》，自此 1982 年《联合国海洋法公约》才得以正式付诸实施。1982 年《联合国海洋法公约》的曲折经历再次证明，联合国在国际条约的制定、修改、施行中发挥着极其重要的作用，其中联合国秘书长更是发挥了独特的组织、协调、推动作用。尽管联合国在推进月球资源开发国际法律制度构建过程中也会面临各种挑战，但国际社会仍然会对联合国充满期待。中国作为联合国常任理事国和一个肩负重要国际责任的大国，积极主张在联合国框架内解决国际问题是我们的一贯立场。

5.2.3 构建月球资源开发国际法律制度的次优途径

尽管 1979 年《月球协定》的实际法律约束力由于国际社会认同程

度低、特别是主要空间国家均未批准加入而大打折扣，但在新形势下针对月球资源开发利用问题建立国际上共同认可的法律制度不但非常有必要，在现实中也具有一定的可行性。在立法模式选择方面，如果在新的月球资源开发国家法律制度构建中发现，使用国际条约的方式难度太大而且谈判过程旷日持久，必须在总结过去几十年国际空间立法经验教训的基础上，另辟蹊径破解立法难题。

由于外层空间活动的基本条约在很长时间内都没有得到所有国际社会成员的批准和加入，对于那些没有加入相应条约的国家而言，联合国大会决议就可能被视为习惯规范而成为此类国家的义务。因此，从某种程度上讲，联合国大会关于外层空间活动的建议性决议较之于专门性的条约规范，其作用的范围也更广①。

纵观联合国 1963 年以来通过的与外空活动有关的 11 项法律文件②的实践效果，联合国主持制定的国际条约作为义务性法律文件固然有其特殊的重要意义，但联合国大会决议的重要性往往被相对低估，其实这可能出于认识上的一个误区。尽管联合国大会决议就其法律实质而言是建议性的和咨询性的，但是与条约类型的义务性法律文件相比还是有独特的优势。其中主要表现为：首先，宣言是针对所有国家的，而条约的效力则只涉及到缔约国；此外，一些国家更喜欢接受一些建议性的国际法律文件，用来协调有关的国际空间活动，因为此类建议性文件较之于条约就程序而言更容易通过或被修改，而且在多方一致基础上制定的建议性文件较之于义务性法律文件在实践上也更为简便③。

在外层空间活动走向深空探测阶段的新形势下，在修订原有条约

---

①　参见尹玉海著：《国际空间法论》，中国民主法制出版社，2006 年 11 月第 1 版，第 5—6 页。

②　包括五项以条约或公约、协定形式出现的国际条约及六项以宣言或原则形式出现的联大决议，相关内容参见本书第 2 章。

③　参见尹玉海著：《国际空间法论》，中国民主法制出版社，2006 年 11 月第 1 版，第 6 页。

或直接制定新的国际条约难度加大的情况下，利用联合国大会决议这种“软法”立法模式构建月球资源开发国际法律制度，将国际社会普遍认可的原则以联合国大会决议形式文件化，经过一段时间的国家实践进而演变为国际条约[①]或逐步形成国际上认可的习惯法，将是在这一领域寻求国际立法的有效途径之一。需要指出的是，联合国大会决议（特别是宣言类的决议）往往适用于某一个较为具体的议题，即使列出了行动纲领、路线图和时间表，也经常被当做是一项意愿性、倡导性声明，对于建立具有约束力的月球资源开发国际法律制度而言，它只能是一个次优选择。

5.3 构建月球资源开发国际法律制度的设想

完善月球资源开发国际法律制度必须从现行的外层空间法律制度出发，特别要以联合国大会通过的五项外空条约为基础，结合有关条约的应用实践和月球资源开发的特殊性进行统筹策划，同时要尽可能考虑到主要空间国家的接受程度并兼顾广大发展中国家的利益。作者认为现阶段应当从管理机制法律化、体系化的角度重点关注 9 个方面的内容，除部分内容涉及管理机制构建程序方面的问题外，其余部分均为有关重点领域实体内容的立法设想。需要指出的是，这些内容互相联系、互相约束、缺一不可，只有统筹兼顾、全面实施才能保证月球资源开发国际法律制度真正建设到位并得到落实。

5.3.1 全面审查、修订 1979 年《月球协定》

1979 年《月球协定》是对 1967 年《外空条约》主要精神的继承和发展，在登记、通知、非军事化、月球环境保护、人道主义救助、月球自然资源开发、科研成果共享、损害赔偿责任、共同利益原则等

---

① 在外层空间法领域的典型案例就是从 1963 年《外空宣言》到 1967 年《外空条约》的演变。

许多方面均扩大了缔约国的义务范围。其实质是通过对国家部分主权的剥夺来加强国际社会对月球探索和利用活动的共同监管。1979年《月球协定》第1条甚至规定，该协定关于月球的条款也适用于太阳系内地球以外的其他天体，其适用范围绝不仅仅局限于月球本身，对与太阳系内其他天体的有关活动可以直接适用，因此1979年《月球协定》对规范人类深空探测活动具有重大意义，将是月球资源开发国际法律制度的基石。1979年《月球协定》虽然制定于20世纪70年代，尽管当时开发月球自然资源的技术条件并不成熟，而且由于批准国家太少及开发活动尚未大规模开展等原因而缺乏国家实践，但协定本身对月球资源开发国际法律制度已经做出了许多非常具有前瞻性的规定，对有效规制国际社会的月球资源开发活动具有重要的影响。

1979年《月球协定》第17条规定，本协定任何缔约国均得对本协定提出修正案。修正案对于每一接受修正案的本协定缔约国在本协定多数缔约国接受修正案时发生效力，其后对于本协定其余每个缔约国，在该缔约国接受修正案之日发生效力。鉴于《月球协定》缔约国数量太少，如果援引其第17条的规定进行修订，则其影响仍然局限在目前的缔约国范围内，无助于扩大协定的接受范围。

1979年《月球协定》第18条规定，本协定生效后十年，联合国大会应在临时议程内列入审查本协定的问题，以便参照本协定过去的实施情况，审议是否需加修正。但在本协定生效五年后的任何时候，作为协定保存人的联合国秘书长，经本协定三分之一的缔约国提出要求，并经多数缔约国同意，即应召开缔约国会议，以审查本协定。审查会议还应按照第11条第1款所述原则，并且在特别考虑到任何有关的技术发展的情况下，审议执行第11条第5款的各项规定的问题。

1994年7月11日，在《月球协定》正式生效10周年之际，第49届联大将“和平利用外层空间的国际合作、包括审查《月球协定》的问题”列入了大会议程，并于1994年12月9日一致通过第40/34号决议，决定接受外空委员会的建议，不对修订《月球协定》的问题采取行动。尽管如此，鉴于该协定未能获得国际社会的普遍接受的现实和未来空间活动的发展，对 1979 年《月球协定》进行必要的修订仍是一个不可回避的问题，目前主要是一个修订的时机问题①。

目前各国对是否启动 1979 年《月球协定》修订工作意见不一。发展中国家一般都对 1979 年《月球协定》，特别是对该协定第 11 条表示满意，因此无意重开争论。就多数发达国家而言，也不愿再投入一场几近结束的艰苦争论。对他们来说，虽然该协定中的一些规定是不能令其满意的，但他们并未签署、批准或加入该协定，因此对他们并没有法律的拘束力。而各方对于一些发达国家在 1979 年通过《月球协定》时未表示反对、而后来却未签署和批准的做法，并未提出广泛的指责②。随着月球资源开发活动日益提上日程，1979 年《月球协定》的审查和修订问题必将引起国际社会的广泛关注。

回顾《联合国海洋法公约》的生效过程可以发现，1982 年联大会议通过《联合国海洋法公约》后，批准和加入公约也经过了一个缓慢的过程，特别是在很长一段时间（到 1990 年）只有冰岛一个发达国家批准该公约。1990 年 7 月，时任联合国秘书长佩雷斯·德奎利亚尔提出进行非正式协商以期《联合国海洋法公约》得到普遍参加。德奎利亚尔坦言，公约中有关深海底采矿的规定在某些方面确实存在问题，从而使有些国家无法批准或加入该公约。他还指出，在该公约通过以来的 8 年中，已经发生了某些重大的政治和经济变化，显著地影响到该公约所规定的深海采矿制度③。随后联合国两任秘书长先后召集会议进行了长达 4 年的协商，第 48 届联合国大会最终于 1994 年 7 月 28 日表决通过④了《关于执行 1982 年 12 月 10 日〈联合国海洋法公约〉

---

① 参见贺其治、黄惠康主编：《外层空间法》，青岛出版社，2000 年 10 月第 1 版，第 133 页。

② 标注同上，第 134 页。

③ 参见陈德恭著：《现代国际海洋法》，海洋出版社，2009 年 1 月第 1 版，第 429 页。

④ 赞成票：121 票；弃权票：7 票。参见陈德恭著：《现代国际海洋法》，海洋出版社，2009 年 1 月第 1 版，第 429 页、第 543 页。

第十一部分的协定》及其附件，确认该协定应与《公约》第十一部分一起作为单一文书来解释和适用，二者如有不一致的情况，以《协定》的规定为准。1994 年 11 月 16 日《公约》正式生效，同日国际海底管理局成立[1]。《协定》于 1996 年 6 月 25 日生效。截至 2008 年 2 月 1 日，已有 131 个国家批准或加入。我国政府派出代表团参加了秘书长协商的整个过程，于 1994 年 7 月 28 日表决时投了赞成票，并于 1996 年 6 月 7 日批准该协定[1]。

1979 年《月球协定》要解决其普遍接受问题，一方面要创造性解决制约其普遍接受的瓶颈问题，特别是“人类共同继承财产”原则的均衡、合理解释及其适用问题，另一方面需要与时俱进，结合过去 30 多年来外层空间活动、外层空间法特别是月球资源开发活动的新变化，注入相当篇幅的新内容，特别要注意涵盖月球资源开发活动的主要方面。为区别于 1979 年《月球协定》，在此基础上重新修订的法律文件可以称之为《月球公约》[2]，以全面取代 1979 年《月球协定》。本书 5.3.2～5.3.9 节提出的命题可以构成未来《月球公约》的核心内容。

5.3.2 建立月球资源开发许可管理制度

地球人口的急剧膨胀以及地球资源和能源问题不断成为困扰全球经济和人类自身实现可持续发展的严峻现实，使得人类不得不探讨向太空及其他天体获取新资源、新材料、新能源的可行性。鉴于人类过去几个世纪对地球资源（包括环境地球的空间轨道资源）进行掠夺式开发造成的环境恶化、资源枯竭、能源紧张现象，必须建立有效机制确保月球资源的合理、有序开发，确保月球资源开发事业实现可持续

---

① 参见陈德恭著：《现代国际海洋法》，海洋出版社，2009 年 1 月第 1 版，第 543 页。

② 20 世纪 70 年代国际社会就《月球协定》草案进行谈判时，苏联曾于 1971 年提交过一份《月球条约》（Moon Treaty）草案，首次使用了《月球条约》这一名称，最后经过艰难曲折的谈判定名为《月球协定》。从文献记载来看，《月球公约》这一名称从未正式使用过。

发展。

1982 年《联合国海洋法公约》所建立的国际海底资源开发制度中有关资源及利益分配的规定及其实践，对规制月球资源开发活动及利益分配具有重要的参考价值。考虑到建立国际海底资源开发制度构建过程中的艰难历程，我们可以直接借鉴其工作成果，在对发达国家和发展中国家利益统筹兼顾的基础上，确立一种“平行开发”制度，即一方面建立各国共同认可的月球资源开发国际管理机构（以下简称“管理机构”，详见本书 5.3.7 节），并授权其代表全人类统一进行开发，另一方面由缔约国、国家所属的实体、自然人或法人与管理机构以协作方式（采用合同方式）进行。管理机构应有权力对月球资源开发活动进行总体控制，建立并施行依申请进行资源配额分配及许可的制度或公开招标制度，以及资源开发成果按照资金、技术（知识产权）、劳动、管理等要素投入进行合理分配的制度，也可以考虑对资源开发商收取一定额度的资源使用费（Royalty）或其他形式赋税，作为对短期内不参与开发活动的国家进行补偿的主要资金来源，也可以作为管理机构的部分经费来源。

在勘探开发条件方面，应当事先规定资源开发许可申请者应具备的资格条件和申请程序，申请书应当详列开发商介绍、开发目的、拟开发地段、拟采用技术、拟投入资金、开发计划、环境影响评估（Environmental Impact Analysis）及相关的环保措施、预期收益、收益分配计划等，以确保管理机构能够按照既定程序严格审查开发商的申请文件及开发计划是否符合相关程序和实体内容上的要求。

在勘探开发活动监管方面，管理机构应当建立定期审查与任意检查相结合的动态监管模式，应重点检查业经批准的资源开发计划的实际执行情况。对未能按照计划进行资源开发的行为应当按照有关规定进行处罚，如限期整改、暂停开发、撤销许可、经济处罚等。

1979 年《月球协定》第 6 条确认了各缔约国在月球上有从事科学研究的自由，并为此规定，各国为了进行科学研究，有权在月球上采集并移走矿物和其他物质标本，保留其处置权，并应顾及是否将此类标本的一部分供给其他缔约国和国际科学界作研究之用。该条还规定缔约各国在从事科学研究时，可使用适当数量的月球矿物和其他物质以支援本身的任务，这就意味着可以将月球上的各种矿物质用于未来月球站点的维护及生命保障。但何谓适当数量，《月球协定》未作解释，新的法律制度应当对此进行明确。更为重要的是，新的法律制度应当明确商业开发活动中开采、挖掘出来的矿产资源归开发商所有，但相关的收益分配方式应当符合经管理机构批准的申请文书的有关规定。

此外，应当全面建立国际社会普遍认可的月球地面定位及识别制度，使得月球表面的任何地点、地段及其资源都能从经度和纬度或其他适当方式进行及时、准确的定位，这对于通过地理划界方式从空间上、技术上确认相关的管辖权、开发权进而建立起有效的月球资源开发许可制度至关重要。此外，除自由探索和开发的权利外，目前国际社会对外层空间公共资源认可的另外一项权利是对天体及天体地形单元的命名权。例如，根据国际天文学界的约定，太阳系内彗星的发现者拥有对所发现彗星的命名权，并且最多只能有3人联名命名。对于太阳系内的一些大行星上的星体结构，也有一套完整的命名规范，例如，月球上就有以我国元代天文学家郭守敬名字命名的郭守敬环形山等①。目前对于月球上地域的命名都由国际天文学联合会（IAU）统一管理，任何其他形式的命名国际社会都不会承认。进一步完善月球地名的命名权制度，重在确认国际社会共同认可的月球地名命名规则、

---

①　根据中新社西昌2010年10月1日消息，月球上共计以14个中国人的名称命名了19个月球地理实体，包括12个撞击坑、2个月溪和5个卫星坑，参见http：//news.sohu.com/20101001/n275384552.shtml，2010年10月1日访问。除了我国自主申报并被成功命名的蔡伦、毕昇和张钰哲（2010年命名）外，目前以中国人名字命名的月球地名还包括：郭守敬、祖冲之、万户、石申、张衡（以上地名均为1970年被命名），嫦娥（1976年命名）、高平子（1982年命名）等，参见　http：//159.226.88.60/MoonPublish　/PlaceDictionary/ChineseNaming.html，2011年5月1日访问。

程序和权威性，避免多头命名引起的地名识别混乱对月球资源开发活动产生消极影响。

5.3.3　建立月球资源开发活动的全面登记制度

有效的空间物体登记制度是规范外层空间活动管理的基础。1967年《外空条约》和1975年《登记公约》均规定，发射国应对其所发射的空间物体在国内和联合国两个层面分别进行登记。但是这两个法律文件的强制性明显不足，均没有明确规定登记的时间节点要求、空间物体的显著标识要求以及违反登记要求的法律后果。

随着今后空间发射活动的日益频繁及未来空间轨道资源的日益紧张，对空间物体可以尝试实行预登记①和登记相结合的登记制度，即要求发射国在发射前若干天提前进行发射计划预登记，正式发射后再进行正式登记。与此同时，应要求在登记时注明所发射的空间物体的显著标识，以便事后进行可能的责任事故归责时能够首先进行空间物体识别，特别是能够对空间碎片进行识别。此外，要明确不按照相关要求及时进行登记的法律后果，以便让有意逃避登记制度的责任主体对违法成本能够有所预期，从而有效防范大量空间物体没有“户口”、“无主”空间物体满天飞的现象。由于国际社会在短期内修改1967年《外空条约》和1975年《登记公约》相关内容的可能性不是太大，在未来的月球资源开发国际法律制度构架中率先针对绕月、探月、登月空间物体从严要求，可能对多数空间国家来说更容易接受一些。

根据1975年《登记公约》的规定，空间物体的登记应该在发射到预定轨道以后。如果我们现在要求对发射到月球轨道、月球表面或月球中的空间物体进行预登记，需要解决从空间物体的预登记到发射成功入轨或定位这一阶段空间物体的法律定位问题，也需要解决与1975

---

①　本论点借鉴了法国空间法学者 Annelie Schoenmaker 在“Space Traffic Management for the Moon and the Development of Space Law”一文中提出的“预通知”（Pre-notification）观点。

年《登记公约》的衔接问题。从第一个问题看，准备发射到外层空间、但尚处于地球上的人造物体究竟算不算空间物体，国际空间法学界并无定论。作者认为，此类物体应当定义为“准空间物体”，发射前虽然受国内法规范的调整，但应该向联合国秘书长及管理机构进行预登记。成功发射入轨定位之后便正式成为空间物体，从而成为国际空间法的调整对象。如果空间物体重返大气层后安全着陆到发射国的国土（包括领土、领海）上或公海上且未对其他国家造成损害，则又重新接受相关国家国内法或一般国际法规范的调整。

关于实行空间物体预登记制度与 1975 年《登记公约》的衔接问题，从立法技术上应该不是一个难题。我们可以将 1975 年《登记公约》视为规范空间物体登记的一般法，而将今后规范对发射到月球轨道、月球表面或月球中的空间物体进行预登记和正式登记的法律文件视为在月球领域落实 1975 年《登记公约》的特殊法，按照特殊法优于一般法的原理，这一问题便可迎刃而解。

事实上，1979 年《月球协定》已将 1967 年《外空条约》、1975 年《登记公约》原本只就航天发射行为进行登记的义务升级为向联合国秘书长及利害攸关方进行全面通知的义务。根据 1979 年《月球协定》相关规定，缔约国应该向联合国秘书长通报本国月球活动的所有信息（第 5 条）。缔约国还应该尽一切可能预先将它们在月球上放置的一切放射性物质以及放置的目的通知秘书长（第 7 条），目的是为了保证月球环境的平衡以及现有环境不会遭到破坏。联合国秘书长还应当掌握有关国家在月球上建立站所的信息（第 9 条第 1 款）。此外，1979 年《月球协定》还赋予了联合国秘书长其他的管理职能（第 12 条第 3 款，第 13 条，第 15 条第 2、3 款）。

此外，应当结合月球资源开发许可管理制度，将登记制度进一步扩展到月球资源的开发过程中。1979 年《月球协定》第 11 条第 6 款规定，各缔约国“应尽量将他们在月球上发现的任何自然资源告知联合国秘书长及公众和国际科学界”。这是未来的管理机构对月球自然资源进行统一管理的基础依据，但应当强化其“硬法”特征，确保这项制度具有强有力的执行机制。如可以规定，对隐匿资源信息拒绝申报或进行瞒报的行为，一经查实，应当暂停当事人所在国家一定期限的资源开发权（可参照 5.3.2 节的相关制裁措施）。

长远来看，国际社会应该针对所有在轨空间物体[①]建立全面登记制度，对空间物体从研制、发射、在轨运行到最终脱离轨道（如受控着陆等）实行全寿命周期闭环管理，确保每一个空间物体都能做到可跟踪、可识别，可追溯。这一制度的建立必将对减少空间碎片、保护太空环境、维护太空安全产生重大影响。我们期待着从月球空间物体及月球资源勘探、开发活动的全面登记开始实现率先突破。

确保月球空间物体及月球资源勘探、开发活动的全面登记要求能够得到有效落实，其关键在于执法机制能否到位，使违反登记义务的国家能够预先知道后果，而且国际社会确实也有手段对此进行制裁。

5.3.4 建立月球资源开发活动的安全保障制度

未来月球资源开发安全保障制度需要结合《联合国宪章》[②]、1967 年《外空条约》、1968 年《营救协定》、1972 年《责任公约》及 1979 年《月球协定》的有关规定，进一步细化，增加其可操作性。确保安全的首要因素是非军事化、非武器化，月球资源开发活动只能用于和平之目的，而开发活动本身也必须是和平的，因此国际社会必须确保月球探测的安全性，禁止各种军事利用。

根据《联合国宪章》确立的相关原则，在月球上进行武力威胁或任何敌对行动或利用月球进行针对地球的任何敌对行动均被禁止。1967 年《外空条约》的核心原则之一是“和平利用外层空间”，并在其第 4 条中明确规定在月球以及其他天体实行完全非军事化。

1979 年《月球协定》重申了该项原则并对相关内容进一步发展：

---

① 本书包括人类放置于月球表面或地下的空间物体，下同。

② 《联合国宪章》内容参见本书附录 A。

月球应供各缔约国专为和平目的而加以利用①，切望不使其成为国际冲突的场所②。为此该协定第 3 条规定了四项禁令：1）禁止在月球上使用武力或以武力相威胁，或从事任何敌对行为或以敌对行为相威胁；2）禁止利用月球对地球、月球、航天器、航天器上或人造外空物体上的人员实施任何此类行为或从事任何此类威胁；3）禁止在环绕月球的轨道上或飞向或飞绕月球的轨道上放置载有核武器或任何其他种类大规模杀伤性武器的物体，或在月球上或月球内放置或适用此类武器；4）禁止在月球上建立军事基地、军事装置及防御工事，试验任何类型的武器及举行军事演习。但不禁止为科学研究或为任何其他和平目的而使用军事人员，也不禁止使用为和平探索和利用月球的任何必要装备。1979 年《月球协定》中这四项禁令无疑是“和平利用外层空间”原则及 1967 年《外空条约》第 4 条的具体化，而且其非军事化的规定比 1967 年《外空条约》更加彻底和严格。月球作为地球的卫星及距离地球最近的天体之一，确立其非军事化原则必将对推进整个外空的非军事化具有重要意义。

值得注意的是，根据 1979 年《月球协定》第 1 条的规定，该协定中的任何规定，包括禁止军事行动的范围，都要包括环绕月球的轨道或其他飞向或飞绕月球的轨道。因此，1979 年《月球协定》对于保证天体利用活动的和平目的是非常充分的，因为有关的内容不仅包括天体本身，而且涉及天体周围广泛的空间以及因此而形成的整个外层空间区域③。

除了非军事化原则以外，1979 年《月球协定》非常注重保护人的生命安全。其第 10 条规定，缔约各国应采取一切实际可行的措施，以保护在月球上的人的生命和健康。为此目的，缔约各国应视在月球上的任何人为 1967 年《外空条约》第 5 条所称的航天员，并视其为《营

---

① 参见附录 F 1979 年《月球协定》第 3 条第 1 款。

② 参见附录 F 1979 年《月球协定》序言部分。

③ 参见尹玉海著：《国际空间法论》，中国民主法制出版社，2006 年 11 月第 1 版，第 58 页。

救协定》所称航天器上的人员的一部分。此外，缔约各国应以其站所、装置、航天器及其他设备供月球上遭难人员避难之用。1979 年《月球协定》第 10 条的上述规定实际上已经确认往返月球进行旅游的太空游客将作为“人类派往太空的使节”享受应有的国际社会营救待遇，这是对 1967 年《外空条约》第 5 条的发展和补充，必将促进太空旅游的商业化发展。此外，1979 年《月球协定》第 5 条第 3 款还规定，缔约各国在进行本协定所规定的活动时，应将其在外层空间，包括月球在内所发现的可能危及人类生命或健康的任何现象以及任何有机生命迹象，通知联合国秘书长、公众和国际科学界。

5.3.5 建立月球资源开发活动的国际合作保障制度

1967 年《外空条约》明确规定，探索和利用外层空间必须以国际合作为准则。月球探测和资源开发利用活动属于典型的跨越多种学科、多门技术、多种任务的巨系统工程，耗资巨大、周期很长、风险很高、技术要求非常高，而且巨大的投资不一定能在短期内得到回报，单靠一两个国家的能力一般很难保证效率和效果，因此开展国际合作将是合作各方发挥各自优势、取长补短、实现互利共赢的有效途径。《月球协定》第 4 条第 2 款规定：缔约各国应遵循合作和互助原则从事一切有关探索和利用月球的活动。按照本协定进行的国际合作，应尽量扩大范围，并可在多边基础上、双边基础上或通过政府间国际组织进行。这一规定使得在月球资源开发领域的国际合作原则具体化。

国际空间站的发展历程已经充分证明了开展国际空间合作的必要性和可行性。20 世纪后期，美国起初希望自主建立自由号空间站，苏联则希望进一步发展和平 2 号空间站，但因财力、技术等原因最后决定联合 16 个国家和国际组织合作建立国际空间站①。国际空间站作为

---

① 1998 年 1 月 29 日，美国、俄罗斯、加拿大、日本及 11 个欧洲空间局成员国政府在美国首都华盛顿签署《加拿大、欧洲空间局成员国、俄罗斯联邦、美国政府间关于民用国际空间站的合作协议》。

国际社会在高科技领域进行跨国合作的成功典范，其建设过程充分体现了系统工程的管理理念和大力协同的合作精神，虽然目前尚未完全建成，但有关国家的航天员乘坐美国的航天飞机或俄罗斯的联盟号飞船多次往返国际空间站执行建站任务和科学实验任务，国际空间站已经开始展现非凡的科技成果和社会效益。国际空间站的成功实践，不仅对今后国际社会就月球探测和利用活动开展合作提供了有益的启示，也对通过国际协议方式规范合作各方法律权利、义务和责任提供了一个范例。

中国政府一贯主张，国际空间合作应以和平开发和利用空间资源，为全人类谋取福利为宗旨；应在平等互利、优势互补、取长补短、共同发展及公认的国际法原则的基础上进行；合作的优先目标是共同提高各国尤其是发展中国家的航天能力，享有航天技术的惠益；应采取必要措施保护空间环境和空间资源；支持和加强联合国外空委的作用，支持联合国的外空应用方案①。

新的国际合作保障制度应当避免对"人类共同继承财产"原则的片面解释和滥用，应当充分体现 1996 年《国际空间合作宣言》的谈判成果，并将相关原则具体化，特别要对技术转让、知识产权保护、对合作利益如何进行分配等问题做出明确、合理的规定，有关内容参见本书 2.3.2 节。

5.3.6 建立月球环境及资源保护制度

月球和地球环境的一个重大区别在于，月球空气极度稀薄、月球重力非常低，同时月球地表和地下岩石坚硬，这些因素使得在月球表面对空间碎片进行焚烧、填埋均不太可行。为避免月球环境受到人类空间活动的污染，必须建立有效机制确保空间碎片能够切实得到回收和利用，而不是随便丢弃在月球上造成太空公害（Public Nuisance），

---

① 参见本书附录 M《中国的航天》白皮书（2002 年版），国务院新闻办 2000 年 11 月发布。

更要避免“先污染后治理”现象在月球上重演。

1967年《外空条约》第9条规定了环境保护的原则，“各缔约国探索和利用外层空间（包括月球和其他天体），应以合作和互助原则为准则；各缔约国从事研究、探索外层空间（包括月球和其他天体）时，应避免使其遭受有害的污染，避免因把地球外物质带回地球而使地球环境发生不利变化，并应在必要时为此目的采取适当的措施。如缔约国有理由相信，若该国或其国民在外层空间（包括月球和其他天体）计划进行的活动或实验，会对本条约其他缔约国和平探索和利用外层空间（包括月球和其他天体）的活动产生潜在的有害的干扰，应要求就这种活动或实验进行磋商。”

1979年《月球协定》对保护月球环境给予了特别关注。该协定第7条规定，缔约各国在探索和利用月球时，应采取措施防止月球环境现有的平衡遭到破坏，不论是在月球环境中导致不利变化，还是由于引入环境外物质而受到有害的污染。同时，也应采取措施防止地球环境由于引入地球外物质或由于其他方式而受到有害影响。缔约各国应尽可能预先将它们在月球上防止一切放射性物质及放置的目的通知联合国秘书长。考虑到开发月球必须使用核能，这一规定具有其重要意义①。

1979年《月球协定》第7条第3款进一步规定，缔约各国应就月球上具有特殊科学重要性的地区向其他缔约国和秘书长提出报告，以便在不损害其他缔约国权利的前提下，考虑将这些地区指定为国际科学保护区，并经同联合国各主管机构协商后，对这些地区商定特别保护办法。

未来的月球环境及资源保护制度，一方面应针对月球环境保护提出总体要求，明确主要环境指标和参数的量化标准及保障措施（包括建立相应的责任追究机制，生态保护奖励机制及风险预警机制等），在

---

① 参见贺其治著：《外层空间法》，法律出版社，1992年6月第1版，第130页。

月球资源开发审批过程中应纳入环境影响评估（Environmental Impact Analysis）这一环节，并应根据实际情况决定是否需要延伸到对地球环境的影响评估①。资源开发过程中应加强对重大环境风险源的动态监测。资源开发活动结束后，管理机构应当按照有关程序进行验收。另一方面，要将月球环境保护与资源保护结合起来，在对月球现存自然资源进行全面评估的基础上，明确哪些资源可以被开采及开采的数量、进度限制要求，哪些资源则永远不得开采并应规定特别的保护措施，并对这些措施的落实情况定期进行评估和动态监控。要充分考虑后世人类对月球资源的永续利用，避免当代人进行掠夺式开发而造成月球资源的异化或枯竭。此外，月球环境及资源保护制度应当与月球资源开发许可管理制度有机地结合起来，实现二者的有效协调，以此共同确保月球资源开发活动实现可持续发展。

5.3.7　建立月球资源开发国际管理机构

随着在 1982 年《联合国海洋法公约》及 1979 年《月球协定》中"人类共同继承财产"概念的正式出现，是否意味着"人类"应当作为相关国际法领域的主体行使其权利，并享受对海床洋底资源、月球及天体资源研究、探索、利用而带来的利益？从可操作角度看，国际社会显然需要有一个授权的特定机构代表全人类行使权利、承担责任、享受和分配利益，否则"人类"本身作为国际法主体还需要和什么样的其他国际法主体发生关系便成为一个问题。事实上，任何一个国际法领域的主体都需要有一个特定的权威机构代表其处理国际关系，而国际社会并不存在一个在任何领域、任何时候都能够代表全人类的现成的"万能"机构。

与月球资源勘探开发制度配套的重要制度安排之一就是要建立

---

① 已有的天文学研究成果表明，月亮的阴晴圆缺与地球海水的潮汐活动存在直接关联。由于月球资源开发活动尚未形成实践，此类活动是否会对地球环境产生直接影响有待科学界进行实证研究。

月球资源开发国际管理机构，我们可以通过一项新的《月球公约》明确其以法律地位、权限范围、运行机制、经费来源等为基本内容的权利、义务和责任关系。

根据国际海底管理局的机构设置经验，可以设立月球资源管理局（以下简称管理局）作为联合国直属机构，管理局的主要机关为成员大会、理事会和秘书处。管理局内部另设专门从事资源分配、开发、经营活动的部门，我们姑且称之为资源开发事业部（简称事业部）。

成员大会由管理局的全体成员组成，是管理局的最高决策机构，成员大会可以按照新的《月球公约》的有关规定，在其权限范围内的决定月球资源开发活动的任何问题或事项，包括但不限于：1）选举理事会成员；2）从理事会推举的候选人中，选举秘书长；3）根据理事会的推荐，选举资源开发事业部董事和总干事；4）在管理局未能实现自收自支以前，比照联合国成员国预算费用分摊比例决定各成员国应缴纳的会费；5）根据理事会的建议，审议和核准关于公平分享从开发活动中取得的财政及其他经济利益，审议和核准理事会提交的管理局的议事规则、表决制度、其他规章制度及其修正案；6）审议和核准理事会提出的管理局的预算；7）决定管理局权限范围内的制裁手段；8）决定管理局权限范围内的其他事项①。

理事会为管理局的执行机关，有权依据新的《月球公约》制定其权限范围内的任何问题或事项所应遵循的具体政策。理事会成员的名额分配至关重要，必然会成为各国争议的焦点。具体可以参照联合国安理会、国际海底管理局理事会等国际组织中类似机构的生成办法，结合月球资源开发的特殊情形，兼顾发展中国家、发达国家的广泛代表性进行统筹考虑。

资源开发事业部是管理局直属的直接从事月球资源开发活动以

---

① 部分内容引自陈德恭著：《现代国际海洋法》，海洋出版社，2009 年第 1 版，第 436—437 页。

及分配月球已开发资源和利益的执行机关。新的《月球公约》应当授权管理局为该事业部制定一整套规制其开发、经营活动的法律制度，以便其从一开始便在法治轨道上规范运行。

5.3.8　建立适用月球资源开发活动的责任制度

完善的月球资源开发国际法律制度必须涵盖严谨、完善的责任制度，以确保月球资源开发活动的安全、有序、合理进行。适用月球资源开发活动的责任制度应当以 1972 年《责任公约》为基础进行扩展、细化。鉴于 1972 年《责任公约》仅以规范空间物体所造成的损害赔偿为主要内容，未来适用月球资源开发活动的责任制度应当充分考虑到在月球环境从事资源开发活动可能面临的各种责任情形，如月球环境污染带来的损害后果、损害赔偿责任主体及损害赔偿赔付对象的认定问题，在未来月球基地站所工作且来自不同国家的人员之间发生的损害赔偿问题，在月球资源开发活动中发生的民商事纠纷及知识产权纠纷案件的司法管辖权问题等。

1979 年《月球协定》第 7 条规定，缔约各国在探索和利用月球时，应采取措施，防止月球环境的现有平衡遭到破坏，不论这种破坏是由于在月球环境中导致不利变化，还是由于引入环境外物质使其环境受到有害污染，或由于其他方式而产生。缔约各国也应采取措施防止地球环境由于引入地球外物质或由于其他方式而受到有害影响。未来适用月球资源开发活动的责任制度应就此制定可操作的法律条款，确保能够对违反有关条款造成月球环境甚至地球环境污染的行为及时进行归责，并予以有效制裁。

1988 年《南极矿产资源活动管理公约》第 8 条第 2 款规定："经营者采取承担严格责任，偿还不论任何人在经营者所进行的南极矿产资源活动造成的损害或可能造成的损害情况下采取的必要行动，包括预防措施"。该公约尽管遭到环境保护者的反对而未能生效，但在严格责任、预防措施、损害赔偿补偿等问题上有一定影响，值得我们在今后制定月球资源开发责任制度时借鉴。

5.3.9 建立月球资源开发国际法律制度的执行机制

《联合国宪章》① 第2条规定了各会员国善意履行条约、和平解决国际争端的义务。一项条约能否得到有效执行，其执行机制的有效性至关重要。从实践需要来看，月球资源开发国际法律制度的执行机制应当包括国际条约的解释机制、争端解决机制和执行监督机制等三个部分的内容，其中最重要的是争端解决机制。

从争端解决机制方面看，1979年《月球协定》第15条明确了以下三个方面的内容。

第一，每一缔约国得查明其他缔约国从事探索及利用月球的活动确是符合本协定的规定。为此目的，在月球上的一切航天器、装备、设施站所和装置应对其他缔约国开放。这些缔约国应于合理期间事先发出所计划的参观通知，以便举行适当协商和采取最大限度的预防措施，以保证安全和避免干扰被参观设备的正常操作。为实行本条，任何一个缔约国可使用其自己的手段，亦可在任何其他缔约国的全面或局部协助下，或经由联合国体制内的适当国际程序，遵照宪章的规定采取行动②。

第二，一个缔约国如有理由相信另一缔约国未能履行依照本协定所负的义务或相信另一缔约国妨害其在本协定规定下所享有的权利时，可要求与该国举行协商。接获此种要求的缔约国应立即开始协商，不得迟延。任何其他缔约国如提出要求，应有权参加协商。每一参加此等磋商的缔约国，应对任何争议寻求可以互相接受的解决办法，并应体念所有缔约各国的权利和利益。上项磋商结果应通知联合国秘书长，并由秘书长将所获情报转送一切有关缔约国③。

第三，如果磋商结果未能导致一项可以互相接受而又适当顾及

---

① 参见本书附录A。

② 参见1979年《月球协定》第15条第1款（本书附录F）。

③ 参见1979年《月球协定》第15条第2款（本书附录F）。

所有缔约国权利和利益的解决办法，有关各国应采取一切措施，以他们所选择的并且适合争端的情况和性质的其他和平方法解决这项争端。如果在开展协商方面发生困难或协商结果未能导致一项可以互相接受的解决办法，任何缔约国可无须征求任何其他有关缔约国的同意要求联合国秘书长协助解决争端。一个缔约国如果没有同另一有关缔约国保持外交关系，则应自行选择由其自己出面参加协商或经由另外的缔约国或秘书长作为中间人参加协商①。

从上述规定来看，《月球协定》的争端解决机制首先排除了非和平手段，以和平方式解决争端成为缔约各国必须遵行的义务；其次是明确了进行自行协商的强制性前置要求，只要一国请求，其协商程序就应该启动。在协商不成的情况下才将联合国秘书长居中调停作为协助解决争端的最后途径。与此同时，整个争端解决机制是灵活的、透明的，也充分体现了“共同利益”原则：任何其他缔约国都有权参加协商，磋商结果不仅应由各有关缔约国共享，而且应当体念所有缔约国的权利和利益。

由于 1979 年《月球协定》尚未形成施行实践，很多因素都是假设的，我们只能参照《联合国宪章》及其他国际条约的现行执行机制来探讨未来月球资源开发国际法律制度的执行机制。《联合国宪章》第 33 条规定，双边以及第三方参加的解决争端程序包括：谈判、调查、调停、调解、仲裁、司法解决、利用区域组织和区域办法，或各国选择的其他和平方法求得解决。在缔约国选择法律解决的情况下，国际法院作为联合国的主要司法机构应当是首选渠道之一，但应以当事国接受其管辖和裁决为前提。

1982 年《联合国海洋法公约》谈判过程中曾就强制性争端解决机制进行反复磋商，最后在第 287 条中规定，一国应有自由用书面声明的方式选择以下一个或一个以上的程序，即国际海洋法法庭、国际法院、仲裁法庭或特别仲裁法庭。如争端各方未接受同一程序，

---

① 参见 1979 年《月球协定》第 15 条第 3 款（本书附录 F）。

或争端一方未作有效声明，则应视为接受仲裁程序。以上规定不影响缔约国在国际海底争端中接受国际海洋法法庭海底争端分庭管辖的义务。海底争端分庭适用的法律除适用公约或与公约不相抵触的国际法规则和按照公允和善良原则外，应适用按照公约制定的国际海底管理局的规则、规章、程序和有关为国际海底区域活动所签订的任何合同事项的具体合同条款。为处理争端任何一方向其提请解决的特定争端，海底争端分庭应成立海底争端分庭专案分庭，由其法官三人组成，必须不属争端任何一方的工作人员，或其国民。海底争端分庭可用简易程序审讯和裁判争端。海底争端分庭依据初步证明认为其具有管辖权，在最后裁决前，可根据情况规定认为适当的任何临时措施，以保全争端各方的各自权利或防止对海洋环境的严重损害。法庭的裁判是终局性的，争端所有各方均应遵行。我国政府在海洋法争端解决机制谈判过程中立场一直非常鲜明，始终认为解决争端问题涉及到各国主权，应由各国自主决定解决争端的程序和方法。因此，我国政府对第 287 条争端类别选择未作任何选择声明①。

此外，世界贸易组织（WTO）的争端解决机制（DSU②）实践经验更加丰富、运行更加成熟，对如何建立未来月球资源开发国际法律制度中的争端解决机制也不无启示，特别是很多已经证明行之有效的做法非常值得借鉴。如其中的所谓“协商一致”并不要求

---

① 各国有关《海洋法公约》强制解决争端程序的选择结果参见联合国网站 www. un. org。

② 全称为《关于争端解决的规则与程序的谅解》（Understanding on Rules and Procedures Governing the Settlement of Disputes，DSU）。DSU 可能是乌拉圭回合谈判的最重要成果，详细规定了各个阶段的程序及争端解决机构的权力和义务，也成为 WTO 争端解决程序的主要渊源。引自朱榄叶、贺小勇著：《WTO 争端解决机制研究》，上海世纪出版集团上海人民出版社，2007 年 12 月第 1 版，第 17 页。

WTO 全体成员经过协商达成一致意见，而是指参加争端解决机构（DSB[①]）会议的成员没有一个正式提出反对意见。只要没有一个成员正式提出反对，某一提交表决的事项就算“协商一致”通过了[②]。在具体问题的表决上，DSU 又做出了“反向一致”的规定，如 DSU 第 6 条第 1 款规定：“如申诉方提出请求，则专家组应最迟在此项请求首次作为一项议题列入 DSB 议程的会议之后的会议上设立，除非在此会议上 DSB 经协商一致决定不设立专家组。”在成立专家组、通过专家组（上诉机构）报告以及授权报复问题上，DSB 采取的“协商一致”反对做某事。按照这种“反向一致”的原则，只要有一个成员同意，该请求决定的事项就得以通过[③]。DSB 还仿照各个国家的司法体系设立了上诉机构，作为专家组程序的补充，使得争端解决程序的公正性得到保证[④]。

尽管世界贸易组织（WTO）争端解决机制的规定颇为缜密，但它决不是一种司法性或准司法性的体制，而是一种集各种政治方法、法律方法和准法律方法的综合性争端解决体制[⑤]。DSU 不仅规定了严格的程序，对争端解决的每一个步骤规定了时限，从而提高了争端解决机制的效率；其创立的“反向一致”原则为国际争端解决机制的决策提供了新的思路，也成为理论研究的热点之一[②]。未来月球资源开发国际法律制度中的争端解决机制，应当能够从世界贸易组织（WTO）争端解决机制研究中得到有益的启示。

---

① DSB 的全称为 Dispute Settlement Body（争端解决机构）。

② 参见朱榄叶、贺小勇著：《WTO 争端解决机制研究》，上海世纪出版集团上海人民出版社，2007 年 12 月第 1 版，第 14—15 页。

③ 参见朱榄叶、贺小勇著：《WTO 争端解决机制研究》，上海世纪出版集团上海人民出版社，2007 年 12 月第 1 版，第 15 页。

④ 参见朱榄叶、贺小勇著：《WTO 争端解决机制研究》，上海世纪出版集团上海人民出版社，2007 年 12 月第 1 版，第 17 页。

⑤ 参见曾令良著：《世界贸易组织法》，武汉大学出版社，1996 年出版，第 133—134 页。

5.4 中国月球资源开发政策制定及立法建议

尽管 1979 年《月球协定》明确了“人类共同继承财产”原则及月球资源开发的基本原则，但相关的国际法律制度建设一直未能提上议事日程。美国、苏联/俄罗斯等国家的前期探月实践证明，早探测、早开发、早受益是客观事实，无须等到月球资源开发国际开发法律制度全部建立起来才进行开发。

按照《国家中长期科学和技术发展规划纲要（2006—2020 年）》相关要求，在 2020 年前，我国不但要深化对月球全球性、综合性的认识，完成月球表面环境、地形地貌、地质构造的整体性勘察，还将通过月面软着陆、自动巡视勘察和采样返回实现对重点区域的精细勘察，研究有开发利用前景的能源与资源的分布特征①。月球探测工程的成功实施，必将为推动创新型国家建设、进一步提高我国综合国力、进一步增强民族凝聚力作出重要贡献，对人类认识自然规律、探索宇宙奥秘也必将产生重要影响。我国的月球探测工程目前仍处于第一阶段，关于月球探索和资源开发的专项法律制度短期内不会很快出台。但作为航天科技工作者和外层空间法研究者，我们有必要、有义务在分析现行国际空间法有关原则的基础上，结合中国的实际情况，为国家制定完善、均衡的月球资源开发政策和法律提供决策建议。

随着当前主要空间国家和部分区域性国际组织加紧实施月球探测计划，如何维护本国的外层空间利益已成为世界各国不能不关注的问题。作为联合国外空委的成员国，我国只有积极开展月球探测活动并取得一定成果，才能具有分享开发月球资源权益的实力，才能在未来月球资源开发国际法律制度构建中拥有更大的话语权，

---

① 参见国防科工委月球探测工程中心编：《中国探月》序言部分，科学出版社出版，2007 年 10 月第 1 版。

才能通过灵活、务实的外交活动切实维护我国合法的外层空间权益，才能在外层空间领域为构建和谐世界、和谐太空作出应有的贡献。

针对探月工程的特点，首先，我国应尽快组织力量深入研究探月工程的法律问题，特别是在探月工程实施过程中与其他国家及国际组织进行的合作项目如何在不违反现行国际法的基础上，尽可能依法维护我国国家安全和国家利益的问题，如共建共享月球基地问题、月球探测器发射及运行保险问题、登月人员安全保障问题、太空旅游问题等。其次，我国应当加大月球资源开发法律制度领域及外层空间法其他领域的国际交流和人员培训的力度，确保能够始终掌握这些前沿领域的最新国际动态，为下一步进行国际磋商和谈判做好理论上、人才上的储备。第三，应加强对现行外层空间法体系的战略研究，避免孤立地研究月球资源开发国际法律制度；应加快我国国内空间立法进程，积极推进我国的航天事业在法治轨道上获得长足发展。本书 3.4.2 节对我国如何更好地实现与国际条约有效接轨进行了思考，并提出了有关建议。

外层空间是全人类的共同财富，伴随人类航天活动发展应运而生的国际空间法是规范人类外层空间活动的共同规则。人类航天事业的不断发展进步为我国广大航天科技工作者、空间法学工作者提供了与国际同行同台竞技、平等对话的历史机遇。如何更好地利用联合国外空委以及各类非官方国际组织牵头的国际舞台为中国空间利益鼓与呼，这是我们必须认真思考的问题。现行的国际空间法律制度框架是在冷战时期由美苏等发达国家主导建立的。由于种种原因，与欧美发达国家相比，我国对国际空间战略、政策和法律的研究和跟进尚处于初级阶段，无论是研究队伍还是研究水平都相对薄弱，这与我国作为联合国常任理事国和航天大国的地位很不相称。我们真诚希望有更多的国内同行积极投身国际空间法的深入研究中，积极参与国际国内学术交流活动。广大空间法学工作者首先要逐步改变在这一领域“自说自话”的现状，勇于在国际舞台上发声，为国家有关部门及时提供研究成果和决策建议。同时建议国家有关部门尽快加强对国际空间战略、空间政策、空间法律的专题研究，同时采取有效措施着力加强这一领域的专业化研究队伍建设及国际交流合作，确保我国能够在国际舞台上及时主动发出中国声音、提出中国方案、积极影响国际舆论，使联合国在航天领域任何最新国际规则的出台尽可能朝着有利于我国及广大发展中国家的方向发展，同时有效服务我国外交及航天事业发展大局。

改革开放以来，我国的国际地位显著提高，成为国际社会维护和平、促进发展、增进合作的重要力量。在我国的综合国力不断提升、航天科学技术发展日新月异的新形势下，中国人的足迹不仅要踏上月球，更应踏上火星及其他更具探索价值的地外星球。因此，及早开展包括国际法律制度框架在内的基础性、前瞻性研究工作，不断增加我国在国际外层空间法律体系领域的话语权，通过做好各种配套的国内政策和法律储备工作，为我国的载人登月计划及今后的大规模深空探测活动保驾护航，无疑具有非常重要的现实意义，这也是我国在外层空间领域打造国家软实力、早日实现由航天大国向航天强国跨越的必由之路。

结束语

外层空间问题极其复杂，且大多涉及科技、政治、经济、安全和法律等跨学科领域。月球资源开发国际法律制度的构建更是一个全新领域，在全新领域开展工作的优势是可以大胆实践、大胆创新，劣势是历史积淀太少、无现成经验模式可以照搬，因此在这一领域既大有可为，又充满了挑战。

20 世纪 60 年代初，美国时任总统肯尼迪曾提出“谁能控制空间，谁就能控制地球”的战略思想，此后美国的航天事业获得长足发展，并直接带动了相关产业的发展。冷战结束以后，世界范围内空间科技突飞猛进、日新月异，各国在空间研究和探索方面取得很多重大新进展。具有空间探测能力的国家和区域性国际组织数量迅速增加，发展中国家空前关注空间环境和空间利益，空间技术应用产业空前活跃，空间活动的经济价值日益凸显，空间活动商业化程度大幅度提高，私人资本参与空间活动的范围和程度逐步扩大、加深。日益活跃的空间活动已经逐步成为拉动经济发展的动力之一，直接服务于经济的可持续发展和人民生活水平的提升，更直接催生了太空经济时代的到来。以月球探测和月球资源开发利用为代表的深空探测活动将成为新时期空间活动的新领域。建立并完善月球资源开发国际法律制度不仅会直接促进月球探测和开发活动的科学、有序推进，更将对推进深空探测活动走向法治化轨道产生深远影响，同时对进一步完善现行国际空间法体系产生积极影响。

以和平开发与利用外层空间资源为宗旨的航天事业，是全人类的共同事业。以全人类的福祉为己任，扩大空间技术的应用范围，推进航天事业和太空经济的可持续发展，是各国的共同责任。一部人类文明发展进步史已经昭示，人类不仅有能力不断探索和开发新领域，也有能力制定新领域的行为规范。我们期待着月球资源开发国际法律制度的建立将再次验证这一论断。

附录 A 《联合国宪章》中英文版本

联合国宪章[①]

序言

我联合国人民同兹决心[②]

- 欲免后世再遭今代人类两度身历惨不堪言之战祸。
- 重申基本人权，人格尊严与价值，以及男女与大小各国平等权利之信念。
- 创造适当环境，俾克维持正义，尊重由条约与国际法其他渊源而起之义务，久而弗懈。

促成大自由中之社会进步及较善之民生[③]。

并为达此目的

- 力行容恕，彼此以善邻之道，和睦相处。
- 集中力量，以维持国际和平及安全。
- 接受原则，确立方法，以保证非为公共利益，不得使用武力。
- 运用国际机构，以促成全球人民经济及社会之进展。

用是发愤立志，务当同心协力，以竟厥功。

---

① 资料来源：http：//www.un.org/zh/documents/charter/，2011 年 5 月 12 日访问。

② 联合国宪章中文文本原版为“␣”，为尊重原文，特保持原貌，下同。——编者注

③ 联合国宪章中文文本原版为“,”，为尊重原文，特保持原貌，下同。——编者注

爰由我各本国政府，经齐集金山市之代表各将所奉全权证书，互相校阅，均属妥善，议定本联合国宪章，并设立国际组织，定名联合国。

第一章：宗旨及原则

第一条

联合国之宗旨为：

一、维持国际和平及安全；并为此目的：采取有效集体办法，以防止且消除对于和平之威胁，制止侵略行为或其他和平之破坏；并以和平方法且依正义及国际法之原则，调整或解决足以破坏和平之国际争端或情势。

二、发展国际间以尊重人民平等权利及自决原则为根据之友好关系，并采取其他适当办法，以增强普遍和平。

三、促成国际合作，以解决国际间属于经济、社会、文化及人类福利性质之国际问题，且不分种族、性别、语言或宗教，增进并激励对于全体人类之人权及基本自由之尊重。

四、构成一协调各国行动之中心，以达成上述共同目的。

第二条

为求实现第一条所述各宗旨起见，本组织及其会员国应遵行下列原则：

一、本组织系基于各会员国主权平等之原则。

二、各会员国应一秉善意，履行其依本宪章所担负之义务，以保证全体会员国由加入本组织而发生之权益。

三、各会员国应以和平方法解决其国际争端，俾免危及国际和平、安全及正义。

四、各会员国在其国际关系上不得使用威胁或武力，或以与联合国宗旨不符之任何其他方法，侵害任何会员国或国家之领土完整或政治独立。

五、各会员国对于联合国依本宪章规定而采取之行动，应尽力予以协助，联合国对于任何国家正在采取防止或执行行动时，各会员国对该国不得给予协助。

六、本组织在维持国际和平及安全之必要范围内，应保证非联合国会员国遵行上述原则。

七、本宪章不得认为授权联合国干涉在本质上属于任何国家国内管辖之事件，且并不要求会员国将该项事件依本宪章提请解决；但此项原则不妨碍第七章内执行办法之适用。

第二章：会员

第三条

凡曾经参加金山联合国国际组织会议或前此曾签字于一九四二年一月一日联合国宣言之国家，签订本宪章，且依宪章第一百一十条规定而予以批准者，均为联合国之创始会员国。

第四条

一、凡其他爱好和平之国家，接受本宪章所载之义务，经本组织认为确能并愿意履行该项义务者，得为联合国会员国。

二、准许上述国家为联合国会员国，将由大会经安全理事会之推荐以决议行之。

第五条

联合国会员国，业经安全理事会对其采取防止或执行行动者，大会经安全理事会之建议，得停止其会员权利及特权之行使。此项权利及特权之行使，得由安全理事会恢复之。

第六条

联合国之会员国中，有屡次违犯本宪章所载之原则者，大会经安全理事会之建议，得将其由本组织除名。

第三章：机关

第七条

一、兹设联合国之主要机关如下：大会、安全理事会、经济及社会理事会、托管理事会、国际法院、及秘书处。

二、联合国得依本宪章设立认为必需之辅助机关。

第八条

联合国对于男女均得在其主要及辅助机关在平等条件之下，充任任何职务，不得加以限制。

第四章：大会

组织

第九条

一、大会由联合国所有会员国组织之。

二、每一会员国在大会之代表，不得超过五人。

职权

第十条

大会得讨论本宪章范围内之任何问题或事项，或关于本宪章所规定任何机关之职权；并除第十二条所规定外，得向联合国会员国或安全理事会或兼向两者，提出对各该问题或事项之建议。

第十一条

一、大会得考虑关于维持国际和平及安全之合作之普通原则，包括军缩及军备管制之原则；并得向会员国或安全理事会或兼向两者提出对于该项原则之建议。

二、大会得讨论联合国任何会员国或安全理事会或非联合国会员国依第三十五条第二项之规定向大会所提关于维持国际和平及安全之任何问题；除第十二条所规定外，并得向会员国或安全理事会或兼向两者提出对于各该项问题之建议。凡对于需要行动之各该项问题，应由大会于讨论前或讨论后提交安全理事会。

三、大会对于足以危及国际和平与安全之情势，得提请安全理事会注意。

四、本条所载之大会权力并不限制第十条之概括范围。

第十二条

一、当安全理事会对于任何争端或情势，正在执行本宪章所授予该会之职务时，大会非经安全理事会请求，对于该项争端或情势，不得提出任何建议。

二、秘书长经安全理事会之同意，应于大会每次会议时，将安全理事会正在处理中关于维持国际和平及安全之任何事件，通知大会；于安全理事会停止处理该项事件时，亦应立即通知大会，或在大会闭会期内通知联合国会员国。

第十三条

一、大会应发动研究，并作成建议：

（子）以促进政治上之国际合作，并提倡国际法之逐渐发展与编纂。

（丑）以促进经济、社会、文化、教育及卫生各部门之国际合作，且不分种族、性别、语言或宗教，助成全体人类之人权及基本自由之实现。

二、大会关于本条第一项（丑）款所列事项之其他责任及职权，于第九章及第十章中规定之。

第十四条

大会对于其所认为足以妨害国际间公共福利或友好关系之任何情势，不论其起原如何，包括由违反本宪章所载联合国之宗旨及原则而起之情势，得建议和平调整办法，但以不违背第十二条之规定为限。

第十五条

一、大会应收受并审查安全理事会所送之常年及特别报告；该项报告应载有安全理事会对于维持国际和平及安全所已决定或施行之办法之陈述。

二、大会应收受并审查联合国其他机关所送之报告。

第十六条

大会应执行第十二章及第十三章所授予关于国际托管制度之职

务，包括关于非战略防区托管协定之核准。

第十七条

一、大会应审核本组织之预算。

二、本组织之经费应由各会员国依照大会分配限额担负之。

三、大会应审核经与第五十七条所指各种专门机关订定之任何财政及预算办法，并应审查该项专门机关之行政预算，以便向关系机关提出建议。

投票

第十八条

一、大会之每一会员国，应有一个投票权。

二、大会对于重要问题之决议应以到会及投票之会员国三分之二多数决定之。此项问题应包括：关于维持国际和平及安全之建议，安全理事会非常任理事国之选举，经济及社会理事会理事国之选举，依第八十六条第一项（寅）款所规定托管理事会理事国之选举，对于新会员国加入联合国之准许，会员国权利及特权之停止，会员国之除名，关于施行托管制度之问题，以及预算问题。

三、关于其他问题之决议，包括另有何种事项应以三分之二多数决定之问题，应以到会及投票之会员国过半数决定之。

第十九条

凡拖欠本组织财政款项之会员国，其拖欠数目如等于或超过前两年所应缴纳之数目时，即丧失其在大会投票权。大会如认拖欠原因，确由于该会员国无法控制之情形者，得准许该会员国投票。

程序

第二十条

大会每年应举行常会，并于必要时，举行特别会议。特别会议应由秘书长经安全理事会或联合国会员国过半数之请求召集之。

第二十一条

大会应自行制定其议事规则。大会应选举每次会议之主席。

第二十二条

大会得设立其认为于行使职务所必需之辅助机关。

第五章：安全理事会

组织

第二十三条

一、安全理事会以联合国十五会员国组织之。中华民国、法兰西、苏维埃社会主义共和国联盟、大不列颠及北爱尔兰联合王国及美利坚合众国应为安全理事会常任理事国。大会应选举联合国其他十会员国为安全理事会非常任理事国，选举时首宜充分斟酌联合国各会员国于维持国际和平与安全及本组织其余各宗旨上之贡献，并宜充分斟酌地域上之公匀分配。

二、安全理事会非常任理事国任期定为二年。安全理事会理事国自十一国增至十五国后第一次选举非常任理事国时，所增四国中两国之任期应为一年。任满之理事国不得即行连选。

三、安全理事会每一理事国应有代表一人。

职权

第二十四条

一、为保证联合国行动迅速有效起见，各会员国将维持国际和平及安全之主要责任，授予安全理事会，并同意安全理事会于履行此项责任下之职务时，即系代表各会员国。

二、安全理事会于履行此项职务时，应遵照联合国之宗旨及原则。为履行此项职务而授予安全理事会之特定权力，于本宪章第六章、第七章、第八章及第十二章内规定之。

三、安全理事会应将常年报告、并于必要时将特别报告，提送大会审查。

第二十五条

联合国会员国同意依宪章之规定接受并履行安全理事会之决议。

第二十六条

为促进国际和平及安全之建立及维持，以尽量减少世界人力及经济资源之消耗于军备起见，安全理事会借第四十七条所指之军事参谋团之协助，应负责拟具方案，提交联合国会员国，以建立军备管制制度。

投票

第二十七条

一、安全理事会每一理事国应有一个投票权。

二、安全理事会关于程序事项之决议，应以九理事国之可决票表决之。

三、安全理事会对于其他一切事项之决议，应以九理事国之可决票包括全体常任理事国之同意票表决之；但对于第六章及第五十二条第三项内各事项之决议，争端当事国不得投票。

程 序

第二十八条

一、安全理事会之组织，应以使其能继续不断行使职务为要件。为此目的，安全理事会之各理事国应有常驻本组织会所之代表。

二、安全理事会应举行定期会议，每一理事国认为合宜时得派政府大员或其他特别指定之代表出席。

三、在本组织会所以外，安全理事会得在认为最能便利其工作之其他地点举行会议。

第二十九条

安全理事会得设立其认为于行使职务所必需之辅助机关。

第三十条

安全理事会应自行制定其议事规则，包括其推选主席之方法。

第三十一条

在安全理事会提出之任何问题，经其认为对于非安全理事会理事国之联合国任何会员国之利益有特别关系时，该会员国得参加讨论，但无投票权。

第三十二条

联合国会员国而非为安全理事会之理事国，或非联合国会员国之国家，如于安全理事会考虑中之争端为当事国者，应被邀参加关于该项争端之讨论，但无投票权。安全理事会应规定其所认为公平之条件，以便非联合国会员国之国家参加。

第六章：争端之和平解决

第三十三条

一、任何争端之当事国，于争端之继续存在足以危及国际和平与安全之维持时，应尽先以谈判、调查、调停、和解、公断、司法解决、区域机关或区域办法之利用、或各该国自行选择之其他和平方法，求得解决。

二、安全理事会认为必要时，应促请各当事国以此项方法，解决其争端。

第三十四条

安全理事会得调查任何争端或可能引起国际摩擦或惹起争端之任何情势，以断定该项争端或情势之继续存在是否足以危及国际和平与安全之维持。

第三十五条

一、联合国任何会员国得将属于第三十四条所指之性质之任何争端或情势，提请安全理事会或大会注意。

二、非联合国会员国之国家如为任何争端之当事国时，经预先声明就该争端而言接受本宪章所规定和平解决之义务后，得将该项争端，提请大会或安全理事会注意。

三、大会关于按照本条所提请注意事项之进行步骤，应遵守第十一条及第十二条之规定。

第三十六条

一、属于第三十三条所指之性质之争端或相似之情势，安全理事会在任何阶段，得建议适当程序或调整方法。

二、安全理事会对于当事国为解决争端业经采取之任何程序，理应予以考虑。

三、安全理事会按照本条作成建议时，同时理应注意凡具有法律性质之争端，在原则上，理应由当事国依国际法院规约之规定提交国际法院。

第三十七条

一、属于第三十三条所指之性质之争端，当事国如未能依该条所示方法解决时，应将该项争端提交安全理事会。

二、安全理事会如认为该项争端之继续存在，在事实上足以危及国际和平与安全之维持时，应决定是否当依第三十六条采取行动或建议其所认为适当之解决条件。

第三十八条

安全理事会如经所有争端当事国之请求，得向各当事国作成建议，以求争端之和平解决，但以不妨碍第三十三条至第三十七条之规定为限。

第七章：对于和平之威胁、和平之破坏及侵略行为之应付办法

第三十九条

安全理事会应断定任何和平之威胁、和平之破坏或侵略行为之是否存在，并应作成建议或抉择依第四十一条及第四十二条规定之办法，以维持或恢复国际和平及安全。

第四十条

为防止情势之恶化，安全理事会在依第三十九条规定作成建议或决定办法以前，得促请关系当事国遵行安全理事会所认为必要或合宜之临时办法。此项临时办法并不妨碍关系当事国之权利、要求或立场。安全理事会对于不遵行此项临时办法之情形，应予适当注意。

第四十一条

安全理事会得决定所应采武力以外之办法，以实施其决议，并

得促请联合国会员国执行此项办法。此项办法得包括经济关系、铁路、海运、航空、邮、电、无线电及其他交通工具之局部或全部停止，以及外交关系之断绝。

第四十二条

安全理事会如认第四十一条所规定之办法为不足或已经证明为不足时，得采取必要之空海陆军行动，以维持或恢复国际和平及安全。此项行动得包括联合国会员国之空海陆军示威、封锁及其他军事举动。

第四十三条

一、联合国各会员国为求对于维持国际和平及安全有所贡献起见，担任于安全理事会发令时，并依特别协定，供给为维持国际和平及安全所必需之军队、协助及便利，包括过境权。

二、此项特别协定应规定军队之数目及种类，其准备程度及一般驻扎地点，以及所供便利及协助之性质。

三、此项特别协定应以安全理事会之主动，尽速议订。此项协定应由安全理事会与会员国或由安全理事会与若干会员国之集团缔结之，并由签字国各依其宪法程序批准之。

第四十四条

安全理事会决定使用武力时，于要求非安全理事会会员国依第四十三条供给军队以履行其义务之前，如经该会员国请求，应请其遣派代表，参加安全理事会关于使用其军事部队之决议。

第四十五条

为使联合国能采取紧急军事办法起见，会员国应将其本国空军部队为国际共同执行行动随时供给调遣。此项部队之实力与准备之程度，及其共同行动之计划，应由安全理事会以军事参谋团之协助，在第四十三条所指之特别协定范围内决定之。

第四十六条

武力使用之计划应由安全理事会以军事参谋团之协助决定之。

第四十七条

一、兹设立军事参谋团，以便对于安全理事会维持国际和平及安全之军事需要问题，对于受该会所支配军队之使用及统率问题，对于军备之管制及可能之军缩问题，向该会贡献意见并予以协助。

二、军事参谋团应由安全理事会各常任理事国之参谋总长或其代表组织之。联合国任何会员国在该团未有常任代表者，如于该团责任之履行在效率上必需该国参加其工作时，应由该团邀请参加。

三、军事参谋团在安全理事会权力之下，对于受该会所支配之任何军队，负战略上之指挥责任；关于该项军队之统率问题，应待以后处理。

四、军事参谋团，经安全理事会之授权，并与区域内有关机关商议后、得设立区域分团。

第四十八条

一、执行安全理事会为维持国际和平及安全之决议所必要之行动，应由联合国全体会员国或由若干会员国担任之，一依安全理事会之决定。

二、此项决议应由联合国会员国以其直接行动及经其加入为会员之有关国际机关之行动履行之。

第四十九条

联合国会员国应通力合作，彼此协助，以执行安全理事会所决定之办法。

第五十条

安全理事会对于任何国家采取防止或执行办法时，其他国家，不论其是否为联合国会员国，遇有因此项办法之执行而引起之特殊经济问题者，应有权与安全理事会会商解决此项问题。

第五十一条

联合国任何会员国受武力攻击时，在安全理事会采取必要办法，以维持国际和平及安全以前，本宪章不得认为禁止行使单独或集体自卫之自然权利。会员国因行使此项自卫权而采取之办法，应立向安全理事会报告，此项办法于任何方面不得影响该会按照本宪章随时采取其所认为必要行动之权责，以维持或恢复国际和平及安全。

第八章：区域办法

第五十二条

一、本宪章不得认为排除区域办法或区域机关、用以应付关于维持国际和平及安全而宜于区域行动之事件者；但以此项办法或机关及其工作与联合国之宗旨及原则符合者为限。

二、缔结此项办法或设立此项机关之联合国会员国，将地方争端提交安全理事会以前，应依该项区域办法，或由该项区域机关，力求和平解决。

三、安全理事会对于依区域办法或由区域机关而求地方争端之和平解决，不论其系由关系国主动，或由安全理事会提交者，应鼓励其发展。

四、本条绝不妨碍第三十四条及第三十五条之适用。

第五十三条

一、安全理事会对于职权内之执行行动，在适当情形下，应利用此项区域办法或区域机关。如无安全理事会之授权，不得依区域办法或由区域机关采取任何执行行动；但关于依第一百零七条之规定对付本条第二项所指之任何敌国之步骤，或在区域办法内所取防备此等国家再施其侵略政策之步骤，截至本组织经各关系政府之请求，对于此等国家之再次侵略，能担负防止责任时为止，不在此限。

二、本条第一项所称敌国系指第二次世界大战中为本宪章任何签字国之敌国而言。

第五十四条

关于为维持国际和平及安全起见，依区域办法或由区域机关所已采取或正在考虑之行动，不论何时应向安全理事会充分报告之。

第九章：国际经济及社会合作

第五十五条

为造成国际间以尊重人民平等权利及自决原则为根据之和平友

好关系所必要之安定及福利条件起见，联合国应促进：

（子）较高之生活程度，全民就业，及经济与社会进展。

（丑）国际间经济、社会、卫生及有关问题之解决；国际间文化及教育合作。

（寅）全体人类之人权及基本自由之普遍尊重与遵守，不分种族、性别、语言或宗教。

第五十六条

各会员国担允采取共同及个别行动与本组织合作，以达成第五十五条所载之宗旨。

第五十七条

一、由各国政府间协定所成立之各种专门机关，依其组织约章之规定，于经济、社会、文化、教育、卫生及其他有关部门负有广大国际责任者，应依第六十三条之规定使与联合国发生关系。

二、上述与联合国发生关系之各专门机关，以下简称专门机关。

第五十八条

本组织应作成建议，以调整各专门机关之政策及工作。

第五十九条

本组织应于适当情形下，发动各关系国间之谈判，以创设为达成第五十五条规定宗旨所必要之新专门机关。

第六十条

履行本章所载本组织职务之责任，属于大会及大会权力下之经济及社会理事会。为此目的，该理事会应有第十章所载之权力。

第十章：经济及社会理事会

组织

第六十一条

一、经济及社会理事会由大会选举联合国五十四会员国组织之。

二、除第三项所规定外，经济及社会理事会每年选举理事十八国，任期三年。任满之理事国得即行连选。

三、经济及社会理事会理事国自二十七国增至五十四国后第一次选举时，除选举理事九国接替任期在该年年终届满之理事国外，应另增选理事二十七国。增选之理事二十七国中，九国任期一年，另九国任期二年，一依大会所定办法。

四、经济及社会理事会之每一理事国应有代表一人。

职权

第六十二条

一、经济及社会理事会得作成或发动关于国际经济、社会、文化、教育、卫生及其他有关事项之研究及报告；并得向大会、联合国会员国及关系专门机关提出关于此种事项之建议案。

二、本理事会为增进全体人类之人权及基本自由之尊重及维护起见，得作成建议案。

三、本理事会得拟具关于其职权范围内事项之协约草案，提交大会。

四、本理事会得依联合国所定之规则召集本理事会职务范围以内事项之国际会议。

第六十三条

一、经济及社会理事会得与第五十七条所指之任何专门机关订立协定，订明关系专门机关与联合国发生关系之条件。该项协定须经大会之核准。

二、本理事会，为调整各种专门机关之工作，得与此种机关会商并得向其提出建议，并得向大会及联合国会员国建议。

第六十四条

一、经济及社会理事会得取适当步骤，以取得专门机关之经常报告。本理事会得与联合国会员国及专门机关商定办法，俾就实施本理事会之建议及大会对于本理事会职权范围内事项之建议所采之步骤，取得报告。

二、本理事会得将对于此项报告之意见提送大会。

第六十五条

经济及社会理事会得向安全理事会供给情报，并因安全理事会之邀请，予以协助。

第六十六条

一、经济及社会理事会应履行其职权范围内关于执行大会建议之职务。

二、经大会之许可，本理事会得应联合国会员国或专门机关之请求，供其服务。

三、本理事会应履行本宪章他章所特定之其他职务，以及大会所授予之职务。

投票

第六十七条

一、经济及社会理事会每一理事国应有一个投票权。

二、本理事会之决议，应以到会及投票之理事国过半数表决之。

程序

第六十八条

经济及社会理事会应设立经济与社会部门及以提倡人权为目的之各种委员会，并得设立于行使职务所必需之其他委员会。

第六十九条

经济及社会理事会应请联合国会员国参加讨论本理事会对于该国有特别关系之任何事件，但无投票权。

第七十条

经济及社会理事会得商定办法使专门机关之代表无投票权而参加本理事会及本理事会所设各委员会之讨论，或使本理事会之代表参加此项专门机关之讨论。

第七十一条

经济及社会理事会得采取适当办法，俾与各种非政府组织会商有关于本理事会职权范围内之事件。此项办法得与国际组织商定之，关于适当情形下，经与关系联合国会员国会商后，得与该国国内组织商定之。

第七十二条

一、经济及社会理事会应自行制定其议事规则，包括其推选主席之方法。

二、经济及社会理事会应依其规则举行必要之会议。此项规则应包括因理事国过半数之请求而召集会议之条款。

第十一章：关于非自治领土之宣言

第七十三条

联合国各会员国，于其所负有或担承管理责任之领土，其人民尚未臻自治之充分程度者，承认以领土居民之福利为至上之原则，并接受在本宪章所建立之国际和平及安全制度下，以充分增进领土居民福利之义务为神圣之信托，且为此目的：

（子）于充分尊重关系人民之文化下，保证其政治、经济、社会及教育之进展，予以公平待遇，且保障其不受虐待。

（丑）按各领土及其人民特殊之环境、及其进化之阶段，发展自治；对各该人民之政治愿望，予以适当之注意；并助其自由政治制度之逐渐发展。

（寅）促进国际和平及安全。

（卯）提倡建设计划，以求进步；奖励研究；各国彼此合作，并于适当之时间及场合与专门国际团体合作，以求本条所载社会、经济及科学目的之实现。

（辰）在不违背安全及宪法之限制下，按时将关于各会员国分别负责管理领土内之经济、社会、及教育情形之统计及具有专门性质之情报，递送秘书长，以供参考。本宪章第十二章及第十三章所规定之领土，不在此限。

第七十四条

联合国各会员国共同承诺对于本章规定之领土，一如对于本国区域，其政策必须以善邻之道奉为圭臬；并于社会、经济及商业上，对世界各国之利益及幸福，予以充分之注意。

第十二章：国际托管制度

第七十五条

联合国在其权力下，应设立国际托管制度，以管理并监督凭此后个别协定而置于该制度下之领土。此项领土以下简称托管领土。

第七十六条

按据本宪章第一条所载联合国之宗旨，托管制度之基本目的应为：

（子）促进国际和平及安全。

（丑）增进托管领土居民之政治、经济、社会及教育之进展；并以适合各领土及其人民之特殊情形及关系人民自由表示之愿望为原则，且按照各托管协定之条款，增进其趋向自治或独立之逐渐发展。

（寅）不分种族、性别、语言或宗教，提倡全体人类之人权及基本自由之尊重，并激发世界人民互相维系之意识。

（卯）于社会、经济及商业事件上，保证联合国全体会员国及其国民之平等待遇，及各该国民于司法裁判上之平等待遇，但以不妨碍上述目的之达成，且不违背第八十条之规定为限。

第七十七条

一、托管制度适用于依托管协定所置于该制度下之下列各种类之领土：

（子）现在委任统治下之领土。

（丑）因第二次世界大战结果或将自敌国割离之领土。

（寅）负管理责任之国家自愿置于该制度下之领土。

二、关于上列种类中之何种领土将置于托管制度之下，及其条件，为此后协定所当规定之事项。

第七十八条

凡领土已成为联合国之会员国者，不适用托管制度；联合国会员国间之关系，应基于尊重主权平等之原则。

第七十九条

置于托管制度下之每一领土之托管条款，及其更改或修正，应由直接关系各国、包括联合国之会员国而为委任统治地之受托国者，予以议定，其核准应依第八十三条及第八十五条之规定。

第八十条

一、除依第七十七条、第七十九条及第八十一条所订置各领土于托管制度下之个别托管协定另有议定外，并在该项协定未经缔结以前，本章任何规定绝对不得解释为以任何方式变更任何国家或人民之权利、或联合国会员国个别签订之现有国际约章之条款。

二、本条第一项不得解释为对于依第七十七条之规定而订置委任统治地或其他领土于托管制度下之协定，授以延展商订之理由。

第八十一条

凡托管协定均应载有管理领土之条款，并指定管理托管领土之当局。该项当局，以下简称管理当局，得为一个或数个国家，或为联合国本身。

第八十二条

于任何托管协定内，得指定一个或数个战略防区，包括该项协定下之托管领土之一部或全部，但该项协定并不妨碍依第四十三条而订立之任何特别协定。

第八十三条

一、联合国关于战略防区之各项职务，包括此项托管协定条款之核准、及其更改或修正，应由安全理事会行使之。

二、第七十六条所规定之基本目的，适用于每一战略防区之人民。

三、安全理事会以不违背托管协定之规定且不妨碍安全之考虑为限，应利用托管理事会之协助，以履行联合国托管制度下关于战略防区内之政治、经济、社会及教育事件之职务。

第八十四条

管理当局有保证托管领土对于维持国际和平及安全尽其本分之

义务。该当局为此目的得利用托管领土之志愿军、便利及协助，以履行该当局对于安全理事会所负关于此点之义务，并以实行地方自卫，且在托管领土内维持法律与秩序。

第八十五条

一、联合国关于一切非战略防区托管协定之职务，包括此项托管协定条款之核准及其更改或修正，应由大会行使之。

二、托管理事会于大会权力下，应协助大会履行上述之职务。

第十三章：托管理事会

组织

第八十六条

一、托管理事会应由下列联合国会员国组织之：

（子）管理托管领土之会员国。

（丑）第二十三条所列名之国家而现非管理托管领土者。

（寅）大会选举必要数额之其他会员国，任期三年，俾使托管理事会理事国之总数，于联合国会员国中之管理托管领土者及不管理者之间，得以平均分配。

二、托管理事会之每一理事国应指定一特别合格之人员，以代表之。

职权

第八十七条

大会及在其权力下之托管理事会于履行职务时得：

（子）审查管理当局所送之报告。

（丑）会同管理当局接受并审查请愿书。

（寅）与管理当局商定时间，按期视察各托管领土。

（卯）依托管协定之条款，采取上述其他行动。

第八十八条

托管理事会应拟定关于各托管领土居民之政治、经济、社会及教育进展之问题单；就大会职权范围内，各托管领土之管理当局应根据该项问题单向大会提出常年报告。

投票

第八十九条

一、托管理事会之每一理事国应有一个投票权。

二、托管理事会之决议应以到会及投票之理事国过半数表决之。

程序

第九十条

一、托管理事会应自行制定其议事规则，包括其推选主席之方法。

二、托管理事会应依其所定规则，举行必要之会议。此项规则应包括关于经该会理事国过半数之请求而召集会议之规定。

第九十一条

托管理事会于适当时，应利用经济及社会理事会之协助，并对于各关系事项，利用专门机关之协助。

第十四章：国际法院

第九十二条

国际法院为联合国之主要司法机关，应依所附规约执行其职务。该项规约系以国际常设法院之规约为根据并为本宪章之构成部分。

第九十三条

一、联合国各会员国为国际法院规约之当然当事国。

二、非联合国会员国之国家得为国际法院规约当事国之条件，应由大会经安全理事会之建议就各别情形决定之。

第九十四条

一、联合国每一会员国为任何案件之当事国者，承诺遵行国际法院之判决。

二、遇有一造不履行依法院判决应负之义务时，他造得向安全理事会申诉。安全理事会如认为必要时，得作成建议或决定应采办法，以执行判决。

第九十五条

本宪章不得认为禁止联合国会员国依据现有或以后缔结之协定，将其争端托付其他法院解决。

第九十六条

一、大会或安全理事会对于任何法律问题得请国际法院发表咨询意见。

二、联合国其他机关及各种专门机关，对于其工作范围内之任何法律问题，得随时以大会之授权，请求国际法院发表咨询意见。

第十五章：秘书处

第九十七条

秘书处置秘书长一人及本组织所需之办事人员若干人。秘书长应由大会经安全理事会之推荐委派之。秘书长为本组织之行政首长。

第九十八条

秘书长在大会、安全理事会、经济及社会理事会、及托管理事会之一切会议，应以秘书长资格行使职务，并应执行各该机关所托付之其他职务。秘书长应向大会提送关于本组织工作之常年报告。

第九十九条

秘书长得将其所认为可能威胁国际和平及安全之任何事件，提请安全理事会注意。

第一百条

一、秘书长及办事人员于执行职务时，不得请求或接受本组织以外任何政府或其他当局之训示，并应避免足以妨碍其国际官员地位之行动。秘书长及办事人员专对本组织负责。

二、联合国各会员国承诺尊重秘书长及办事人员责任之专属国际性，决不设法影响其责任之履行。

第一百零一条

一、办事人员由秘书长依大会所定章程委派之。

二、适当之办事人员应长期分配于经济及社会理事会、托管理事会，并于必要时，分配于联合国其他之机关。此项办事人员构成秘书处之一部。

三、办事人员之雇用及其服务条件之决定，应以求达效率、才干及忠诚之最高标准为首要考虑。征聘办事人员时，于可能范围内，应充分注意地域上之普及。

第十六章：杂项条款

第一百零二条

一、本宪章发生效力后，联合国任何会员国所缔结之一切条约及国际协定应尽速在秘书处登记，并由秘书处公布之。

二、当事国对于未经依本条第一项规定登记之条约或国际协定，不得向联合国任何机关援引之。

第一百零三条

联合国会员国在本宪章下之义务与其依任何其他国际协定所负之义务有冲突时，其在本宪章下之义务应居优先。

第一百零四条

本组织于每一会员国之领土内，应享受于执行其职务及达成其宗旨所必需之法律行为能力。

第一百零五条

一、本组织于每一会员国之领土内，应享受于达成其宗旨所必需之特权及豁免。

二、联合国会员国之代表及本组织之职员，亦应同样享受于其独立行使关于本组织之职务所必需之特权及豁免。

三、为明定本条第一项及第二项之施行细则起见，大会得作成建议，或为此目的向联合国会员国提议协约。

第十七章：过渡安全办法

第一百零六条

在第四十三条所称之特别协定尚未生效，因而安全理事会认为尚不得开始履行第四十二条所规定之责任前，一九四三年十月三十日在莫斯科签订四国宣言之当事国及法兰西应依该宣言第五项之规定，互相洽商，并于必要时，与联合国其他会员国洽商，以代表本组织采取为维持国际和平及安全宗旨所必要之联合行动。

第一百零七条

本宪章并不取消或禁止负行动责任之政府对于在第二次世界大战中本宪章任何签字国之敌国因该次战争而采取或受权执行之行动。

第十八章：修正

第一百零八条

本宪章之修正案经大会会员国三分之二表决并由联合国会员国三分之二、包括安全理事会全体常任理事国，各依其宪法程序批准后，对于联合国所有会员国发生效力。

第一百零九条

一、联合国会员国，为检讨本宪章，得以大会会员国三分之二表决，经安全理事会任何九理事国之表决，确定日期及地点举行全体会议。联合国每一会员国在全体会议中应有一个投票权。

二、全体会议以三分之二表决所建议对于宪章之任何更改，应经联合国会员国三分之二、包括安全理事会全体常任理事国，各依其宪法程序批准后，发生效力。

三、如于本宪章生效后大会第十届年会前，此项全体会议尚未举行时，应将召集全体会议之提议列入大会该届年会之议事日程；如得大会会员国过半数及安全理事会任何七理事国之表决，此项会议应即举行。

第十九章：批准及签字

第一百一十条

一、本宪章应由签字国各依其宪法程序批准之。

二、批准书应交存美利坚合众国政府。该国政府应于每一批准书交存时通知各签字国，如本组织秘书长业经委派时，并应通知秘书长。

三、一俟美利坚合众国政府通知已有中华民国、法兰西、苏维埃社会主义共和国联盟、大不列颠及北爱尔兰联合王国、与美利坚合众国、以及其他签字国之过半数将批准书交存时，本宪章即发生效力。美利坚合众国政府应拟就此项交存批准之议定书并将副本分送所有签字国。

四、本宪章签字国于宪章发生效力后批准者，应自其各将批准书交存之日起为联合国之创始会员国。

第一百一十一条

本宪章应留存美利坚合众国政府之档库，其中、法、俄、英、及西文各本同一作准。该国政府应将正式副本分送其他签字国政府。

为此联合国各会员国政府之代表谨签字于本宪章，以昭信守。

公历一千九百四十五年六月二十六日签订于金山市。

The Charter of the United Nations①

WE THE PEOPLES OF THE UNITED NATIONS DETERMINED to save succeeding generations from the scourge of war, which twice in our lifetime has brought untold sorrow to mankind, and to reaffirm faith in fundamental human rights, in the dignity and worth of the human person, in the equal rights of men and women and of nations large and small, and to establish conditions under which justice and respect for the obligations arising from treaties and other sources of international law can be maintained, and to promote social progress and better standards of life in larger freedom,

① 资料来源：http://www.un.org/en/documents/charter/，2011 年 5 月 12 日访问。

AND FOR THESE ENDS

to practice tolerance and live together in peace with one another as good neighbors, and to unite our strength to maintain international peace and security, and to ensure, by the acceptance of principles and the institution of methods, that armed force shall not be used, save in the common interest, and to employ international machinery for the promotion of the economic and social advancement of all peoples,

HAVE RESOLVED TO COMBINE OUR EFFORTS TO ACCOMPLISH THESE AIMS.

Accordingly, our respective Governments, through representatives assembled in the city of San Francisco, who have exhibited their full powers found to be in good and due form, have agreed to the present Charter of the United Nations and do hereby establish an international organization to be known as the United Nations.

CHAPTER I

PURPOSES AND PRINCIPLES

Article 1

The Purposes of the United Nations are:

1. To maintain international peace and security, and to that end: to take effective collective measures for the prevention and removal of threats to the peace, and for the suppression of acts of aggression or other breaches of the peace, and to bring about by peaceful means, and in conformity with the principles of justice and international law, adjustment or settlement of international disputes or situations which might lead to a breach of the peace;

2. To develop friendly relations among nations based on respect for

the principle of equal rights and self-determination of peoples, and to take other appropriate measures to strengthen universal peace;

3. To achieve international cooperation in solving international problems of an economic, social, cultural, or humanitarian character, and in promoting and encouraging respect for human rights and for fundamental freedoms for all without distinction as to race, sex, language, or religion; and

4. To be a center for harmonizing the actions of nations in the attainment of these common ends.

Article 2

The Organization and its Members, in pursuit of the Purposes stated in Article 1, shall act in accordance with the following Principles.

1. The Organization is based on the principle of the sovereign equality of all its Members.

2. All Members, in order to ensure to all of them the rights and benefits resulting from membership, shall fulfil in good faith the obligations assumed by them in accordance with the present Charter.

3. All Members shall settle their international disputes by peaceful means in such a manner that international peace and security, and justice, are not endangered.

4. All Members shall refrain in their international relations from the threat or use of force against the territorial integrity or political independence of any state, or in any other manner inconsistent with the Purposes of the United Nations.

5. All Members shall give the United Nations every assistance in any action it takes in accordance with the present Charter, and shall refrain from giving assistance to any state against which the United Nations is taking preventive or enforcement action.

6. The Organization shall ensure that states which are not Members of the United Nations act in accordance with these Principles so far as may be necessary for the maintenance of international peace and security.

7. Nothing contained in the present Charter shall authorize the United Nations to intervene in matters which are essentially within the domestic jurisdiction of any state or shall require the Members to submit such matters to settlement under the present Charter; but this principle shall not prejudice the application of enforcement measures under Chapter VII.

CHAPTER II
MEMBERSHIP

Article 3

The original Members of the United Nations shall be the states which, having participated in the United Nations Conference on International Organization at San Francisco, or having previously signed the Declaration by United Nations of January 1,1942, sign the present Charter and ratify it in accordance with Article 110.

Article 4

1. Membership in the United Nations is open to all other peace-loving states which accept the obligations contained in the present Charter and, in the judgment of the Organization, are able and willing to carry out these obligations.

2. The admission of any such state to membership in the United Nations will be effected by a decision of the General Assembly upon the recommendation of the Security Council.

Article 5

A Member of the United Nations against which preventive or enforcement action has been taken by the Security Council may be suspended from the exercise of the rights and privileges of membership by the General Assembly upon the recommendation of the Security Council. The exercise of these rights and privileges may be restored by the Security Council.

Article 6

A Member of the United Nations which has persistently violated the Principles contained in the present Charter may be expelled from the Organization by the General Assembly upon the recommendation of the Security Council.

CHAPTER III
ORGANS

Article 7

1. There are established as the principal organs of the United Nations: a General Assembly, a Security Council, an Economic and Social Council, a Trusteeship Council, an International Court of Justice, and a Secretariat.
2. Such subsidiary organs as may be found necessary may be established in accordance with the present Charter.

Article 8

The United Nations shall place no restrictions on the eligibility of men and women to participate in any capacity and under conditions of equality in-its principal and subsidiary organs.

CHAPTER IV
THE GENERAL ASSEMBLY

Composition

Article 9

1. The General Assembly shall consist of all the Members of the United Nations.

2. Each Member shall have not more than five representatives in the General Assembly.

Functions and Powers

Article 10

The General Assembly may discuss any questions or any matters within the scope of the present Charter or relating to the powers and functions of any organs provided for in the present Charter, and, except as provided in Article 12, may make Recommend ations to the Members of the United Nations or to the Security Council or to both on any such questions or matters.

Article 11

1. The General Assembly may consider the general principles of co-operation in the maintenance of international peace and security, including the principles governing disarmament and the regulation of armaments, and may make recommendations with regard to such principles to the Members or to the Security Council or to both.

2. The General Assembly may discuss any questions relating to the maintenance of international peace and security brought before it by any Member of the United Nations, or by the Security Council, or

by a state which is not a Member of the United Nations in accordance with Article 35, paragraph 2, and, except as provided in Article 12, may make recommendations with regard to any such questions to the state or states concerned or to the Security Council or to both. Any such question on which action is necessary shall be referred to the Security Council by the General Assembly either before or after discussion.

3. The General Assembly may call the attention of the Security Council to situations which are likely to endanger international peace and security.

4. The powers of the General Assembly set forth in this Article shall not limit the general scope of Article 10.

Article 12

1. While the Security Council is exercising in respect of any dispute or situation the functions assigned to it in the present Charter, the General Assembly shall not make any recommendation with regard to that dispute or situation unless the Security Council so requests.

2. The Secretary-General, with the consent of the Security Council, shall notify the General Assembly at each session of any matters relative to the maintenance of international peace and security which are being dealt with by the Security Council and shall similarly notify the General Assembly, or the Members of the United Nations if the General Assembly is not in session, immediately the Security Council ceases to deal with such matters.

Article 13

1. The General Assembly shall initiate studies and make recommendations for the purpose of:

a. promoting international cooperation in the political field and encouraging the progressive development of international law and its codification;
b. promoting international cooperation in the economic, social, cultural, educational, and health fields, and assisting in the realization of human rights and fundamental freedoms for all without distinction as to race, sex, language, or religion.
2. The further responsibilities, functions, and powers of the General Assembly with respect to matters mentioned in paragraph 1(b) above are set forth in Chapters IX and X.

Article 14
Subject to the provisions of Article 12, the General Assembly may recommend measures for the peaceful adjustment of any situation, regardless of origin, which it deems likely to impair the general welfare or friendly relations among nations, including situations resulting from a violation of the provisions of the present Charter setting forth the Purposes and Principles of the United Nations.

Article 15
1. The General Assembly shall receive and consider annual and special reports from the Security Council; these reports shall include an account of the measures that the Security Council has decided upon or taken to maintain international peace and security.
2. The General Assembly shall receive and consider reports from the other organs of the United Nations.

Article 16
The General Assembly shall perform such functions with respect to

the international trusteeship system as are assigned to it under Chapters XII and XIII, including the approval of the trusteeship agreements for areas not designated as strategic.

Article 17

1. The General Assembly shall consider and approve the budget of the Organization.

2. The expenses of the Organization shall be borne by the Members as apportioned by the General Assembly.

3. The General Assembly shall consider and approve any financial and budgetary arrangements with specialized agencies referred to in Article 57 and shall examine the administrative budgets of such specialized agencies with a view to making recommendations to the agencies concerned.

Voting

Article 18

1. Each member of the General Assembly shall have one vote.

2. Decisions of the General Assembly on important questions shall be made by a two-thirds majority of the members present and voting. These questions shall include: recommendations with respect to the maintenance of international peace and security, the election of the non-permanent members of the Security Council, the election of the members of the Economic and Social Council, the election of members of the Trusteeship Council in accordance with paragraph 1(c) of Article 86, the admission of new Members to the United Nations, the suspension of the rights and privileges of membership, the expulsion of Members, questions relating to the operation of the trusteeship system, and budgetary questions.

3. Decisions on other questions, including the determination of additional categories of questions to be decided by a two-thirds majority, shall be made by a majority of the members present and voting.

Article 19

A Member of the United Nations which is in arrears in the payment of its financial contributions to the Organization shall have no vote in the General Assembly if the amount of its arrears equals or exceeds the amount of the contributions due from it for the preceding two full years. The General Assembly may, nevertheless, permit such a Member to vote if it is satisfied that the failure to pay is due to conditions beyond the control of the Member.

Procedure

Article 20

The General Assembly shall meet in regular annual sessions and in such special sessions as occasion may require. Special sessions shall be convoked by the Secretary-General at the request of the Security Council or of a majority of the Members of the United Nations.

Article 21

The General Assembly shall adopt its own rules of procedure. It shall elect its President for each session.

Article 22

The General Assembly may establish such subsidiary organs as it deems necessary for the performance of its functions.

CHAPTER V
THE SECURITY COUNCIL

Composition

Article 23

1. The Security Council shall consist of eleven Members of the United Nations. The Republic of China, France, the Union of Soviet Socialist Republics, the United Kingdom of Great Britain and Northern Ireland, and the United States of America shall be permanent members of the Security Council. The General Assembly shall elect six other Members of the United Nations to be non-permanent members of the Security Council, due regard being specially paid, in the first instance to the contribution of Members of the United Nations to the maintenance of international peace and security and to the other purposes of the Organization, and also to equitable geographical distribution.
2. The non-permanent members of the Security Council shall be elected for a term of two years. In the first election of the non-permanent members, however, three shall be chosen for a term of one year. A retiring member shall not be eligible for immediate re-election.
3. Each member of the Security Council shall have one representative.

Functions and Powers

Article 24

1. In order to ensure prompt and effective action by the United Nations, its Members confer on the Security Council primary responsi-

bility for the maintenance of international peace and security, and agree that in carrying out its duties under this responsibility the Security Council acts on their behalf.
2. In discharging these duties the Security Council shall act in accordance with the Purposes and Principles of the United Nations. The specific powers granted to the Security Council for the discharge of these duties are laid down in Chapters VI, VII, VIII, and XII.
3. The Security Council shall submit annual and, when necessary, special reports to the General Assembly for its consideration.

Article 25
The Members of the United Nations agree to accept and carry out the decisions of the Security Council in accordance with the present Charter.

Article 26
In order to promote the establishment and maintenance of international peace and security with the least diversion for armaments of the world's human and economic resources, the Security Council shall be responsible for formulating, with the assistance of the Military Staff Committee referred to in Article 47, plans to be submitted to the Members of the United Nations for the establishment of a system for the regulation of armaments.

Voting

Article 27
1. Each member of the Security Council shall have one vote.
2. Decisions of the Security Council on procedural matters shall be made by an affirmative vote of seven members.

3. Decisions of the Security Council on all other matters shall be made by an affirmative vote of seven members including the concurring votes of the permanent members; provided that, in decisions under Chapter VI, and under paragraph 3 of Article 52, a party to a dispute shall abstain from voting.

Procedure

Article 28

1. The Security Council shall be so organized as to be able to function continuously. Each member of the Security Council shall for this purpose be represented at all times at the seat of the Organization.
2. The Security Council shall hold periodic meetings at which each of its members may, if itso desires, be represented by a member of the government or by some other specially designated representative.
3. The Security Council may hold meetings at such places other than the seat of the Organization as in its judgment will best facilitate its work.

Article 29

The Security Council may establish such subsidiary organs as it deems necessary for the performance of its functions.

Article 30

The Security Council shall adopt its own rules of procedure, including the method of selecting its President.

Article 31

Any Member of the United Nations which is not a member of the Security Council may participate, without vote, in the discussion of any question brought before the Security Council whenever the latter considers that the interests of that Member are specially affected.

Article 32

Any Member of the United Nations which is not a member of the Security Council or any state which is not a Member of the United Nations, if it is a party to a dispute under consideration by the Security Council, shall be invited to participate, without vote, in the discussion relating to the dispute. The Security Council shall lay down such conditions as it deems just for the participation, of a state which is not a Member of the United Nations.

CHAPTER VI
PACIFIC SETTLEMENT OF DISPUTES

Article 33

1. The parties to any dispute, the continuance of which is likely to endanger the maintenance of international peace and security, shall, first of all, seek a solution by negotiation, enquiry, mediation, conciliation, arbitration, judicial settlement, resort to regional agencies or arrangements, or other peaceful means of their own choice.
2. The Security Council shall, when it deems necessary, call upon the parties to settle their dispute by such means.

Article 34

The Security Council may investigate any dispute, or any situation which might lead to international friction or give rise to a dispute, in order to determine whether the continuance of the dispute or situation is likely to endanger the maintenance of international peace and security.

Article 35

1. Any Member of the United Nations may bring any dispute, or any situation of the nature referred to in Article 34, to the attention of the Security Council or of the General Assembly.

2. A state which is not a Member of the United Nations may bring to the attention of the Security Council or of the General Assembly any dispute to which it is a party if it accepts in advance, for the purposes of the dispute, the obligations of pacific settlement provided in the present Charter.

3. The proceedings of the General Assembly in respect of matters brought to its attention under this Article will be subject to the provisions of Articles 11 and 12.

Article 36

1. The Security Council may, at any stage of a dispute of the nature referred to in Article 33 or of a situation of like nature, recommend appropriate procedures or methods of adjustment.

2. The Security Council should take into consideration any procedures for the settlement of the dispute which have already been adopted by the parties.

3. In making recommendations under this Article the Security Council should also take into consideration that legal disputes should as a general rule be referred by the parties to the International Court of Justice in accordance with the provisions of the Statute of the Court.

Article 37

1. Should the parties to a dispute of the nature referred to in Article 33 fail to settle it by the means indicated in that Article, they shall

refer it to the Security Council.

2. If the Security Council deems that the continuance of the dispute is in fact likely to endanger the maintenance of international peace and security, it shall decide whether to take action under Article 36 or to recommend such terms of settlement as it may consider appropriate.

Article 38

Without prejudice to the provisions of Articles 33 to 37, the Security Council may, if all the parties to any dispute so request, make recommendations to the parties with a view to a pacific settlement of the dispute.

CHAPTER VII

ACTION WITH RESPECT TO THREATS TO THE PEACE, BREACHES OF THE PEACE, AND ACTS OF AGGRESSION

Article 39

The Security Council shall determine the existence of any threat to the peace, breach of the peace, or act of aggression and shall make recommendations, or decide what measures shall be taken in accordance with Articles 41 and 42, to maintain or restore international peace and security.

Article 40

In order to prevent an aggravation of the situation, the Security Council may, before making the recommendations or deciding upon the measures provided for in Article 39, call upon the parties concerned to comply with such provisional measures as it deems necessary or desirable. Such provisional measures shall be without prejudice to the rights, claims, or position of the parties concerned. The Security Council shall duly take account of failure to comply with such provisional measures.

Article 41

The Security Council may decide what measures not involving the use of armed force are to be employed to give effect to its decisions, and it may call upon the Members of the United Nations to apply such measures. These may include complete or partial interruption of economic relations and of rail, sea, air, postal, telegraphic, radio, and other means of communication, and the severance of diplomatic relations.

Article 42

Should the Security Council consider that measures provided for in Article 41 would be inadequate or have proved to be inadequate, it may take such action by air, sea, or land forces as may be necessary to maintain or restore international peace and security. Such action may include demonstrations, blockade, and other operations by air, sea, or land forces of Members of the United Nations.

Article 43

1. All Members of the United Nations, in order to contribute to the maintenance of international peace and security, undertake to make available to the Security Council, on its call and in accordance with a special agreement or agreements, armed forces, assistance, and facilities, including rights of passage, necessary for the purpose of maintaining international peace and security.

2. Such agreement or agreements shall govern the numbers and types of forces, their degree of readiness and general location, and the nature of the facilities and assistance to be provided.
3. The agreement or agreements shall be negotiated as soon as possible on the initiative of the Security Council. They shall be concluded between the Security Council and Members or between the Security Council and groups of Members and shall be subject to ratification by the signatory states in accordance with their respective constitutional processes.

Article 44

When the Security Council has decided to use force it shall, before calling upon a Member not represented on it to provide armed forces in fulfilhnent of the obligations assumed under Article 43, invite that Member, if the Member so desires, to participate in the decisions of the Security Council concerning the employment of contingents of that Member's armed forces.

Article 45

In order to enable the United Nations to take urgent military measures, Members shall hold immediately available national air-force contingents for combined international enforcement action. The strength and degree of readiness of these contingents and plans for their combined action shall be determined, within the limits laid down in the special agreement or agreements referred to in Article 43, by the Security Council with the assistance of the Military Staff Committee.

Article 46

Plans for the application of armed force shall be made by the Security

Council with the assistance of the Military Staff Committee.

Article 47

1. There shall be established a Military Staff Committee to advise and assist the Security Council on all questions relating to the Security Council's military requirements for the maintenance of international peace and security, the employment and command of forces placed at its disposal, the regulation of armaments, and possible disarmament.

2. The Military Staff Committee shall consist of the Chiefs of Staff of the permanent members of the Security Council or their representatives. Any Member of the United Nations not permanently represented on the Committee shall be invited by the Committee to be associated with it when the efficient discharge of the Committee's responsibilities requires the participation of that Member in its work.

3. The Military Staff Committee shall be responsible under the Security Council for the strategic direction of any armed forces placed at the disposal of the Security Council. Questions relating to the command of such forces shall be worked out subsequently.

4. The Military Staff Committee, with the authorization of the Security Council and after consultation with appropriate regional agencies, may establish regional subcommittees.

Article 48

1. The action required to carry out the decisions of the Security Council for the maintenance of international peace and security shall be taken by all the Members of the United Nations or by some of them, as the Security Council may determine.

2. Such decisions shall be carried out by the Members of the United

Nations directly and through their action in the appropriate international agencies of which they are members.

Article 49

The Members of the United Nations shall join in affording mutual assistance in carrying out the measures decided upon by the Security Council.

Article 50

If preventive or enforcement measures against any state are taken by the Security Council, any other state, whether a Member of the United Nations or not, which finds itself confronted with special economic problems arising from the carrying out of those measures shall have the right to consult the Security Council with regard to a solution of those problems.

Article 51

Nothing in the present Charter shall impair the inherent right of individual or collective self-defense if an armed attack occurs against a Member of the United Nations, until the Security Council has taken the measures necessary to maintain international peace and security. Measures taken by Members in the exercise of this right of selfdefense shall be immediately reported to the Security Council and shall not in any way affect the authority and responsibility of the Security Council under the present Charter to take at any time such action as it deems necessary in order to maintain or restore international peace and security.

CHAPTER VIII
REGIONAL ARRANGEMENTS

Article 52

1. Nothing in the present Charter precludes the existence of regional arrangements or agencies for dealing with such matters relating to the maintenance of international peace and security as are appropriate for regional action, provided that such arrangements or agencies and their activities are consistent with the Purposes and Principles of the United Nations.
2. The Members of the United Nations entering into such arrangements or constituting such agencies shall make every effort to achieve pacific settlement of local disputes through such regional arrangements or by such regional agencies before referring them to the Security Council.
3. The Security Council shall encourage the development of pacific settlement of local disputes through such regional arrangements or by such regional agencies either on the initiative of the states concerned or by reference from the Security Council.
4. This Article in no way impairs the application of. Articles 34 and 35.

Article 53

1. The Security Council shall, where appropriate, utilize such regional arrangements or agencies for enforcement action under its authority. But no enforcement action shall be taken under regional arrangements or by regional agencies without the authorization of the Security Council * with the exception of measures against any enemy state, as defined in paragraph 2 of this Article, provided for pursuant

to Article 107 or in regional arrangements directed against renewal of aggressive policy on the part of any such state, until such time as the Organization may, on request of the Governments concerned, be charged with the responsibility for preventing further aggression by such a state.

2. The term enemy state as used in paragraph 1 of this Article applies to any state which during the Second World War has been an enemy of any signatory of the present Charter.

Article 54

The Security Council shall at all times be kept fully informed of activities undertaken or in contemplation under regional arrangements or by regional agencies for the maintenance of international peace and security.

CHAPTER IX
INTERNATIONAL ECONOMIC AND SOCIAL COOPERATION

Article 55

With a view to the creation of conditions of stability and well-being which are necessary for peaceful and friendly relations among nations based on respect for the principle of equal rights and self-determination of peoples, the United Nations shall promote:

a. higher standards of living, full employment, and conditions of economic and social progress and development;

b. solutions of international economic, social, health, and related problems; and international cultural and educational cooperation; and c. universal respect for, and observance of, human rights and fundamental freedoms for all without distinction as to race, sex, language, or religion.

Article 56

All Members pledge themselves to take joint and separate action in cooperation with the Organization for the achievement of the purposes set forth in Article 55.

Article 57

1. The various specialized agencies, established by intergovernmental agreement and having wide international responsibilities, as defined in their basic instruments, in economic, social, cultural, educational, health, and related fields, shall be brought into relationship with the United Nations in accordance with the provisions of Article 63.

2. Such agencies thus brought into relationship with the United Nations are hereinafter referred to as specialized agencies.

Article 58

The Organization shall make recommendations for the coordination of the policies and activities of the specialized agencies.

Article 59

The Organization shall, where appropriate, initiate negotiations among the states concerned for the creation of any new specialized agencies required for the accomplishment of the purposes set forth in Article 55.

Article 60

Responsibility for the discharge of the functions of the Organization set forth in this Chapter shall be vested in the General Assembly and, under the authority of the General Assembly, in the Economic and Social Council, which shall have for this purpose the powers set forth in Chapter X.

CHAPTER X
THE ECONOMIC AND SOCIAL COUNCIL

Composition

Article 61

1. The Economic and Social Council shall consist of eighteen Members of the United Nations elected by the General Assembly.
2. Subject to the provisions of paragraph 3, six members of the Economic and Social Council shall be elected each year for a term of three years. A retiring member shall be eligible for immediate re-election.
3. At the first election, eighteen members of the Economic and Social Council shall be chosen. The term of office of six members so chosen shall expire at the end of one year, and of six other members at the end of two years, in accordance with arrangements made by the General Assembly.
4. Each member of the Economic and Social Council shall have one representative.

Functions and Powers

Article 62

1. The Economic and Social Council may make or initiate studies and reports with respect to international economic, social, cultural, educational, health, and related matters and may make recommendations with respect to any such matters to the General Assembly, to

the Members of the United Nations, and to the specialized agencies concerned.

2. It may make recommendations for the purpose of promoting respect for, and observance of, human rights and fundamental freedoms for all.

3. It may prepare draft conventions for submission to the General Assembly, with respect to matters falling within its competence.

4. It may call, in accordance with the rules prescribed by the United Nations, international conferences on matters falling within its competence.

Article 63

1. The Economic and Social Council may enter into agreements with any of the agencies referred to in Article 57, defining the terms on which the agency concerned shall be brought into relationship with the United Nations. Such agreements shall be subject to approval by the General Assembly.

2. It may coordinate the activities of the specialized agencies through consultation with and recommendations to such agencies and through recommendations to the General Assembly and to the Members of the United Nations.

Article 64

1. The Economic and Social Council may take appropriate steps to obtain regular reports from the specialized agencies. It may make arrangements with the Members of the United Nations and with the specialized agencies to obtain reports on the steps taken to give effect to its own recommendations and to recommendations on matters falling within its competence made by the General Assembly.

2. It may communicate its observations on these reports to the General Assembly.

Article 65

The Economic and Social Council may furnish information to the Security Council and shall assist the Security Council upon its request.

Article 66

1. The Economic and Social Council shall perform such functions as fall within its competence in connection with the carrying out of the recommendations of the General Assembly.

2. It may, with the approval of the General Assembly, perform services at the request of Members of the United Nations and at the request of specialized agencies.

3. It shall perform such other functions as are specified elsewhere in the present Charter or as may be assigned to it by the General Assembly.

Voting

Article 67

1. Each member of the Economic and Social Council shall have one vote.

2. Decisions of the Economic and Social Council shall be made by a majority of the members present and voting.

Procedure

Article 68

The Economic and Social Council shall set up commissions in economic and social fields and for the promotion of human rights, and such other commissions as may be required for the performance of its functions.

Article 69

The Economic and Social Council shall invite any Member of the United Nations to participate, without vote, in its deliberations on any matter of particular concern to that Member.

Article 70

The Economic and Social Council may make arrangements for representatives of the specialized agencies to participate, without vote, in its deliberations and in those of the commissions established by it, and for its representatives to participate in the deliberations of the specialized agencies.

Article 71

The Economic and Social Council may make suitable arrangements for consultation with nongovernmental organizations which are concerned with matters within its competence. Such arrangements may be made with international organizations and, where appropriate, with national organizations after consultation with the Member of the United Nations concerned.

Article 72

1. The Economic and Social Council shall adopt its own rules of procedure, ncluding the method of selecting its President.
2. The Economic and Social Council shall meet as required in accordance with its rules, which shall include provision for the convening of meetings on the request of a majority of its members.

CHAPTER XI

DECLARATION REGARDING NON-SELF-GOVERNING TERRITORIES

Article 73

Members of the United Nations which have or assume responsibilities for the administration of territories whose peoples have not yet attained a full measure of self-government recognize the principle that the interests of the inhabitants of these territories are paramount, and accept as a sacred trust the obligation to promote to the utmost, within the system of international peace and security established by the present Charter, the well-being of the inhabitants of these territories, and, to this end:

a. to ensure, with due respect for the culture of the peoples concerned, their political, economic, social, and educational advancement, their just treatment, and their protection against abuses;

b. to develop self-government, to take due account of the political aspirations of the peoples, and to assist them in the progressive development of their free political institutions, according to the particular circumstances of each territory and its peoples and their varying stages of advancement;

c. to further international peace and security;

d. to promote constructive measures of development, to encourage research, and to cooperate with one another and, when and where appropriate, with specialized international bodies with a view to the practical achievement of the social, economic, and scientific purposes set forth in this Article; and

e. to transmit regularly to the Secretary-General for information purposes, subject to such limitation as security and constitutional considerations may require, statistical and other information of a technical nature relating to economic, social, and educational conditions in the territories for which they are respectively responsible other than those territories to which Chapters XII and XIII apply.

Article 74

Members of the United Nations also agree that their policy in respect of the territories to which this Chapter applies, no less than in respect of their metropolitan areas, must be based on the general principle of good-neighborliness, due account being taken of the interests and well-being of the rest of the world, in social, economic, and commercial matters.

CHAPTER XII
INTERNATIONAL TRUSTEESHIP SYSTEM

Article 75

The United Nations shall establish under its authority an international trusteeship system for the administration and supervision of such territories as may be placed thereunder by subsequent individual agreements. These territories are hereinafter referred to as trust territories.

Article 76

The basic objectives of the trusteeship system, in accordance with the Purposes of the United Nations laid down in Article 1 of the present Charter, shall be:

a. to further international peace and security;

b. to promote the political, economic, social, and educational advancement of the inhabitants of the trust territories, and their progressive development towards self-government or independence as may be appropriate to the particular circumstances of each territory and its peoples and the freely expressed wishes of the peoples concerned, and as may be provided by the terms of each trusteeship agreement;

c. to encourage respect for human rights and for fundamental freedoms for all without distinction as to race, sex, language, or religion, and to encourage recognition of the interdependence of the peoples of the world; and

d. to ensure equal treatment in social, economic, and commercial matters for all Members of the United Nations and their nationals, and also equal treatment for the latter in the administration of justice, without prejudice to the attainment of the foregoing objectives and subject to the provisions of Article 80.

Article 77

1. The trusteeship system shall apply to such territories in the following categories as may be placed thereunder by means of trusteeship agreements:

a. territories now held under mandate;

b. territories which may be detached from enemy states as a result of the Second World War; and

c. territories voluntarily placed under the system by states responsible for their administration.

2. It will be a matter for subsequent agreement as to which territories in the foregoing categories will be brought under the trusteeship system and upon what terms.

Article 78

The trusteeship system shall not apply to territories which have become Members of the United Nations, relationship among which shall be based on respect for the principle of sovereign equality.

Article 79

The terms of trusteeship for each territory to be placed under the trusteeship system, including any alteration or amendment, shall be agreed upon by the states directly concerned, including the mandatory power in the case of territories held under mandate by a Member of the United Nations, and shall be approved as provided for in Articles 83 and 85.

Article 80

1. Except as may be agreed upon in individual trusteeship agreements, made under Articles 77, 79, and 81, placing each territory under the trusteeship system, and until such agreements have been concluded, nothing in this Chapter shall be construed in or of itself to alter in any manner the rights whatsoever of any states or any peoples or the terms of existing international instruments to which Members of the United Nations may respectively be parties.

2. Paragraph 1 of this Article shall not be interpreted as giving grounds for delay or postponement of the negotiation and conclusion of agreements for placing mandated and other territories under the trusteeship system as provided for in Article 77.

Article 81

The trusteeship agreement shall in each case include the terms under which the trust territory will be administered and designate the authority which will exercise the administration of the trust territory. Such authority, hereinafter called the administering authority, may be one or more states or the Organization itself.

Article 82

There may be designated, in any trusteeship agreement, a strategic area or areas which may include part or all of the trust territory to which the agreement applies, without prejudice to any special agreement or agreements made under Article 43.

Article 83

1. All functions of the United Nations relating to strategic areas, including the approval of the terms of the trusteeship agreements and of their alteration or amendment, shall be exercised by the Security Council.

2. The basic objectives set forth in Article 76 shall be applicable to the people of each strategic area.

3. The Security Council shall, subject to the provisions of the trusteeship agreements and without prejudice to security considerations, avail itself of the assistance of the Trusteeship Council to perform those functions of the United Nations under the trusteeship system relating to political, economic, social, and educational matters in the strategic areas.

Article 84

It shall be the duty of the administering authority to ensure that the trust territory shall play its part in the maintenance of international peace and security. To this end the administering authority may make use of volunteer forces, facilities, and assistance from the trust territory in carrying out the obligations towards the Security Council undertaken in this regard by the administering authority, as well as for local defense and the maintenance of law and order within the trust territory.

Article 85

1. The functions of the United Nations with regard to trusteeship agreements for all areas not designated as strategic, including the approval of the terms of the trusteeship agreements and of their alteration or amendment, shall be exercised by the General Assembly.

2. The Trusteeship Council, operating under the authority of the General Assembly, shall assist the General Assembly in carrying out these functions.

CHAPTER XIII
THE TRUSTEESHIP COUNCIL

Composition

Article 86

1. The Trusteeship Council shall consist of the following Members of the United Nations:

a. those Members administering trust territories;

b. such of those Members mentioned by name in Article 23 as are not administering trust territories; and

c. as many other Members elected for three-year terms by the General Assembly as may be necessary to ensure that the total number of members of the Trusteeship Council is equally divided between those Members of the United Nations which administer trust territories and those which do not.

2. Each member of the Trusteeship Council shall designate one specially qualified person to represent it therein.

Functions and Powers

Article 87

The General Assembly and, under its authority, the Trusteeship Council, in carrying out their functions, may:

a. consider reports submitted by the administering authority;

b. accept petitions and examine them in consultation with the administering authority;

c. provide for periodic visits to the respective trust territories at times agreed upon with the administering authority; and d. take these and other actions in conformity with the terms of the trusteeship agreements.

Article 88

The Trusteeship Council shall formulate a questionnaire on the political, economic, social, and educational advancement of the inhabitants of each trust territory, and the administering authority for each trust territory within the competence of the General Assembly shall make an annual report to the General Assembly upon the basis of such questionnaire.

Voting

Article 89

1. Each member of the Trusteeship Council shall have one vote.
2. Decisions of the Trusteeship Council shall be made by a majority of the members present and voting.

Procedure

Article 90

1. The Trusteeship Council shall adopt its own rules of procedure, including the method of selecting its President.

2. The Trusteeship Council shall meet as required in accordance with its rules, which shall include provision for the convening of meetings on the request of a majority of its members.

Article 91

The Trusteeship Council shall, when appropriate, avail itself of the assistance of the Economic and Social Council and of the specialized agencies in regard to matters with which they are respectively concerned.

CHAPTER XIV

THE INTERNATIONAL COURT OF JUSTICE

Article 92

The International Court of Justice shall be the principal judicial organ of the United Nations. It shall function in accordance with the annexed Statute, which is based upon the Statute of the Permanent Court of International Justice and forms an integral part of the present Charter.

Article 93

1. All Members of the United Nations are ipso facto parties to the Statute of the International Court of Justice.

2. A state which is not a Member of the United Nations may become a party to the Statute of the International Court of Justice on condi-

tions to be determined in each case by the General Assembly upon the recommendation of the Security Council.

Article 94

1. Each Member of the United Nations undertakes to comply with the decision of the International Court of Justice in any case to which it is a party.

2. If any party to a case fails to perform the obligations incumbent upon it under a judgment rendered by the Court, the other party may have recourse to the Security Council, which may, if it deems necessary, make recommendations or decide upon measures to be taken to give effect to the judgment.

Article 95

Nothing in the present Charter shall prevent Members of the United Nations from entrusting the solution of their differences to other tribunals by virtue of agreements already in existence or which may be concluded in the future.

Article 96

1. The General Assembly or the Security Council may request the International Court of Justice to give an advisory opinion on any legal question.

2. Other organs of the United Nations and specialized agencies, which may at any time be so authorized by the General Assembly, may also request advisory opinions of the Court on legal questions arising within the scope of their activities.

CHAPTER XV
THE SECRETARIAT

Article 97

The Secretariat shall comprise a Secretary-General and such staff as the Organization may require. The Secretary-General shall be appointed by the General Assembly upon the recommendation of the Security Council. He shall be the chief administrative officer of the Organization.

Article 98

The Secretary-General shall act in that capacity in all meetings of the General Assembly, of the Security Council, of the Economic and Social Council, and of the Trusteeship Council, and shall perform such other functions as are entrusted to him by these organs. The Secretary-General shall make an annual report to the General Assembly on the work of the Organization.

Article 99

The Secretary-General may bring to the attention of the Security Council any matter which in his opinion may threaten the maintenance of international peace and security.

Article 100

1. In the performance of their duties the Secretary-General and the staff shall not seek or receive instructions from any government or from any other authority external to the Organization. They shall refrain from any action which might reflect on their position as interna-

tional officials responsible only to the Organization.
2. Each Member of the United Nations undertakes to respect the exclusively international character of the responsibilities of the Secretary-General and the staff and not to seek to influence them in the discharge of their responsibilities.

Article 101
1. The staff shall be appointed by the Secretary-General under regulations established by the General Assembly.
2. Appropriate staffs shall be permanently assigned to the Economic and Social Council, the Trusteeship Council, and, as required, to other organs of the United Nations. These staffs shall form a part of the Secretariat.
3. The paramount consideration in the employment of the staff and in the determination of the conditions of service shall be the necessity of securing the highest standards of efficiency, competence, and integrity. Due regard shall be paid to the importance of recruiting the staff on as wide a geographical basis as possible.

CHAPTER XVI
MISCELLANEOUS PROVISIONS

Article 102
1. Every treaty and every international agreement entered into by any Member of the United Nations after the present Charter comes into force shall as soon as possible be registered with the Secretariat and published by it.
2. No party to any such treaty or international agreement which has not been registered in accordance with the provisions of paragraph 1

of this Article may invoke that treaty or agreement before any organ of the United Nations.

Article 103

In the event of a conflict between the obligations of the Members of the United Nations under the present Charter and their obligations under any other international agreement, their obligations under the present Charter shall prevail.

Article 104

The Organization shall enjoy in the territory of each of its Members such legal capacity as may be necessary for the exercise of its functions and the fulfillment of its purposes.

Article 105

1. The Organization shall enjoy in the territory of each of its Members such privileges and immunities as are necessary for the fulfillment of its purposes.
2. Representatives of the Members of the United Nations and officials of the Organization shall similarly enjoy such privileges and immunities as are necessary for the independent exercise of their functions in connection with the Organization.
3. The General Assembly may make recommendations with a view to determining the details of the application of paragraphs 1 and 2 of this Airticle or may propose conventions to the Members of the United Nations for this purpose.

CHAPTER XVH
TRANSITIONAL SECURITY ARRANGEMENTS

Article 106

Pending the coming into force of such special agreements referred to in Article 43 as in the opinion of the Security Council enable it to begin the exercise of its responsibilities under Article 42，the parties to the Four-Nation Declaration，signed at Moscow，October 30，1943，and France，shall，in accordance with the provisions of paragraph 5 of that Declaration，consult with one another and as occasion requires with other Members of the United Nations with a view to such joint action on behalf of the Organization as may be necessary for the purpose of maintaining international peace and security.

Article 107

Nothing in the present Charter shall invalidate or preclude action，in relation to any state which during the Second World War has been an enemy of any signatory to the present Charter，taken or authorized as a result of that war by the Governments having responsibility for such action.

CHAPTER XVIII
AMENDMENTS

Article 108

Amendments to the present Charter shall come into force for all Members of the United Nations when they have been adopted by a vote of two thirds of the members of the General Assembly and ratified in accordance with their respective constitutional processes by two thirds of the Members of the United Nations, including all the permanent members of the Security Council.

Article 109

1. A General Conference of the Members of the United Nations for the purpose of reviewing the present Charter may be held at a date and place to be fixed by a two-thirds vote of the members of the General Assembly and by a vote of any seven members of the Security Council. Each Member of the United Nations shall have one vote in the conference.

2. Any alteration of the present Charter recommended by a two-thirds vote of the conference shall take effect when ratified in accordance with their respective constitutional processes by two thirds of the Members of the United Nations including all the permanent members of the Security Council.

3. If such a conference has not been held before the tenth annual session of the General Assembly following the coming into force of the present Charter, the proposal to call such a conference shall be placed on the agenda of that session of the General Assembly, and the conference shall be held if so decided by a majority vote of the members of the General Assembly and by a vote of any seven members of the Security Council.

CHAPTER XIX
RATIFICATION AND SIGNATURE

Article 110

1. The present Charter shall be ratified by the signatory states in accordance with their respective constitutional processes.

2. The ratifications shall be deposited with the Government of the

United States of America, which shall notify all the signatory states of each deposit as well as the Secretary-General of the Organization when he has been appointed.

3. The present Charter shall come into force upon the deposit of ratifications by the Republic of China, France, the Union of Soviet Socialist Republics, the United Kingdom of Great Britain and Northern Ireland, and the United States of America, and by a majority of the other signatory states. A protocol of the ratifications deposited shall thereupon be drawn up by the Government of the United States of America which shall communicate copies thereof to all the signatory states.

4. The states signatory to the present Charter which ratify it after it has come into force will become original Members of the United Nations on the date of the deposit of their respective ratifications.

Article 111

The present Charter, of which the Chinese, French, Russian, English, and Spanish texts are equally authentic, shall remain deposited in the archives of the Government of the United States of America. Duly certified copies thereof shall be transmitted by that Government to the Governments of the other signatory states.

IN FAITH WHEREOF the representatives of the Governments of the United Nations have signed the present Charter.

DONE at the city of San Francisco the twentysixth day of June, one thousand nine hundred and forty-five.

附录 B　1967 年《外空条约》中英文版本

关于各国探索和利用外层空间包括月球与其他天体活动所应遵守原则的条约①

本条约各缔约国，受到由于人类进入外层空间而在人类面前展现的伟大前景的鼓舞，承认为和平目的而探索和利用外层空间所取得的进展关系到全人类共同的利益，相信外层空间的探索和利用应造福于各国人民，不论他们的经济或科学发展的程度如何，愿意在为和平目的而探索和利用外层空间的科学以及法律方面的广泛国际合作做出贡献，相信这种合作将有助于促进各国和各国人民之间的相互谅解并加强他们之间的友好关系，回顾联合国大会 1963 年 12 月 13 日一致通过的题为“关于各国探索和利用外层空间活动的法律原则宣言”的第 1962（XVIII）号决议，回顾联合国大会 1963 年 10 月 17 日一致通过的第 1881（XVIII）号决议，要求各国不要将任何载有核武器或任何其他种类大规模毁灭性武器的物体放置在环绕地球的轨道上，也不要在天体上装置这种武器，考虑到联合国大会 1947 年 11 月 3 日第 110（II）号决议，谴责旨在或可能煽动或鼓励任何威胁和平、破坏和平或侵略行为的宣传，并认为上述决议也适用于外层空间，深信缔结关于各国探索和利用外层空间包括月球与

---

① 《关于各国探索和利用外层空间包括月球与其他天体活动所应遵守原则的条约》［联合国大会第 2222（XXI）号决议，附件］——1966 年 12 月 19 日通过，1967 年 1 月 27 日开放供签署，1967 年 10 月 10 日生效。参见联合国外层空间事务厅（外空委秘书处）网站 www.oosa.unvienna.org。

其他天体活动所应遵守原则的条约，将促进联合国宪章的宗旨和原则，议定条款如下：

第一条

探索和利用外层空间，包括月球与其他天体在内，应本着为所有国家谋福利与利益的精神，不论其经济或科学发展的程度如何，这种探索和利用应是全人类的事情。外层空间，包括月球与其他天体在内，应由各国在平等基础上并按国际法自由探索和利用，不得有任何歧视，天体的所有地区均得自由进入。对外层空间，包括月球与其他天体在内，应有科学调查的自由，各国应在这类调查方面便利并鼓励国际合作。

第二条

外层空间，包括月球与其他天体在内，不得由国家通过提出主权主张，通过使用或占领，或以任何其他方法，据为己有。

第三条

本条约各缔约国探索和利用外层空间，包括月球与其他天体在内的活动，应按照国际法，包括联合国宪章，并为了维护国际和平与安全及增进国际合作与谅解而进行。

第四条

本条约各缔约国承诺不在环绕地球的轨道上放置任何载有核武器或任何其他种类大规模毁灭性武器的物体，不在天体上装置这种武器，也不以任何其他方式在外层空间设置这种武器。

本条约所有缔约国应专为和平目的使用月球和其他天体。禁止在天体上建立军事基地、军事设施和工事，试验任何类型的武器和进行军事演习。不禁止为了科学研究或任何其他和平目的而使用军事人员。为和平探索月球与其他天体所必需的任何装置或设备，也不在禁止之列。

第五条

本条约各缔约国应把航天员视为人类在外层空间的使者，航天员如遇意外事故、危难或在另一缔约国领土上或公海上紧急降落时，应给予他们一切可能的协助。航天员降落后，应将他们安全和迅速地送回航天器的登记国。

在外层空间及天体上进行活动时，任一缔约国的航天员应给予其他缔约国的航天员一切可能的协助。

本条约各缔约国如发现在包括月球与其他天体在内的外层空间有对航天员的生命或健康可能构成危险的任何现象，应立即通知本条约其他缔约国或联合国秘书长。

第六条

本条约各缔约国对本国在外层空间，包括月球与其他天体在内的活动应负国际责任，不论这类活动是由政府机构或是由非政府团体进行的。它并应负国际责任保证本国的活动符合本条约的规定。非政府团体在外层空间，包括月球与其他天体在内的活动，应经本条约有关缔约国批准并受其不断的监督。一个国际组织在外层空间，包括月球与其他天体在内进行活动时，遵守本条约的责任应由该国际组织和参加该国际组织的本条约各缔约国共同承担。

第七条

凡发射或促使发射物体进入外层空间，包括月球与其他天体在内的缔约国，以及以其领土或设备供发射物体用的缔约国，对于这种物体或其组成部分在地球上、在大气空间或在外层空间，包括月球与其他天体在内，使另一缔约国或其自然人或法人遭受损害时，应负国际责任。

第八条

凡本条约缔约国为射入外层空间物体的登记国者，对于该物体及其所载人员，当其在外层空间或在某一天体上时，应保有管辖权和控制权。向外层空间发射的物体，包括在某一天体上着陆或建筑的物体及其组成部分的所有权，不因其在外层空间或在某一天体上或因其返回地球而受影响。这类物体或组成部分如果在其所登记的缔约国境外发现，应交还该缔约国，如经请求，该缔约国应在交还前提供认证资料。

第九条

本条约各缔约国探索和利用外层空间，包括月球与其他天体在内，应以合作和互助的原则为指导，其在外层空间，包括月球与其他天体在内进行的各种活动，应充分注意本条约所有其他缔约国的相应利益。本条约各缔约国对外层空间，包括月球与其他天体在内进行的研究和探索，应避免使它们受到有害污染以及将地球外物质带入而使地球环境发生不利变化，并应在必要时为此目的采取适当措施。如果本条约某一缔约国有理由认为，该国或其国民在外层空间，包括月球与其他天体在内计划进行的活动或实验可能对其他缔约国和平探索和利用外层空间，包括月球与其他天体在内的活动产生有害干扰时，则该缔约国在开始进行任何这种活动或实验之前，应进行适当的国际磋商。如果本条约某一缔约国有理由认为，另一缔约国在外层空间，包括月球与其他天体在内计划进行的活动或实验，可能对和平探索和利用外层空间，包括月球与其他天体在内的活动产生有害干扰时，则该缔约国可请求就该活动或实验进行磋商。

第十条

为了按照本条约的宗旨促进在探索和利用外层空间，包括月球与其他天体在内的国际合作，本条约各缔约国应在平等基础上，考虑本条约其他缔约国就提供机会对其发射的外层空间物体的飞行进行观察所提出的任何要求。这种观察机会的性质和提供这种机会的条件，应由有关国家议定。

第十一条

为了促进在和平探索和利用外层空间方面的国际合作，在外层空间，包括月球与其他天体在内进行活动的本条约各缔约国同意，在最大可能和实际可行的范围内，将这类活动的性质、进行情况、地点和结果通知联合国秘书长，并通告公众和国际科学界。联合国秘书长在接到上述情报后，应准备立即作有效传播。

第十二条

在月球与其他天体上的一切站所、设施、装备和航天器，应在对等的基础上对本条约其他缔约国的代表开放。这些代表应将所计划的参观，在合理的时间内提前通知，以便进行适当的磋商和采取最大限度的预防措施，以保证安全并避免干扰所要参观的设备的正常运行。

第十三条

本条约的规定应适用于本条约各缔约国探索和利用外层空间，包括月球与其他天体在内的活动，不论这类活动是由某一缔约国单独进行还是与其他国家联合进行，包括在国际政府间组织的范围内进行的活动在内。

国际政府间组织在进行探索和利用外层空间，包括月球与其他天体在内的活动时所产生的任何实际问题，应由本条约各缔约国与有关国际组织或与该国际组织内本条约一个或一个以上的缔约国成员解决。

第十四条

1. 本条约应开放供所有国家签署。未在本条约按照本条第三款生效之前签署的任何国家，得随时加入本条约。

2. 本条约须经签署国批准。批准书和加入书应交苏维埃社会主义共和国联盟、大不列颠及北爱尔兰联合王国和美利坚合众国三国政府保存，该三国政府经指定为保存国政府。

3. 本条约应自包括经指定为本条约保存国政府的三国政府在内的五国政府交存批准书起生效。

4. 对于在本条约生效后交存批准书或加入书的国家，本条约应自其批准书或加入书交存之日起生效。

5. 保存国政府应将每一签字的日期、本条约每份批准书和加入书的交存日期和本条约生效日期以及其他通知事项，迅速告知所有签署国和加入国。

6. 本条约应由保存国政府遵照联合国宪章第一百零二条办理登记。

第十五条

本条约任何缔约国得对本条约提出修正案。修正案应自本条约多数缔约国接受之日起，对接受修正案的各缔约国生效，其后，对其余各缔约国则应自其接受之日起生效。

第十六条

本条约任何缔约国得在条约生效一年后用书面通知保存国政府退出本条约。这种退出应自接到通知一年后生效。

第十七条

本条约的中文、英文、法文、西班牙文和俄文五种文本具有同等效力；本条约应保存在保存国政府的档案库内。本条约经正式核证的副本应由保存国政府分送签署国和加入国政府。

下列签署人，经正式授权，在本条约上签字，以资证明。

一九六七年一月二十七日订于伦敦、莫斯科和华盛顿，一式三份。

Treaty on Principles Governing the Activities of States in the Exploration and Use of Outer Space, Including the Moon and Other Celestial Bodies

The States Parties to this Treaty,

Inspired by the great prospects opening up before mankind as a result of man's entry into outer space,

Recognizing the common interest of all mankind in the progress of the exploration and use of outer space for peaceful purposes,

Believing that the exploration and use of outer space should be carried on for the benefit of all peoples irrespective of the degree of their economic or scientific development,

Desiring to contribute to broad international cooperation in the scientific as well as the legal aspects of the exploration and use of outer space for peaceful purposes,

Believing that such cooperation will contribute to the development of mutual understanding and to the strengthening of friendly relations between States and peoples,

Recalling resolution 1962 (XVIII), entitled "Declaration of Legal Principles Governing the Activities of States in the Exploration and Use of Outer Space", which was adopted unanimously by the United Nations General Assembly on 13 December 1963,

Recalling resolution 1884 (XVIII), calling upon States to refrain from placing in orbit around the Earth any objects carrying nuclear weapons or any other kinds of weapons of mass destruction or from installing such weapons on celestial bodies, which was adopted unanimously by the United Nations General Assembly on 17 October 1963,

Taking account of United Nations General Assembly resolution 110 (II) of 3 November 1947, which condemned propaganda designed or likely to provoke or encourage any threat to the peace, breach of the peace or act of aggression, and considering that the aforementioned resolution is applicable to outer space,

Convinced that a Treaty on Principles Governing the Activities of States in the Exploration and Use of Outer Space, including the Moon and Other Celestial Bodies, will further the purposes and principles of the Charter of the United Nations,

Have agreed on the following:

Article I

The exploration and use of outer space, including the Moon and other celestial bodies, shall be carried out for the benefit and in the interests of all countries, irrespective of their degree of economic or scientific development, and shall be the province of all mankind. Outer space, including the Moon and other celestial bodies, shall be free for exploration and use by all States without discrimination of any kind, on a basis of equality and in accordance with international law, and there shall be free access to all areas of celestial bodies. There shall be freedom of scientific investigation in outer space, including the Moon and other celestial bodies, and States shall facilitate and encourage international cooperation in such investigation.

Article II

Outer space, including the Moon and other celestial bodies, is not subject to national appropriation by claim of sovereignty, by means of use or occupation, or by any other means.

Article III

States Parties to the Treaty shall carry on activities in the exploration and use of outer space, including the Moon and other celestial bodies, in accordance with international law, including the Charter of the United Nations, in the interest of maintaining international peace and security and promoting international cooperation and understanding.

Article IV

States Parties to the Treaty undertake not to place in orbit around the Earth any objects carrying nuclear weapons or any other kinds of weapons of mass destruction, install such weapons on celestial bodies, or station such weapons in outer space in any other manner.

The Moon and other celestial bodies shall be used by all States Parties to the Treaty exclusively for peaceful purposes. The establishment of military bases, installations and fortifications, the testing of any type of weapons and the conduct of military maneuvers on celestial bodies shall be forbidden. The use of military personnel for scientific research or for any other peaceful purposes shall not be prohibited. The use of any equipment or facility necessary for peaceful exploration of the Moon and other celestial bodies shall also not be prohibited.

Article V

States Parties to the Treaty shall regard astronauts as envoys of mankind in outer space and shall render to them all possible assistance in the event of accident, distress, or emergency landing on the territory of another State Party or on the high seas. When astronauts make such a landing, they shall be safely and promptly returned to the State of registry of their space vehicle. In carrying on activities in outer space and on celestial bodies, the astronauts of one State Party shall render all possible assistance to the astronauts of other States Parties. States Parties to the Treaty shall immediately inform the other States Parties to the Treaty or the Secretary-General of the United Nations of any phenomena they discover in outer space, including the Moon and other celestial bodies, which could constitute a danger to the life or health of astronauts.

Article VI

States Parties to the Treaty shall bear international responsibility for national activities in outer space, including the Moon and other celestial bodies, whether such activities are carried on by governmental agencies or by non-governmental entities, and for assuring that national activities are carried out in conformity with the provisions set forth in the present Treaty. The activities of non-governmental entities in outer space, including the Moon and other celestial bodies, shall require authorization and continuing supervision by the appropriate State Party to the Treaty. When activities are carried on in outer space, including the Moon and other celestial bodies, by an international organization, responsibility for compliance with this Treaty shall be borne both by the international organization and by the States Parties to the Treaty participating in such organization.

Article VII

Each State Party to the Treaty that launches or procures the launching of an object into outer space, including the Moon and other celestial bodies, and each State Party from whose territory or facility an object is launched, is internationally liable for damage to another State Party to the Treaty or to its natural or juridical persons by such object or its component parts on the Earth, in air space or in outer space, including the Moon and other celestial bodies.

Article VIII

A State Party to the Treaty on whose registry an object launched into outer space is carried shall retain jurisdiction and control over such object, and over any personnel thereof, while in outer space or on a celestial body. Ownership of objects launched into outer space, including objects landed or constructed on a celestial body, and of their component parts, is not affected by their presence in outer space or on a celestial body or by their return to the Earth. Such objects or component parts found beyond the limits of the State Party to the Treaty on whose registry they are carried shall be returned to that State Party, which shall, upon request, furnish identifying data prior to their return.

Article IX

In the exploration and use of outer space, including the Moon and other celestial bodies, States Parties to the Treaty shall be guided by the principle of cooperation and mutual assistance and shall conduct all their activities in outer space, including the Moon and other celestial bodies, with due regard to the corresponding interests of all other States Parties to the Treaty. States Parties to the Treaty shall pursue studies of outer space, including the Moon and other celestial bodies, and conduct exploration of them so as to avoid their harmful contamination and also adverse changes in the environment of the Earth resulting from the introduction of extraterrestrial matter and, where necessary, shall adopt appropriate measures for this purpose. If a State Party to the Treaty has reason to believe that an activity or experiment planned by it or its nationals in outer space, including the Moon and other celestial bodies, would cause potentially harmful interference with activities of other States Parties in the peaceful exploration and use of outer space, including the Moon and other celestial bodies, it shall undertake appropriate international consultations before proceeding with any such activity or experiment. A State Party to the Treaty which has reason to believe that an activity or experiment planned by another State Party in outer space, including the Moon and other celestial bodies, would cause potentially harmful interference with activities in the peaceful exploration and use of outer space, including the Moon and other celestial bodies, may request consultation concerning the activity or experiment.

Article X

In order to promote international cooperation in the exploration and use of outer space, including the Moon and other celestial bodies, in conformity with the purposes of this Treaty, the States Parties to the Treaty shall consider on a basis of equality any requests by other States Parties to the Treaty to be afforded an opportunity to observe the flight of space objects launched by those States. The nature of such an opportunity for observation and the conditions under which it could be afforded shall be determined by agreement between the States concerned.

Article XI

In order to promote international cooperation in the peaceful exploration and use of outer space, States Parties to the Treaty conducting activities in outer space, including the Moon and other celestial bodies, agree to inform the Secretary-General of the United Nations as well as the public and the international scientific community, to the greatest extent feasible and practicable, of the nature, conduct, locations and results of such activities. On receiving the said information, the Secretary-General of the United Nations should be prepared to disseminate it immediately and effectively.

Article XII

All stations, installations, equipment and space vehicles on the Moon and other celestial bodies shall be open to representatives of other States Parties to the Treaty on a basis of reciprocity. Such representatives shall give reasonable advance notice of a projected visit, in order that appropriate consultations may be held and that maximum precautions may be taken to assure safety and to avoid interference with normal operations in the facility to be visited.

Article XIII

The provisions of this Treaty shall apply to the activities of States

Parties to the Treaty in the exploration and use of outer space, including the Moon and other celestial bodies, whether such activities are carried on by a single State Party to the Treaty or jointly with other States, including cases where they are carried on within the framework of international intergovernmental organizations. Any practical questions arising in connection with activities carried on by international intergovernmental organizations in the exploration and use of outer space, including the Moon and other celestial bodies, shall be resolved by the States Parties to the Treaty either with the appropriate international organization or with one or more States members of that international organization, which are Parties to this Treaty.

Article XIV

1. This Treaty shall be open to all States for signature. Any State which does not sign this Treaty before its entry into force in accordance with paragraph of this article may accede to it at any time.
2. This Treaty shall be subject to ratification by signatory States. Instruments of ratification and instruments of accession shall be deposited with the Governments of the Union of Soviet Socialist Republics, the United Kingdom of Great Britain and Northern Ireland and the United States of America, which are hereby designated the Depositary Governments.
3. This Treaty shall enter into force upon the deposit of instruments of ratification by five Governments including the Governments designated as Depositary Governments under this Treaty.
4. For States whose instruments of ratification or accession are deposited subsequent to the entry into force of this Treaty, it shall enter into force on the date of the deposit of their instruments of ratification or accession.

5. The Depositary Governments shall promptly inform all signatory and acceding States of the date of each signature, the date of deposit of each instrument of ratification of and accession to this Treaty, the date of its entry into force and other notices.
6. This Treaty shall be registered by the Depositary Governments pursuant to Article 102 of the Charter of the United Nations.

Article XV

Any State Party to the Treaty may propose amendments to this Treaty. Amendments shall enter into force for each State Party to the Treaty accepting the amendments upon their acceptance by a majority of the States Parties to the Treaty and thereafter for each remaining State Party to the Treaty on the date of acceptance by it.

Article XVI

Any State Party to the Treaty may give notice of its withdrawal from the Treaty one year after its entry into force by written notification to the Depositary Governments. Such withdrawal shall take effect one year from the date of receipt of this notification.

Article XVII

This Treaty, of which the Chinese, English, French, Russian and Spanish texts are equally authentic, shall be deposited in the archives of the Depositary Governments. Duly certified copies of this Treaty shall be transmitted by the Depositary Governments to the Governments of the signatory and acceding States.

IN WITNESS WHEREOF the undersigned, duly authorized, have signed this Treaty.

DONE in triplicate, at the cities of London, Moscow and Washington, D. C.,
The twenty-seventh day of January, one thousand nine hundred and sixty-seven.

附录C 1968年《营救协定》中英文版本

关于营救宇宙航行员、送回宇宙航行员和归还发射到外层空间的物体的协定①

各缔约国，

注意到关于各国探索和利用外层空间包括月球与其他天体活动所应遵守原则的条约②的重要意义，该条约呼吁全力营救发生意外、遇难或紧急降落的宇宙航行员，完全迅速地交还宇宙航行员和归还发射到外层空间的物体。

希望发扬承担这种义务的精神，进一步使承担的义务具体化。

希望在和平探索和利用外层空间方面，促进国际合作。

遵循人道的感情。

兹议定条款如下：

第1条

每个缔约国获悉或发现宇宙飞船人员在其管辖的区域、在公海、在不属任何国家管辖的其他任何地方，发生意外，处于灾难状态，进行紧急或非预定的降落时，要立即：

(a) 通知发射当局；在不能判明发射当局或不能立即将此情况通

---

① 《关于营救宇宙航行员、送回宇宙航行员和归还发射到外层空间的物体的协定》（联合国大会第2345（XXII）号决议，附件）——1967年12月19日通过，1968年4月22日开放供签署，1968年12月3日生效。参见联合国外层空间事务厅（外空委秘书处）官方网站www.oosa.unvienna.org。

② 即1967年《外空条约》，参见《海洋法公约》附件三第3条，本书附录A。

知发射当局的情况下，要立即用它所拥有的一切适用的通信手段，公开通报这个情况；

(b) 通知联合国秘书长，他要立即动用他所拥有的一切适用的通信手段，传播这个消息。

第2条

宇宙飞船人员如因意外事故、遇难和紧急的或非预定的降落，降落在任一缔约国管辖的区域内，该国应立即采取一切可能的措施营救飞船人员并给他们一切必要的帮助。该国应把它所采取的措施和所取得的结果，通知发射当局和联合国秘书长。如果发射当局的帮助能保证迅速营救，或在很大程度上有助于有效的寻找和营救工作，发射当局应与该缔约国合作，以便有效地实施寻找和营救工作。这项工作将在缔约国的领导和监督下，缔约国与发射当局密切磋商进行。

第3条

如获悉或发现宇宙飞船人员在公海或在不属任何国家管辖的其他任何地方降落，必要时凡力所能及的缔约国，均应协助寻找和营救这些人员。保证他们迅速得救。缔约国得将其所采取的措施和所取得的结果通知发射当局和联合国秘书长。

第4条

宇宙飞船人员如因意外事故、遇难和紧急的或非预定的降落，在任一缔约国管辖的区域内着陆，或在公海、不属于任何国家管辖的其他任何地方被发现，他们的安全应予以保证并立即交还给发射当局的代表。

第5条

1. 每个缔约国获悉或发现空间物体或其组成部分返回地球，并落在它所管辖的区域内、公海、或不属任何国家管辖的其他任何地方时，应通知发射当局和联合国秘书长。

2. 每个缔约国若在它管辖的区域内发现空间物体或其组成部分时，应根据发射当局的要求，并如有请求，在该当局的协助下，采取它认为是切实可行的措施，来保护该空间物体或其组成部分。

3. 射入外层空间的物体或其组成部分若在发射当局管辖的区域外发现，应在发射当局的要求下归还给该发射当局的代表，或交给这些代表支配。如经请求，这些代表应在物体或其组成部分归还前，提出证明资料。

4. 尽管本条第二款和第三款有规定，但如果缔约国有理由认为在其管辖的区域内出现的或在其他地方保护着的空间物体或其组成部分，就其性质来说，是危险的和有害的时候，则可通知发射当局在该缔约国的领导和监督下，立即采取有效措施，消除可能造成危害的危险。

5. 按照本条第二款和第三款的规定，履行保护和归还空间物体或其组成部分义务所花费的费用，应由发射当局支付。

第 6 条

就本公约的宗旨而言，“发射当局”是指对发射负责的国家，或是指对发射负责的国际政府间组织，但要以该组织声明承担本公约规定的权利和义务，而其大多数成员系本公约和关于各国探索和利用外层空间（包括月球和其他天体）的活动原则条约的缔约国。

第 7 条

1. 本公约准许一切国家签字。在本公约根据本条第三款生效前，未在本公约上签字的任何国家随时可加入本公约。

2. 本公约须经签字国批准。批准书和加入文件应送交苏维埃社会主义共和国联盟、大不列颠及北爱尔兰联合王国和美利坚合众国政府存放，为此指定这三国政府为交存国政府。

3. 本公约在五国政府，包括本公约交存国政府在内，交存批准书后生效。

4. 对于在本公约生效后，交存批准书或加入文件的国家，本公约应于其交存批准书或加入文件之日起生效。

5. 交存国政府应将每次签字日期、每次批准书及加入文件交存日期、本公约生效日期及其他事项，立即通知所有签字国和加入国。

6. 本公约应由交存国政府根据联合国宪章第一百零二条予以登记。

第8条

本公约的任何缔约国均可对本公约提出修正。对每个要接受这些修正的缔约国来说，修正案在多数缔约国通过后，即可生效；其后，对其余每个加入国来说，修正案应于其接受之日起生效。

第9条

任何缔约国在公约生效一年后，都可书面通知交存国政府，退出公约。退出公约应从接到通知之日起一年后生效。

第10条

本公约的中文、英文、法文、俄文及西班牙文文本均具有同等效力，均交交存国政府存档。交存国政府应把经签字的本公约之副本送交各签字国和加入国政府。

为此，下列全权代表在本公约上签字，以昭信守。

一九六八年四月二十二日订于伦敦、莫斯科和华盛顿，一式三份。

Agreement on the Rescue of Astronauts, the Return of Astronauts and the Return of Objects Launched into Outer Space

The Contracting Parties,

Noting the great importance of the Treaty on Principles Governing the Activities of States in the Exploration and Use of Outer Space, including the Moon and Other Celestial Bodies, 1 which calls for the rendering of all possible assistance to astronauts in the event of accident, distress or emergency landing, the prompt and safe return of astronauts, and the return of objects launched into outer space,

Desiring to develop and give further concrete expression to these duties,

Wishing to promote international cooperation in the peaceful exploration and use of outer space,

Prompted by sentiments of humanity,

Have agreed on the following:

Article 1

Each Contracting Party which receives information or discovers that the personnel of a spacecraft have suffered accident or are experiencing conditions of distress or have made an emergency or unintended landing in territory under its jurisdiction or on the high seas or in any other place not under the jurisdiction of any State shall immediately:

(a) Notify the launching authority or, if it cannot identify and immediately communicate with the launching authority, immediately make a public announcement by all appropriate means of communication at its disposal;

(b) Notify the Secretary-General of the United Nations, who should disseminate the information without delay by all appropriate means of communication at his disposal.

Article 2

If, owing to accident, distress, emergency or unintended landing, the personnel of a spacecraft land in territory under the jurisdiction of a Contracting Party, it shall immediately take all possible steps to rescue them and render them all necessary assistance. It shall inform the launching authority and also the Secretary-General of the United Nations of the steps it is taking and of their progress. If assistance by the launching authority would help to effect a prompt rescue or would contribute substantially to the effectiveness of search and rescue operations, the launching authority shall cooperate with the Contracting Party with a view to the effective conduct of search and rescue operations. Such operations shall be subject to the direction and control of the Contracting Party, which shall act in close and continuing consultation with the launching authority.

Article 3

If information is received or it is discovered that the personnel of a spacecraft have alighted on the high seas or in any other place not under the jurisdiction of any State, those Contracting Parties which are in a position to do so shall, if necessary, extend assistance in search and rescue operations for such personnel to assure their speedy rescue. They shall inform the launching authority and the Secretary-General of the United Nations of the steps they are taking and of their progress.

Article 4

If, owing to accident, distress, emergency or unintended landing, the personnel of a spacecraft land in territory under the jurisdiction of a Contracting Party or have been found on the high seas or in any other place not under the jurisdiction of any State, they shall be safely and promptly returned to representatives of the launching authority.

Article 5

1. Each Contracting Party which receives information or discovers that a space object or its component parts has returned to Earth in territory under its jurisdiction or on the high seas or in any other place not under the jurisdiction of any State, shall notify the launch-

ing authority and the Secretary-General of the United Nations.

2. Each Contracting Party having jurisdiction over the territory on which a space object or its component parts has been discovered shall, upon the request of the launching authority and with assistance from that authority if requested, take such steps as it finds practicable to recover the object or component parts.

3. Upon request of the launching authority, objects launched into outer space or their component parts found beyond the territorial limits of the launching authority shall be returned to or held at the disposal of representatives of the launching authority, which shall, upon request, furnish identifying data prior to their return.

4. Notwiths tan ding paragraphs 2 and 3 of this article, a Contracting Party which has reason to believe that a space object or its component parts discovered in territory under its jurisdiction, or recovered by it elsewhere, is of a hazardous or deleterious nature may so notify the launching authority, which shall immediately take effective steps, under the direction and control of the said Contracting Party, to eliminate possible danger of harm.

5. Expenses incurred in fulfilling obligations to recover and return a space object or its component parts under paragraphs 2 and 3 of this article shall be borne by the launching authority.

Article 6

For the purposes of this Agreement, the term "launching authority" shall refer to the State responsible for launching, or, where an international intergovernmental organization is responsible for launching, that organization, provided that that organization declares its acceptance of the rights and obligations provided for in this Agreement and a majority of the States members of that organization are Contracting

Parties to this Agreement and to the Treaty on Principles Governing the Activities of States in the Exploration and Use of Outer Space, including the Moon and Other Celestial Bodies.

Article 7

1. This Agreement shall be open to all States for signature. Any State which does not sign this Agreement before its entry into force in accordance with paragraph 3 of this article may accede to it at any time.
2. This Agreement shall be subject to ratification by signatory States. Instruments of ratification and instruments of accession shall be deposited with the Governments of the Union of Soviet Socialist Republics, the United Kingdom of Great Britain and Northern Ireland and the United States of America, which are hereby designated the Depositary Governments.
3. This Agreement shall enter into force upon the deposit of instruments of ratification by five Governments including the Governments designated as Depositary Governments under this Agreement.
4. For States whose instruments of ratification or accession are deposited subsequent to the entry into force of this Agreement, it shall enter into force on the date of the deposit of their instruments of ratification or accession.
5. The Depositary Governments shall promptly inform all signatory and acceding States of the date of each signature, the date of deposit of each instrument of ratification of and accession to this Agreement, the date of its entry into force and other notices.
6. This Agreement shall be registered by the Depositary Governments pursuant to Article 102 of the Charter of the United Nations.

Article 8

Any State Party to the Agreement may propose amendments to this Agreement. Amendments shall enter into force for each State Party to the Agreement accepting the amendments upon their acceptance by a majority of the States Parties to the Agreement and thereafter for each remaining State Party to the Agreement on the date of acceptance by it.

Article 9

Any State Party to the Agreement may give notice of its withdrawal from the Agreement one year after its entry into force by written notification to the Depositary Governments. Such withdrawal shall take effect one year from the date of receipt of this notification.

Article 10

This Agreement, of which the Chinese, English, French, Russian and Spanish texts are equally authentic, shall be deposited in the archives of the Depositary Governments. Duly certified copies of this Agreement shall be transmitted by the Depositary Governments to the Governments of the signatory and acceding States.

IN WITNESS WHEREOF the undersigned, duly authorized, have signed this Agreement.

DONE in triplicate, at the cities of London, Moscow and Washington, D. C., the twenty-second day of April, one thousand nine hundred and sixty-eight.

附录 D　1972 年《责任公约》中英文版本

空间物体所造成损害的国际责任公约[①]

本公约缔约国，

确认全人类共同关注，并促进和平探索和利用外层空间。

回顾了关于各国探索和利用外层空间包括月球与其他天体活动所应遵守原则的条约[②]。

考虑到从事发射空间物体的国家及国际政府间组织虽将采取种种预防性措施，但这些实体仍会偶然造成损害。

确认极需制定关于空间物体所造成损害的责任的有效国际规则与程序；特别要保证，对这种损害的受害人按本公约规定迅速给予充分公正的赔偿。

深信制定这些规则与程序，有助于加强和平探索和利用外层空间方面的国际合作。

兹议定条款如下：

第一条

就适用本公约而言：

(a)“损害”的概念，是指生命丧失，身体受伤或健康的其他损害；国家、自然人、法人的财产，或国际政府间组织的财产受损失

---

① 《空间物体所造成损害的国际责任公约》（联合国第 2777（XXVI）号决议，附件）——1971 年 11 月 29 日通过，1972 年 3 月 29 日开放供签署，1972 年 9 月 1 日生效。参见联合国外层空间事务厅（外空委秘书处）官方网站 www.oosa.unvienna.org。

② 即 1967 年《外空条约》，参见《海洋法公约》附件三第 3 条，本书附录 B。

或损害；

(b)“发射”包括发射未成功在内；

(c)“发射国”是指：

(1) 发射或促使发射空间物体的国家；

(2) 从其领土或设施发射空间物体的国家；

(d)“空间物体”，包括空间物体的组成部分、物体的运载工具和运载工具的部件。

第二条

发射国对其空间物体在地球表面，或给飞行中的飞机造成损害，应负有赔偿的绝对责任。

第三条

任一发射国的空间物体在地球表面以外的其他地方，对另一发射国的空间物体，或其所载人员或财产造成损害时，只有损害是因前者的过失或其负责人员的过失而造成的条件下，该国才对损害负有责任。

第四条

1. 任一发射国的空间物体在地球表面以外的其他地方，对另一发射国的空间物体，或其所载人员或财产造成损害，并因此对第三国，或第三国的自然人或法人造成损害时，前两国应在下述范围内共同和单独对第三国负责任：

(a) 若对第三国的地球表面或飞行中的飞机造成损害，前两国应对第三国负绝对责任；

(b) 若在地球表面以外的其他地方，对第三国的空间物体，或其所载人员或财产，造成损害，前两国对第三国所负的责任，要根据它们的过失，或所属负责人员的过失而定。

2. 在本条第一款所谈共同及单独承担责任的所有案件中，对损害的赔偿责任应按前两国过失的程度分摊；若前两国的过失程度无法断定，赔偿应由两国平均分摊。但分摊赔偿责任，不得妨碍第三国向共同及单独负有责任的发射国的任何一国或全体，索取根据本公约的规定应予偿付的全部赔偿的权利。

第五条

1. 两个或两个以上的国家共同发射空间物体时，对所造成的任何损害应共同及单独承担责任。

2. 发射国在赔偿损害后，有权向共同参加发射的其他国家要求补偿。参加共同发射的国家应缔结协定，据所负的共同及个别责任分摊财政义务。但这种协定，不得妨碍受害国向承担共同及个别责任的发射国的任何一国或全体，索取根据本公约的规定应予偿付的全部赔偿的权力。

3. 从其领土或设施上发射空间物体的国家，应视为参加共同发射的国家。

第六条

1. 除本条第二款另有规定外，发射国若证明，全部或部分是因为要求赔偿国，或其所代表的自然人或法人的重大疏忽，或因为它（他）采取行动或不采取行动蓄意造成损害时，该发射国对损害的绝对责任，应依证明的程度予以免除。

2. 发射国如果因为进行不符合国际法，特别是不符合联合国宪章及关于各国探索和利用外层空间包括月球与其他天体活动所应遵守原则的条约的活动而造成损害，其责任绝不能予以免除。

第七条

本公约之规定不适用于发射国的空间物体对下列人员所造成的损害：

(a) 该发射国的国民；

(b) 在空间物体从发射至降落的任何阶段内参加操作的、或在空间物体从发射至降落的任何阶段内，应发射国的邀请而留在紧接预定发射或回收区地带的外国国民。

第八条

1. 遭受损害的国家，或遭受损害的任一国家的自然人或法人，可向发射国提出赔偿损害的要求。

2. 若受害的自然人或法人的原籍国未提出赔偿要求，该自然人或法人的所在国可就其所受的损害，向发射国提出赔偿要求。

3. 若永久居民的原籍国或永久居民在其境内遭受损害的国家，均未提出赔偿要求，或均未通知有意提出赔偿要求，永久居民的居住国得就其所受的损害，向发射国提出赔偿要求。

第九条

赔偿损害的要求，应通过外交途径向发射国提出。要求赔偿国若与发射国无外交关系，可请另一国代其向发射国提出赔偿要求，或以其他方式代表其在本公约内的所有利益。要求赔偿国也可通过联合国秘书长提出赔偿要求，但要以要求赔偿国与发射国均系联合国会员国为条件。

第十条

1. 赔偿损害的要求，须于损害发生之日起，或判明应负责任的发射国之日起一年内向发射国提出。

2. 若不知损害业已发生的国家，或未能判明应负责任的发射国的国家，应于获悉上述事实之日起一年内，提出赔偿要求；若有理由认为，要求赔偿国由于关心留意，已知道了上述事实，提出要求赔偿的时间，从知道上述事实之日起，无论如何不得超过一年。

3. 本条第一款和第二款规定的时间限制，也适用于对损害的程度不完全了解的情况。在这种情况下，要求赔偿国有权从该时限期满起至全部了解损害程度后一年止，修订其要求，提出补充文件。

第十一条

1. 根据本公约向发射国提出赔偿损害要求，无须等到要求赔偿国，或其代表的自然人或法人可能有的一切当地补救办法用完后才提出。

2. 本公约不妨碍一国，或其可能代表的自然人或法人向发射国的法院、行政法庭或机关提出赔偿要求。若一国已在发射国的法院、行政法庭或机关提出了赔偿损害的要求，就不得根据本公约或其他对有关各国均有约束力的国际协定，为同一损害再提出赔偿要求。

第十二条

发射国根据本公约负责偿付的损害赔偿额，应按国际法、公正合理的原则来确定，以使对损害所作的赔偿，能保证提出赔偿要求的自然人或法人、国家或国际组织把损害恢复到未发生前的原有状态。

第十三条

除要求赔偿国与按本公约规定应进行赔偿的国家另就赔偿方式达成协议外，赔偿应付给要求赔偿国的货币；若该国请求时，以赔偿国的货币偿付。

第十四条

若在要求赔偿国通知发射国已提出赔偿要求文件之日起一年内，赔偿要求据第九条规定，通过外交谈判仍未获得解决，有关各方应于任一方提出请求时，成立要求赔偿委员会。

第十五条

1. 要求赔偿委员会应由三人组成：一人由要求赔偿国指派，一人由发射国指派，第三人由双方共同选派，并担任主席。每一方应于请求成立要求赔偿委员会之日起两个月内指派出其人员。

2. 若选派主席未能于请求成立委员会之日起四个月内达成协议，任一方得请联合国秘书长另于两个月内指派。

第十六条

1. 若一方未于规定的期限内指派出其人员，主席应根据另一方的要求，组成仅有一个委员的要求赔偿委员会。

2. 不管委员会由于什么原因，而出现委员空缺时，委员会应按原定的指派程序进行补派。

3. 委员会应自行决定它的程序。

4. 委员会应选定一个或数个开会的地点，并决定其他一切行政事项。

5. 除单一委员的委员会所作的决定和裁决外，委员会的一切决定和裁决均应以过半数的表决通过。

第十七条

要求赔偿委员会的委员人数，不得因有两个或两个以上的要求赔偿国或发射国共同参加委员会处理任一案件，而有所增加。共同参加的要求赔偿国，应按与一个要求赔偿国相同的方式和条件，共同指派一名委员会的委员。两个或两个以上的发射国参加时，应按同样的方式共同指派一名委员会的委员。要求赔偿国或发射国若未在规定期限内指派出人选，主席应组成单一委员的委员会。

第十八条

要求赔偿委员会应决定赔偿的要求是否成立，在需要赔偿的情况下，并确定应付赔偿的总额。

第十九条

1. 要求赔偿委员会应按第十二条的规定行事。

2. 若各方同意，委员会的决定应是最终的，并具有约束力；否则委员会应提出最终的建议性裁决，由各方认真加以考虑。委员会应提出其决定或裁决的理由。

3. 委员会应尽速作出决定或裁决，至迟也要在委员会成立之日起一年内作出，除非委员会认为有必要将此期限加以延长。

4. 委员会应公布其决定或裁决。委员会应将决定或裁决的正式副本送交各方和联合国秘书长。

第二十条

除非委员会另有规定，要求赔偿委员会的经费应由各方平等分担。

第二十一条

若空间物体所造成的损害严重地危及人的生命，或严重干扰人民的生命条件或重要中心的功能，各缔约国，特别是发射国，在受害国请求时应审查能否提供适当与迅速的援助。但本条规定不影响各缔约国按本公约的规定所具有的权利和义务。

第二十二条

1. 若任何从事空间活动的国际政府间组织声明接受本公约所规定的权利和义务，其一半成员系本公约及关于各国探索和利用外层空间包括月球与其他天体活动所应遵守原则的条约的缔约国，本公约，除第二十四条至第二十七条外，对所称国家的一切规定，完全适用于该组织。

2. 凡既是这种组织的成员国，又是本公约的缔约国的国家，应采取一切适当步骤，保证该组织按上款的规定发表声明。

3. 若国际政府间组织根据本公约的规定对损害负有责任，该组织及其成员国中的本公约缔约国，应承担共同及个别责任；但：

(a) 对这种损害的任何赔偿要求，应首先向该组织提出；

(b) 唯有在该组织于六个月内，未支付经协议或决定规定为赔偿损害而应付的款额时，要求赔偿国才得要求，该组织成员国中的本公约缔约国负责支付该款额。

4. 凡按本条第一款的规定发表了声明的组织，受到损害时，应由该组织内的本公约缔约国根据本公约的规定，提出赔偿要求。

第二十三条

1. 本公约的规定，对现行其他国际协定的缔约国之间的关系，不发生影响。

2. 本公约规定，不妨碍各国缔结国际协定，重申、补充或推广本公约各条款。

第二十四条

1. 本公约应开放供一切国家签字。在本公约根据本条第三款生效之前，没有在本公约上签字的任何国家可随时加入本公约。

2. 本公约应由签字国批准，批准书和加入文件应送交苏维埃社会主义共和国联盟、大不列颠及北爱尔兰联合王国和美利坚合众国政府存放，为此指定这三国政府为交存国政府。

3. 本公约应于第五个批准书交存时生效。

4. 对于在本公约生效生，交存批准书或加入文件的国家，本公约应于其交存批准书或加入文件之日起生效。

5. 交存国政府应将每次签字日期、每次批准书及加入文件交存日期、本公约生效日期及其他事项，迅速通知所有签字国和加入国。

6. 本公约应由交存国政府遵照联合国宪章第一百零二条予以登记。

第二十五条

本公约的任何缔约国均可对本公约提出修正。对每个缔约国来说，每项修正在多数缔约国通过后即可生效，对以后每个加入国来说，修正应于其接受之日起生效。

第二十六条

本公约生效十年后应将审查本公约的问题列入联合国大会临时议程，以便参照公约过去的实施情况，审议是否须作修订。但公约在生效五年后的任何时期内，根据三分之一的公约缔约国的请求并经缔约国过半数同意，应召开本公约缔约国会议审查本公约。

第二十七条

本公约任何缔约国在公约生效一年后，都可书面通知交存国政府，退出公约。退出公约应从接到通知之日起一年后生效。

第二十八条

本公约的中文、英文、法文、俄文及西班牙文文本均具有同等效力，均交交存国政府存档。交存国政府应把经签字的本公约之副本送交各签字国和加入国政府。

为此，下列全权代表在本公约上签字，以昭信守。

一九七二年三月二十九日订于伦敦、莫斯科和华盛顿，一式三份。

Convention on International Liability for Damage Caused by Space Objects[①]

The States Parties to this Convention,

Recognizing the common interest of all mankind in furthering the exploration and use of outer space for peaceful purposes,

Recalling the Treaty on Principles Governing the Activities of States in the Exploration and Use of Outer Space, including the Moon and Other Celestial Bodies,

Taking into consideration that, notwithstanding the precautionary measures to be taken by States and international intergovernmental organizations involved in the launching of space objects, damage may on occasion be caused by such objects,

Recognizing the need to elaborate effective international rules and procedures concerning liability for damage caused by space objects and to ensure, in particular, the prompt payment under the terms of this Convention of a full and equitable measure of compensation to victims of such damage,

Believing that the establishment of such rules and procedures will contribute to the strengthening of international cooperation in the field of the exploration and use of outer space for peaceful purposes,

Have agreed on the following:

Article I

For the purposes of this Convention:

---

① 资料来源：联合国外层空间事务厅（外空委秘书处）官方网站 www. oosa. unvienna. org。

(a) The term "damage" means loss of life, personal injury or other impairment of health; or loss of or damage to property of States or of persons, natural or juridical, or property of international intergovernmental organizations;
(b) The term "launching" includes attempted launching;
(c) The term "launching State" means:
(i) A State which launches or procures the launching of a space object;
(ii) A State from whose territory or facility a space object is launched;
(d) The term "space object" includes component parts of a space object as well as its launch vehicle and parts thereof.

Article II
A launching State shall be absolutely liable to pay compensation for damage caused by its space object on the surface of the Earth or to aircraft in flight.

Article III
In the event of damage being caused elsewhere than on the surface of the Earth to a space object of one launching State or to persons or property on board such a space object by a space object of another launching State, the latter shall be liable only if the damage is due to its fault or the fault of persons for whom it is responsible.
Article IV
1. In the event of damage being caused elsewhere than on the surface of the Earth to a space object of one launching State or to persons or property on board such a space object by a space object of another launching State, and of damage thereby being caused to a third State

or to its natural or juridical persons, the first two States shall be jointly and severally liable to the third State, to the extent indicated by the following:

(a) If the damage has been caused to the third State on the surface of the Earth or to aircraft in flight, their liability to the third State shall be absolute;

(b) If the damage has been caused to a space object of the third State or to persons or property on board that space object elsewhere than on the surface of the Earth, their liability to the third State shall be based on the fault of either of the first two States or on the fault of persons for whom either is responsible.

2. In all cases of joint and several liability referred to in paragraph 1 of this article, the burden of compensation for the damage shall be apportioned between the first two States in accordance with the extent to which they were at fault; if the extent of the fault of each of these States cannot be established, the burden of compensation shall be apportioned equally between them. Such apportionment shall be without prejudice to the right of the third State to seek the entire compensation due under this Convention from any or all of the launching States which are jointly and severally liable.

Article V

1. Whenever two or more States jointly launch a space object, they shall be jointly and severally liable for any damage caused.

2. A launching State which has paid compensation for damage shall have the right to present a claim for indemnification to other participants in the joint launching. The participants in a joint launching may conclude agreements regarding the apportioning among themselves of the financial obligation in respect of which they are jointly

and severally liable. Such agreements shall be without prejudice to the right of a State sustaining damage to seek the entire compensation due under this Convention from any or all of the launching States which are jointly and severally liable.

3. A State from whose territory or facility a space object is launched shall be regarded as a participant in a joint launching.

Article VI

1. Subject to the provisions of paragraph 2 of this article, exoneration from absolute liability shall be granted to the extent that a launching State establishes that the damage has resulted either wholly or partially from gross negligence or from an act or omission done with intent to cause damage on the part of a claimant State or of natural or juridical persons it represents.

2. No exoneration whatever shall be granted in cases where the damage has resulted from activities conducted by a launching State which are not in conformity with international law including, in particular, the Charter of the United Nations and the Treaty on Principles Governing the Activities of States in the Exploration and Use of Outer Space, including the Moon and Other Celestial Bodies.

Article VII

The provisions of this Convention shall not apply to damage caused by a space object of a launching State to:

(a) Nationals of that launching State;

(b) Foreign nationals during such time as they are participating in the operation of that space object from the time of its launching or at any stage thereafter until its descent, or during such time as they are in the immediate vicinity of a planned launching or recovery area as the result of an invitation by that launching State.

Article VIII

1. A State which suffers damage, or whose natural or juridical persons suffer damage, may present to a launching State a claim for compensation for such damage.
2. If the State of nationality has not presented a claim, another State may, in respect of damage sustained in its territory by any natural or juridical person, present a claim to a launching State.
3. If neither the State of nationality nor the State in whose territory the damage was sustained has presented a claim or notified its intention of presenting a claim, another State may, in respect of damage sustained by its permanent residents, present a claim to a launching State.

Article IX

A claim for compensation for damage shall be presented to a launching State through diplomatic channels. If a State does not maintain diplomatic relations with the launching State concerned, it may request another State to present its claim to that launching State or otherwise represent its interests under this Convention. It may also present its claim through the Secretary-General of the United Nations, provided the claimant State and the launching State are both Members of the United Nations.

Article X

1. A claim for compensation for damage may be presented to a launching State not later than one year following the date of the occurrence of the damage or the identification of the launching State

which is liable.

2. If, however, a State does not know of the occurrence of the damage or has not been able to identify the launching State which is liable, it may present a claim within one year following the date on which it learned of the aforementioned facts; however, this period shall in no event exceed one year following the date on which the State could reasonably be expected to have learned of the facts through the exercise of due diligence.

3. The time limits specified in paragraphs 1 and 2 of this article shall apply even if the full extent of the damage may not be known. In this event, however, the claimant State shall be entitled to revise the claim and submit additional documentation after the expiration of such time limits until one year after the full extent of the damage is known.

Article XI

1. Presentation of a claim to a launching State for compensation for damage under this Convention shall not require the prior exhaustion of any local remedies which may be available to a claimant State or to natural or juridical persons it represents.

2. Nothing in this Convention shall prevent a State, or natural or juridical persons it might represent, from pursuing a claim in the courts or administrative tribunals or agencies of a launching State. A State shall not, however, be entitled to present a claim under this Convention in respect of the same damage for which a claim is being pursued in the courts or administrative tribunals or agencies of a launching State or under another international agreement which is binding on the States concerned.

Article XII

The compensation which the launching State shall be liable to pay for damage under this Convention shall be determined in accordance with international law and the principles of justice and equity, in order to provide such reparation in respect of the damage as will restore the person, natural or juridical, State or international organization on whose behalf the claim is presented to the condition which would have existed if the damage had not occurred.

Article XIII

Unless the claimant State and the State from which compensation is due under this Convention agree on another form of compensation, the compensation shall be paid in the currency of the claimant State or, if that State so requests, in the currency of the State from which compensation is due.

Article XIV

If no settlement of a claim is arrived at through diplomatic negotiations as provided for in article IX, within one year from the date on which the claimant State notifies the launching State that it has submitted the documentation of its claim, the parties concerned shall establish a Claims Commission at the request of either party.

Article XV

1. The Claims Commission shall be composed of three members: one appointed by the claimant State, one appointed by the launching State and the third member, the Chairman, to be chosen by both parties jointly. Each party shall make its appointment within two months of the request for the establishment of the Claims Commis-

sion.

2. If no agreement is reached on the choice of the Chairman within four months of the request for the establishment of the Commission, either party may request the Secretary-General of the United Nations to appoint the Chairman within a further period of two months.

Article XVI

1. If one of the parties does not make its appointment within the stipulated period, the Chairman shall, at the request of the other party, constitute a single-member Claims Commission.

2. Any vacancy which may arise in the Commission for whatever reason shall be filled by the same procedure adopted for the original appointment.

3. The Commission shall determine its own procedure.

4. The Commission shall determine the place or places where it shall sit and all other administrative matters.

5. Except in the case of decisions and awards by a single-member Commission, all decisions and awards of the Commission shall be by majority vote.

Article XVII

No increase in the membership of the Claims Commission shall take place by reason of two or more claimant States or launching States being joined in any one proceeding before the Commission. The claimant States so joined shall collectively appoint one member of the Commission in the same manner and subject to the same conditions as would be the case for a single claimant State. When two or more launching States are so joined, they shall collectively appoint one member of the Commission in the same way. If the claimant States or the launching States do not make the appointment within the stipulated period, the Chairman shall constitute a single-member Commission.

Article XVIII

The Claims Commission shall decide the merits of the claim for compensation and determine the amount of compensation payable, if any.

Article XIX

1. The Claims Commission shall act in accordance with the provisions of article XII.
2. The decision of the Commission shall be final and binding if the parties have so agreed; otherwise the Commission shall render a final and recommendatory award, which the parties shall consider in good faith. The Commission shall state the reasons for its decision or award.
3. The Commission shall give its decision or award as promptly as possible and no later than one year from the date of its establishment, unless an extension of this period is found necessary by the Commission.
4. The Commission shall make its decision or award public. It shall deliver a certified copy of its decision or award to each of the parties and to the Secretary-General of the United Nations.

Article XX

The expenses in regard to the Claims Commission shall be borne equally by the parties, unless otherwise decided by the Commission.

Article XXI

If the damage caused by a space object presents a large-scale danger to human life or seriously interferes with the living conditions of the population or the functioning of vital centres, the States Parties, and in particular the launching State, shall examine the possibility of rendering appropriate and rapid assistance to the State which has suffered the damage, when it so requests. However, nothing in this article shall affect the rights or obligations of the States Parties under this Convention.

Article XXII

1. In this Convention, with the exception of articles XXIV to XXVII, references to States shall be deemed to apply to any international intergovernmental organization which conducts space activities if the organization declares its acceptance of the rights and obligations provided for in this Convention and if a majority of the States members of the organization are States Parties to this Convention and to the Treaty on Principles Governing the Activities of States in the Exploration and Use of Outer Space, including the Moon and Other Celestial Bodies.

2. States members of any such organization which are States Parties to this Convention shall take all appropriate steps to ensure that the organization makes a declaration in accordance with the preceding paragraph.

3. If an international intergovernmental organization is liable for damage by virtue of the provisions of this Convention, that organization and those of its members which are States Parties to this Convention shall be jointly and severally liable; provided, however, that:

(a) Any claim for compensation in respect of such damage shall be first presented to the organization;

(b) Only where the organization has not paid, within a period of six months, any sum agreed or determined to be due as compensation for such damage, may the claimant State invoke the liability of the members which are States Parties to this Convention for the payment of that sum.

4. Any claim, pursuant to the provisions of this Convention, for compensation in respect of damage caused to an organization which has made a declaration in accordance with paragraph 1 of this article shall be presented by a State member of the organization which is a State Party to this Convention.

Article XXIII

1. The provisions of this Convention shall not affect other international agreements in force insofar as relations between the States Parties to such agreements are concerned.

2. No provision of this Convention shall prevent States from concluding international agreements reaffirming, supplementing or extending its provisions.

Article XXIV

1. This Convention shall be open to all States for signature. Any State which does not sign this Convention before its entry into force in accordance with paragraph 3 of this article may accede to it at any time.

2. This Convention shall be subject to ratification by signatory States. Instruments of ratification and instruments of accession shall be deposited with the Governments of the Union of Soviet Socialist Republics, the United Kingdom of Great Britain and Northern Ire-

land and the United States of America, which are hereby designated the Depositary Governments.

3. This Convention shall enter into force on the deposit of the fifth instrument of ratification.

4. For States whose instruments of ratification or accession are deposited subsequent to the entry into force of this Convention, it shall enter into force on the date of the deposit of their instruments of ratification or accession.

5. The Depositary Governments shall promptly inform all signatory and acceding States of the date of each signature, the date of deposit of each instrument of ratification of and accession to this Convention, the date of its entry into force and other notices.

6. This Convention shall be registered by the Depositary Governments pursuant to Article 102 of the Charter of the United Nations.

Article XXV

Any State Party to this Convention may propose amendments to this Convention. Amendments shall enter into force for each State Party to the Convention accepting the amendments upon their acceptance by a majority of the States Parties to the Convention and thereafter for each remaining State Party to the Convention on the date of acceptance by it.

Article XXVI

Ten years after the entry into force of this Convention, the question of the review of this Convention shall be included in the provisional agenda of the United Nations General Assembly in order to consider, in the light of past application of the Convention, whether it requires revision. However, at any time after the Convention has been in force for five years, and at the request of one third of the States Parties to the Convention, and with the concurrence of the majority of the States Parties, a conference of the States Parties shall be convened to review this Convention.

Article XXVII

Any State Party to this Convention may give notice of its withdrawal from the Convention one year after its entry into force by written notification to the Depositary Governments. Such withdrawal shall take effect one year from the date of receipt of this notification.

Article XXVIII

This Convention, of which the Chinese, English, French, Russian and Spanish texts are equally authentic, shall be deposited in the archives of the Depositary Governments. Duly certified copies of this Convention shall be transmitted by the Depositary Governments to the Governments of the signatory and acceding States.

IN WITNESS WHEREOF the undersigned, duly authorized thereto, have signed this Convention.

DONE in triplicate, at the cities of London, Moscow and Washington, D. C.,

this twenty-ninth day of March, one thousand nine hundred and seventy-two.

附录E　1975年《登记公约》中英文版本

关于登记射入外层空间物体的公约①

本公约缔约各国，

承认全体人类为和平目的而促进探索及利用外层空间的共同利益，

回顾一九六七年一月二十七日的关于各国探索和利用包括月球和其他天体在内外层空间的活动所应遵守原则的条约②内曾确认各国对其本国在外层空间的活动应负国际责任，并提到射入外层空间的物体登记有案的国家，

又回顾一九六八年四月二十二日的营救宇宙飞行员、送回宇宙飞行员和归还发射到外层空间的物体的协定③规定，一个发射当局对于其射入外层空间而在发射当局领域界限之外发现的物体，经请求时，应在交还前提供证明的资料，

再回顾一九七二年三月二十九日的外空物体所造成损害的国际责任公约④确立了关于发射国家对其外空物体造成的损害所负责任

---

① 《关于登记射入外层空间物体的公约》（联合国第3235（XXIX）号决议，附件）——1974年11月12日通过，1975年1月14日开放供签署，1976年9月15日生效。参见联合国外层空间事务厅（外空委秘书处）官方网站www.oosa.unvienna.org。

② 即1967年《外空条约》，见《海洋法公约》，本书附录B。

③ 即1968年《营救协定》，见《关于执行1982年12月10日〈联合国海洋法公约〉第十一部分的协定》，本书附录C。

④ 即1972年《责任公约》，见《关于执行1982年12月10日〈联合国海洋法公约〉第十一部分的协定》，本书附录D。

的国际规则和程序，

盼望根据关于各国探索和利用外层空间包括月球与其他天体活动所应遵守原则的条约，拟订由发射国登记其射入外层空间物体的规定，

还盼望在强制的基础上设置一个由联合国秘书长保持的射入外层空间物体总登记册，

也盼望为缔约各国提供另外的方法和程序，借以帮助辨认外空物体，

相信一种强制性的登记射入外层空间物体的制度，将特别可以帮助辨认此等物体，并有助于管理探索和利用外层空间的国际法的施行和发展，

兹协议如下：

第一条

为了本公约的目的：

(a)“发射国”一词是指

(一) 一个发射或促使发射外空物体的国家；

(二) 一个从其领土上或设备发射外空物体的国家。

(b)“外空物体”一词包括一个外空物体的组成部分以及外空物体的发射载器及其零件。

(c)“登记国”一词是指一个依照第二条将外空物体登入其登记册的发射国。

第二条

1. 发射国在发射一个外空物体进入或越出地球轨道时，应以登入其所须保持的适当登记册的方式登记该外空物体。每一发射国应将其设置此种登记册情事通知联合国秘书长。

2. 任何此种外空物体有两个以上的发射国时，各该国应共同决定由其中的那一国依照本条第1款登记该外空物体，同时注意到关于各国探索和利用外层空间包括月球与其他天体活动所应遵守原则的条约第八条的规定，并且不妨碍各发射国间就外空物体

及外空物体上任何人员的管辖和控制问题所缔结的或日后缔结的适当协定。

3. 每一登记册的内容项目和保持登记册的条件应由有关的登记国决定。

第三条

1. 联合国秘书长应保持一份登记册，记录依照第四条所提供的情报。

2. 这份登记册所载情报应充分公开，听任查阅。

第四条

1. 每一登记国应在切实可行的范围内尽速向联合国秘书长供给有关登入其登记册的每一个外空物体的下列情报：

(a) 发射国或多数发射国的国名；

(b) 外空物体的适当标志或其登记号码；

(c) 发射的日期和地域或地点；

(d) 基本的轨道参数，包括：

(一) 交点周期，

(二) 倾斜角，

(三) 远地点，

(四) 近地点。

(e) 外空物体的一般功能。

2. 每一登记国得随时向联合国秘书长供给有关其登记册内所载外空物体的其他情报。

3. 每一登记国应在切实可行的最大限度内，尽速将其前曾提送情报的原在地球轨道内但现已不复在地球轨道内的外空物体通知联合国秘书长。

第五条

每当发射进入或越出地球轨道的外空物体具有第四条、第（1）款，(b) 项所述的标志或登记号码，或二者兼有时，登记国在依照第四条提送有关该外空物体的情报时应将此项事实通知秘书长。在此种情形下，联合国秘书长应将此项通知记入登记册。

第六条

本公约各项规定的施行如不能使一个缔约国辨认对该国或对其所辖任何自然人或法人造成损害、或可能具有危险性或毒性的外空物体时，其他缔约各国，特别包括拥有空间监视和跟踪设备的国家，应在可行的最大限度内响应该缔约国所提出或经由联合国秘书长代其提出，在公允和合理的条件下协助辨认该物体的请求。提出这种请求的缔约国应在可行的最大限度内提供关于引起这项请求的事件的时间、性质及情况等情报。给予这种协助的安排应由有关各方协议商定。

第七条

1. 除本公约第八条至第十二条［连第八条和第十二条在内］外，凡提及国家时，应视为适用于从事外空活动的任何政府间国际组织，但该组织须声明接受本公约规定的权利和义务，并且该组织的多数会员国须为本公约和关于各国探索和利用包括月球和其他天体在内外层空间的活动的原则的条约的缔约国。

2. 为本公约缔约国的任何这种国际组织的会员国，应采取一切适当步骤，保证该组织依照本条第一款规定发表声明。

第八条

1. 本公约应听由所有国家在纽约联合国总部签字。凡在本公约按照本条第3款生效以前尚未签字于本公约的任何国家得随时加入本公约。

2. 本公约应经各签字国批准。批准书和加入书应交存联合国秘书长。

3. 本公约应于向联合国秘书长交存第五件批准书时在已交存批准书的国家间发生效力。

4. 对于在本公约生效后交存批准书或加入书的国家，本公约应自其交存批准书或加入书之日起开始生效。

5. 秘书长应将每一签字日期、交存本公约的每一批准书和加入书日期、本公约生效日期和其他通知事项，迅速告知所有签字国和加入国。

第九条

本公约任何缔约国得对本公约提出修正案。修正案对于每一接受修正案的缔约国应在过半数缔约国接受该修正案时发生效力，嗣后对于其余每个缔约国应在该缔约国接受修正案之日发生效力。

第十条

本公约生效十年以后，应在联合国大会的临时议程内列入复核本公约的问题，以便按照公约过去施行情形，考虑其是否需要修订。但在本公约生效五年以后的任何时期，如经缔约各国三分之一的请求并征得多数缔约国的同意，应即召开缔约国会议复核本公约。此种复核应特别计及任何相关的技术发展情形，包括有关识别外空物体的技术发展情形。

第十一条

本公约任何缔约国得在本公约生效一年以后以书面通知联合国秘书长退出本公约。退出公约应自接获该通知之日起一年后发生效力。

第十二条

本公约原本应交存联合国秘书长，其阿拉伯文、中文、英文、法文、俄文及西班牙文本同样作准。秘书长应将本公约经证明的副本分送所有签字国和加入国。

为此，下列签字人，经各自政府正式授权，签字于本公约，以昭信守。本公约于一九七五年一月十四日在纽约听由各国签署。

Convention on Registration of Objects Launched into Outer Space[①]

The States Parties to this Convention,

Recognizing the common interest of all mankind in furthering the exploration and use of outer space for peaceful purposes,

Recalling that the Treaty on Principles Governing the Activities of States in the Exploration and Use of Outer Space, including the Moon and Other Celestial Bodies, of 27 January 1967 affirms that States shall bear international responsibility for their national activities in outer space and refers to the State on whose registry an object launched into outer space is carried,

Recalling also that the Agreement on the Rescue of Astronauts, the Return of Astronauts and the Return of Objects Launched into Outer Space1 of 22 April 1968 provides that a launching authority shall, upon request, furnish identifying data prior to the return of an object it has launched into outer space found beyond the territorial limits of the launching authority,

Recalling further that the Convention on International Liability for Damage Caused by Space Objects3 of 29 March 1972 establishes international rules and procedures concerning the liability of launching States for damage caused by their space objects,

Desiring, in the light of the Treaty on Principles Governing the Activities of States in the Exploration and Use of Outer Space, inclu-

---

① 资料来源：联合国外层空间事务厅（外空委秘书处）官方网站 www. oosa. unvienna. org。

ding the Moon and Other Celestial Bodies, to make provision for the national registration by launching States of space objects launched into outer space,

Desiring further that a central register of objects launched into outer space be established and maintained, on a mandatory basis, by the Secretary-General of the United Nations,

Desiring also to provide for States Parties additional means and procedures to assist in the identification of space objects,

Believing that a mandatory system of registering objects launched into outer space would, in particular, assist in their identification and would contribute to the application and development of international law governing the exploration and use of outer space,

Have agreed on the following:

Article I

For the purposes of this Convention:

(a) The term "launching State" means:

(i) A State which launches or procures the launching of a space object;

(ii) A State from whose territory or facility a space object is launched;

(b) The term "space object" includes component parts of a space object as well as its launch vehicle and parts thereof;

(c) The term "State of registry" means a launching State on whose registry a space object is carried in accordance with article II.

Article II

1. When a space object is launched into Earth orbit or beyond, the launching State shall register the space object by means of an entry in

an appropriate registry which it shall maintain. Each launching State shall inform the Secretary-General of the United Nations of the establishment of such a registry.

2. Where there are two or more launching States in respect of any such space object, they shall jointly determine which one of them shall register the object in accordance with paragraph 1 of this article, bearing in mind the provisions of article VIII of the Treaty on Principles Governing the Activities of States in the Exploration and Use of Outer Space, including the Moon and Other Celestial Bodies, and without prejudice to appropriate agreements concluded or to be concluded among the launching States on jurisdiction and control over the space object and over any personnel thereof.

3. The contents of each registry and the conditions under which it is maintained shall be determined by the State of registry concerned.

Article III

1. The Secretary-General of the United Nations shall maintain a Register in which the information furnished in accordance with article IV shall be recorded.

2. There shall be full and open access to the information in this Register.

Article IV

1. Each State of registry shall furnish to the Secretary-General of the United Nations, as soon as practicable, the following information concerning each space object carried on its registry:

(a) Name of launching State or States;

(b) An appropriate designator of the space object or its registration number;

(c) Date and territory or location of launch;

(d) Basic orbital parameters, including:

(i) Nodal period;

(ii) Inclination;

(iii) Apogee;

(iv) Perigee;

(e) General function of the space object.

2. Each State of registry may, from time to time, provide the Secretary-General of the United Nations with additional information concerning a space object carried on its registry.

3. Each State of registry shall notify the Secretary-General of the United Nations, to the greatest extent feasible and as soon as practicable, of space objects concerning which it has previously transmitted information, and which have been but no longer are in Earth orbit.

Article V

Whenever a space object launched into Earth orbit or beyond is marked with the designator or registration number referred to in article IV, paragraph 1 (b), or both, the State of registry shall notify the Secretary-General of this fact when submitting the information regarding the space object in accordance with article IV. In such case, the Secretary-General of the United Nations shall record this notification in the Register.

Article VI

Where the application of the provisions of this Convention has not enabled a State Party to identify a space object which has caused damage to it or to any of its natural or juridical persons, or which may be of a hazardous or deleterious nature, other States Parties, including in particular States possessing space monitoring and tracking facilities, shall respond to the greatest extent feasible to a request by that State Party, or transmitted through the Secretary-General on its behalf, for assistance under equitable and reasonable conditions in the identification of the object. A State Party making such a request shall, to the greatest extent feasible, submit information as to the time, nature and circumstances of the events giving rise to the request. Arrangements under which such assistance shall be rendered shall be the subject of agreement between the parties concerned.

Article VII

1. In this Convention, with the exception of articles VIII to XII inclusive, references to States shall be deemed to apply to any international inter-governmental organization which conducts space activities if the organization declares its acceptance of the rights and obligations provided for in this Convention and if a majority of the States members of the organization are States Parties to this Convention and to the Treaty on Principles Governing the Activities of States in the Exploration and Use of Outer Space, including the Moon and Other Celestial Bodies.

2. States members of any such organization which are States Parties to this Convention shall take all appropriate steps to ensure that the organization makes a declaration in accordance with paragraph 1 of this article.

Article VIII

1. This Convention shall be open for signature by all States at United Nations Headquarters in New York. Any State which does not sign this Convention before its entry into force in accordance with

paragraph 3 of this article may accede to it at any time.

2. This Convention shall be subject to ratification by signatory States. Instruments of ratification and instruments of accession shall be deposited with the Secretary-General of the United Nations.

3. This Convention shall enter into force among the States which have deposited instruments of ratification on the deposit of the fifth such instrument with the Secretary-General of the United Nations.

4. For States whose instruments of ratification or accession are deposited subsequent to the entry into force of this Convention, it shall enter into force on the date of the deposit of their instruments of ratification or accession.

5. The Secretary-General shall promptly inform all signatory and acceding States of the date of each signature, the date of deposit of each instrument of ratification of and accession to this Convention, the date of its entry into force and other notices.

Article IX

Any State Party to this Convention may propose amendments to the Convention. Amendments shall enter into force for each State Party to the Convention accepting the amendments upon their acceptance by a majority of the States Parties to the Convention and thereafter for each remaining State Party to the Convention on the date of acceptance by it.

Article X

Ten years after the entry into force of this Convention, the question of the review of the Convention shall be included in the provisional agenda of the United Nations General Assembly in order to consider, in the light of past application of the Convention, whether it requires revision. However, at any time after the Convention has been in force for five years, at the request of one third of the States Parties to the Convention and with the concurrence of the majority of the States Parties, a conference of the States Parties shall be convened to review this Convention. Such review shall take into account in particular any relevant technological developments, including those relating to the identification of space objects.

Article XI

Any State Party to this Convention may give notice of its withdrawal from the Convention one year after its entry into force by written notification to the Secretary-General of the United Nations. Such withdrawal shall take effect one year from the date of receipt of this notification.

Article XII

The original of this Convention, of which the Arabic, Chinese, English, French, Russian and Spanish texts are equally authentic, shall be deposited with the Secretary-General of the United Nations, who shall send certified copies thereof to all signatory and acceding States.

IN WITNESS WHEREOF the undersigned, being duly authorized thereto by their respective Governments, have signed this Convention, opened for signature at New York on the fourteenth day of January, one thousand nine hundred and seventy-five.

附录 F　1979 年《月球协定》中英文版本

关于各国在月球和其他天体上活动的协定[①]

本协定各缔约国，

注意到各国在月球和其他天体的探索和利用方面所获得的成就，

认识到构成地球的天然卫星的月球在探索外层空间方面起着重大的作用，

决心在平等基础上促成各国在探索和利用月球和其他天体方面合作的进一步发展，切望不使月球成为国际冲突的场所，铭记着开发月球和其他天体的自然资源所可能带来的利益，

回顾关于各国探索和利用外层空间包括月球与其他天体活动所应遵守原则的条约[②]、营救宇宙航行员、送回宇宙航行员和归还发射到外层空间的物体的协定[③]、空间物体所造成损害的国际责任公约[④]和关于登记射入外层空间物体的公约[⑤]，

---

① 《关于各国在月球和其他天体上活动的协定》（联合国大会第 34/68 号决议，附件）——1979 年 12 月 5 日通过，1979 年 12 月 18 日开放供签署，1984 年 7 月 11 日生效。参见联合国外层空间事务厅（外空委秘书处）官方网站 http://www.oosa.unvienna.org/oosa/en/SpaceLaw/moon.html，2011 年 5 月 10 日访问。作者对中文部分的个别文字翻译表述做了校正，改动部分见相关标注。

② 即 1967 年《外空条约》，见《海洋法公约》，本书附录 A。

③ 即 1968 年《营救协定》，见《关于执行 1982 年 12 月 10 日〈联合国海洋法公约〉第十一部分的协定》，本书附录 B。

④ 即 1972 年《责任公约》，见《关于执行 1982 年 12 月 10 日〈联合国海洋法公约〉第十一部分的协定》，本书附录 C。

⑤ 即 1975 年《登记公约》，见《关于执行 1982 年 12 月 10 日〈联合国海洋法公约〉第十一部分的协定》，本书附录 D。

考虑到对于此类有关月球和其他天体的国际文书的各项条款必须参照外层空间的探索和利用的继续进展，加以阐释和发展，达成协议如下：

第1条

1. 本协定内关于月球的条款也适用于太阳系内地球以外的其他天体，但如任何此类天体已有现已生效的特别法律规则，则不在此限。

2. 为了本协定的目的，“月球”一词包括环绕月球的轨道或其他飞向或飞绕月球的轨道。

3. 本协定不适用于循自然方式到达地球表面的地球外物质。

第2条

月球上的一切活动，包括其探索和利用在内，应按照国际法，尤其是联合国宪章的规定，考虑到一九七〇年十月二十四日大会通过的关于各国依联合国宪章建立友好关系和合作的国际法原则宣言，顾及维持国际和平与安全及促进国际合作与相互谅解的利益并适当顾及所有其他缔约国的相应利益予以进行。

第3条

1. 月球应供缔约各国专为和平目的而加以利用。

2. 在月球上使用武力或以武力相威胁，或从事任何其他敌对行为或以敌对行为相威胁概在禁止之列。利用月球对地球、月球、航天器或人造外空物体的人员实施任何此类行为或从事任何此类威胁，也应同样禁止。

3. 缔约各国不得在环绕月球的轨道上或飞向或飞绕月球的轨道上，放置载有核武器或任何其他种类的大规模毁灭性武器的物体，或在月球上或月球内放置或使用此类武器。

4. 禁止在月球上建立军事基地、军事装置及防御工事，试验任何类型的武器及举行军事演习。但不禁止为科学研究或为任何其他和平目的而使用军事人员。也不禁止使用为和平探索和利用月球所必要的任何装备或设备。

第4条

1. 月球的探索和利用应是全体人类的事情并应为一切国家谋福利，不问它们的经济或科学发展程度如何。应依照联合国宪章规定，充分注意今世与后代人类的利益、以及提高生活水平与促进经济和社会进步和发展的需要。

2. 缔约各国应遵循合作和互助原则从事一切有关探索和利用月球的活动。按照本协定进行的国际合作，应尽量扩大范围，并可在多边基础上、双边基础上、或通过政府间国际组织进行。

第5条

1. 缔约各国应在实际可行的范围内尽量将它们在探索和利用月球方面的活动告知联合国秘书长以及公众和国际科学界。每次飞往月球的任务的时间、目的、位置、轨道参数和期间的情报应在发射后立即公布，而关于每次任务的结果，包括科学结果在内的情报则应在完成任务时公布。如果一次飞行任务的期间超过六十天，应将任务进行情况的情报，包括科学结果在内，每隔三十天公布一次。如飞行任务超过六个月，则在六个月以后，只须将这方面的重要补充情报予以公布。

2. 如一个缔约国获知另一缔约国计划同时在月球上的同一区域、或环绕月球的同一轨道、或飞向或飞绕月球的同一轨道进行活动时，应立即将其自己进行活动的时间和计划通知该缔约国。

3. 缔约各国在进行本协定所规定的活动时，应将其在外层空间，包括月球在内所发现的可能危及人类生命或健康的任何现象以及任何有机生命迹象，通知联合国秘书长、公众、和国际科学界。

第6条

1. 所有缔约各国都享有不受任何种类的歧视，在平等基础上，并按照国际法的规定在月球上从事科学研究的自由。

2. 缔约各国为促进本协定各项规定的实施而进行科学研究时，应有权在月球上采集并移走矿物和其他物质的标本。发动采集此类标本的缔约各国可保留其处置权，并可为科学目的而使用这些标本。

缔约各国应顾及是否将此类标本的一部分供给感兴趣的其他缔约国和国际科学界作科学研究之用。缔约各国在进行科学研究时，也可使用适当数量的月球矿物和其他物质以支援它们的任务。

3. 缔约各国同意于派遣人员前往月球或在其上建立装置时，在实际可行的范围内宜尽量交换科学和其他人员。

第7条

1. 缔约各国在探索和利用月球时，应采取措施，防止月球环境的现有平衡遭到破坏，不论这种破坏是由于在月球环境中导致不利变化，还是由于引入环境外物质使其环境受到有害污染，或由于其他方式而产生。缔约各国也应采取措施防止地球环境由于引入地球外物质或由于其他方式而受到有害影响。

2. 缔约各国应将它们按照本条第1款所采取的措施通知联合国秘书长，并应尽一切可能预先将它们在月球上放置的一切放射性物质以及放置的目的通知秘书长。

3. 缔约各国应就月球上具有特殊科学重要性的地区向其他缔约国和秘书长提出报告，以便在不损害其他缔约国权利的前提下，考虑将这些地区指定为国际科学保护区，并经同联合国各主管机构协商后，对这些地区商定特别保护办法。

第8条

1. 缔约各国可在月球的表面或表面之下的任何地点进行其探索和利用的活动，但须遵守本条约的其他规定。

2. 为此目的，缔约各国特别可以：

(a) 在月球上降落及从月球发射外空物体；

(b) 将它们的人员、航天器、装备、设施、站所和装置放置在月球的表面或表面之下的任何地点。人员、航天器①、装备、设施、

① 联合国文件《月球协定》中文版本原文将“Vehicles”及“Space Vehicles”译为“外空运载器”，不太符合原意，现统一译为“航天器”，以与《外空条约》中文版本保持一致，下同。有人译作“宇宙飞行器”，虽然比“外空运载器”符合原意，但不如“航天器”简洁、准确。

站所和装置可在月球表面或表面之下自由移动或自由被移动。

3. 缔约各国依据本条第 1 款和第 2 款进行的活动不应妨碍其他缔约国在月球上的活动。发生此种妨碍时有关缔约各国应依照第十五条第 2 款和第 3 款规定进行协商。

第 9 条

1. 缔约各国可在月球上建立配置人员及不配置人员的站所。建立站所的缔约国应只使用为站所进行业务所需要的地区，并应立即将该站所的位置和目的通知联合国秘书长。以后每隔一年该缔约国应同样将站所是否继续使用，及其目的有无变更通知秘书长。

2. 设置站所应不妨碍依照本协定及关于各国探索和利用外层空间包括月球与其他天体活动所应遵守原则的条约第一条规定在月球上进行活动的其他缔约国的人员、航天器和设备自由进入月球所有地区。

第 10 条

1. 缔约各国应采取一切实际可行的措施，以保护在月球上的人的生命和健康。为此目的，缔约各国应视在月球上的任何人为关于各国探索和利用外层空间包括月球和其他天体活动所应遵守原则的条约第五条所称的宇宙航行员，并视其为营救宇宙航行员、送回宇宙航行员和归还发射到外层空间的物体的协定所称外空飞行器人员的一部分。

2. 缔约各国应以其站所、装置、航天器、及其他设备供月球上遭难人员避难之用。

第 11 条

1. 月球及其自然资源均为全体人类的共同继承财产①，这将在本协定的有关条款，尤其是本条第 5 款中表现出来。

2. 月球不得由国家依据主权要求，通过利用或占领，或以任何其他方法据为己有。

---

① 联合国文件中文版本原文为“共同财产”。

3. 月球的表面或表面下层或其任何部分或其中的自然资源均不应成为任何国家、政府间或非政府国际组织、国家组织或非政府实体或任何自然人的财产。在月球表面或表面下层，包括与月球表面或表面下层相连接的构造物在内，安置人员、航天器、装备设施、站所和装置，不应视为对月球或其任何领域的表面或表面下层取得所有权。上述条款不影响本条第5款所述的国际制度。

4. 缔约各国有权在平等基础上和按照国际法和本协定的规定探索和利用月球，不得有任何性质的歧视。

5. 本协定缔约各国承诺一俟月球自然资源的开发即将可行时，建立指导此种开发的国际制度，其中包括适当程序在内。本款该按照本协定第十八条的规定予以实施。

6. 为了便利建立本条第5款所述的国际制度，缔约各国应在实际可行的范围内尽量将它们在月球上发现的任何自然资源告知联合国秘书长以及公众和国际科学界。

7. 即将建立的国际制度的主要宗旨应为：

(a) 有秩序地和安全地开发月球的自然资源；

(b) 对这些资源作合理的管理；

(c) 扩大使用这些资源的机会；

(d) 所有缔约国应公平分享这些资源所带来的惠益，而且应当对发展中国家的利益和需要，以及各个直接或间接对探索月球作出贡献的国家所作的努力，给予特别的照顾。

8. 有关月球自然资源的一切活动均应适当进行，以便符合本条第7款所订各项宗旨以及本协定第六条第2款的规定。

第12条

1. 缔约各国对其在月球上的人员、航天器、装备、设施、站所和装置应保有管辖权和控制权，航天器、装备、设备、站所和装置的所有权不因其在月球上而受影响。

2. 凡在预定位置以外的场地发现的航天器，装置及装备或其组成部分应依照营救宇宙航行员、送回宇宙航行员和归还发射到外层空间物体的协定第五条处理。

3. 缔约各国如遇足以威胁人命的紧急情况时，可使用其他缔约国在月球上的装备、航天器、装置、设施或供应品。此种使用应迅速通知联合国秘书长或有关缔约国。

第 13 条

一个缔约国获悉并非其本国所发射的外空物体在月球上坠毁、迫降①、或其他非出自本意的着陆时，应迅速通知发射该物体的缔约国和联合国秘书长。

第 14 条

1. 本协定缔约各国对于本国在月球上的各种活动应负国际责任，不论这类活动是由政府机构或非政府团体所进行的，并应负国际责任保证本国活动的进行符合本协定所载的各项规定。缔约各国应保证它们所管辖的非政府团体只有在该缔约国的管辖和不断监督下方可在月球上从事各种活动。

2. 缔约各国承认，由于在月球上的活动的增加，除关于各国探索和利用外层空间包括月球与其他天体活动所应遵守原则的条约和空间物体所造成损害的国际责任公约内的条款以外，或许需要有关在月球上引起的损害赔偿责任的细节办法。对任何此类办法的拟订均应依照本协定第十八条所规定的程序。

第 15 条

1. 每一缔约国得查明其他缔约国从事探索及利用月球的活动确是符合本协定的规定。为此目的，在月球上的一切航天器、装备、设施、站所和装置应对其他缔约国开放。这些缔约国应于合理期间事先发出所计划的参观通知，以便举行适当协商和采取最大限度的预防措施，以保证安全和避免干扰被参观设备的正常操作。为实行本条，任何一个缔约国可使用其自己的手段，亦可在任何其他缔约国的全面或局部协助下，或经由联合国体制内的适当国际程序，遵

① 联合国文件中文版本原文为“强迫着陆”。

照宪章的规定采取行动。

2. 一个缔约国如有理由相信另一缔约国未能履行依照本协定所负的义务或相信另一缔约国妨害其在本协定规定下所享有的权利时，可要求与该国举行协商。接获此种要求的缔约国应立即开始协商，不得迟延任何其他缔约国如提出要求，应有权参加协商。每一参加此等磋商的缔约国，应对任何争议寻求可以互相接受的解决办法，并应体念所有缔约各国的权利和利益。上项磋商结果应通知联合国秘书长，并由秘书长将所获情报转送一切有关缔约国。

3. 如果磋商结果未能导致一项可以互相接受而又适当顾及所有缔约国权利和利益的解决办法，有关各国应采取一切措施，以他们所选择的并且适合争端的情况和性质的其他和平方法解决这项争端。如果在开展协商方面发生困难或协商结果未能导致一项可以互相接受的解决办法，任何缔约国可无须征求任何其他有关缔约国的同意要求联合国秘书长协助解决争端。一个缔约国如果没有同另一有关缔约国保持外交关系，则应自行选择由其自己出面参加协商或经由另外的缔约国或秘书长作为中间人参加协商。

第 16 条

除第十七条至第二十一条外，凡在本协定内提及国家时，应视为适用于进行外空活动的任何政府间国际组织，但该组织须声明接受本协定内所规定的权利和义务，并且该组织的多数会员国须为本条约及关于各国探索和利用外层空间包括月球与其他天体活动所应遵守原则的条约的缔约国。为本协定缔约国的任何此等组织的会员国，应采取一切适当步骤，以保证该组织依照上述规定发表声明。

第 17 条

本协定任何缔约国均得对本协定提出修正案。修正案对于每一接受修正案的本协定缔约国在本协定多数缔约国接受修正案时发生效力，其后对于本协定其余每个缔约国，在该缔约国接受修正案之日发生效力。

第 18 条

本协定生效后十年，联合国大会应在临时议程内列入审查本协定的问题，以便参照本协定过去的实施情况，审议是否需加修正。但在本协定生效五年后的任何时候，作为协定保存人的联合国秘书长，经本协定三分之一的缔约国提出要求，并经多数缔约国同意，即应召开缔约国会议，以审查本协定。审查会议还应按照第十一条第1款所述原则，并且在特别考虑到任何有关的技术发展的情况下，审议执行第十一条第5款的各项规定的问题。

第19条

1. 本协定应开放给所有国家在纽约联合国总部签署。

2. 本协定应经各签字国批准。在本协定按照本条第3款生效前未在本协定签字的任何国家得随时加入本协定。批准书和加入书应交存联合国秘书长。

3. 本协定应在五国政府交存批准书后第三十天生效。

4. 对于本协定生效后交存批准书或加入书的国家，本协定应自其交存批准书或加入书之日后第三十天开始生效。

5. 秘书长应将每次签字的日期，交存每项批准或加入本协定文书的日期，本协定生效日期，和接得其他通知的情况立即通知所有签字国和加入国。

第20条

任何缔约国可在本协定生效后一年书面通知联合国秘书长退出本协定。这种退出应在接得通知后一年生效。

第21条

本协定的阿拉伯文、中文、英文、法文、俄文及西班牙文六种文本具有同等效力，并应交存联合国秘书长，由秘书长将本协定正式核证的副本分送各签署国和加入国。

为此，下列签字人，经本国政府正式授权，在本协定上签字，以昭信守。

本公约于一九七九年十二月十八日在纽约开放供各国签署。

Agreement Governing the Activities of States on the Moon and Other Celestial Bodies[①]

The States Parties to this Agreement,

Noting the achievements of States in the exploration and use of the Moon and other celestial bodies,

Recognizing that the Moon, as a natural satellite of the Earth, has an important role to play in the exploration of outer space,

Determined to promote on the basis of equality the further development of cooperation among States in the exploration and use of the Moon and other celestial bodies,

Desiring to prevent the Moon from becoming an area of international conflict,

Bearing in mind the benefits which may be derived from the exploitation of the natural resources of the Moon and other celestial bodies,

Recalling the Treaty on Principles Governing the Activities of States in the Exploration and Use of Outer Space, including the Moon and Other Celestial Bodies, the Agreement on the Rescue of Astronauts, the Return of Astronauts and the Return of Objects Launched into Outer Space, the Convention on International Liability for Damage Caused by Space Objects, and the Convention on Registration of objects Launched into Outer Space,

---

① 资料来源：联合国外层空间事务厅（外空委秘书处）官方网站 http://www.oosa.unvienna.org/oosa/en/SpaceLaw/moon.html，2011年5月10日访问。

Taking into account the need to define and develop the provisions of these international instruments in relation to the Moon and other celestial bodies, having regard to further progress in the exploration and use of outer space,
Have agreed on the following:

Article 1
1. The provisions of this Agreement relating to the Moon shall also apply to other celestial bodies within the solar system, other than the Earth, except insofar as specific legal norms enter into force with respect to any of these celestial bodies.
2. For the purposes of this Agreement reference to the Moon shall include orbits around or other trajectories to or around it.
3. This Agreement does not apply to extraterrestrial materials which reach the surface of the Earth by natural means.

Article 2
All activities on the Moon, including its exploration and use, shall be carried out in accordance with international law, in particular the Charter of the United Nations, and taking into account the Declaration on Principles of International Law concerning Friendly Relations and Cooperation among States in accordance with the Charter of the United Nations, adopted by the General Assembly on 24 October 1970, in the interest of maintaining international peace and security and promoting international cooperation and mutual unders tan ding, and with due regard to the corresponding interests of all other States Parties.

Article 3
1. The Moon shall be used by all States Parties exclusively for peace-

ful purposes.

2. Any threat or use of force or any other hostile act or threat of hostile act on the Moon is prohibited. It is likewise prohibited to use the Moon in order to commit any such act or to engage in any such threat in relation to the Earth, the Moon, spacecraft, the personnel of spacecraft or manmade space objects.

3. States Parties shall not place in orbit around or other trajectory to or around the Moon objects carrying nuclear weapons or any other kinds of weapons of mass destruction or place or use such weapons on or in the Moon.

4. The establishment of military bases, installations and fortifications, the testing of any type of weapons and the conduct of military maneuvers on the Moon shall be forbidden. The use of military personnel for scientific research or for any other peaceful purposes shall not be prohibited. The use of any equipment or facility necessary for peaceful exploration and use of the Moon shall also not be prohibited.

Article 4

1. The exploration and use of the Moon shall be the province of all mankind and shall be carried out for the benefit and in the interests of all countries, irrespective of their degree of economic or scientific development. Due regard shall be paid to the interests of present and future generations as well as to the need to promote higher standards of living and conditions of economic and social progress and development in accordance with the Charter of the United Nations.

2. States Parties shall be guided by the principle of cooperation and mutual assistance in all their activities concerning the exploration and use of the Moon. International cooperation in pursuance of this A-

greement should be as wide as possible and may take place on a multilateral basis, on a bilateral basis or through international intergovernmental organizations.

Article 5

1. States Parties shall inform the Secretary-General of the United Nations as well as the public and the international scientific community, to the greatest extent feasible and practicable, of their activities concerned with the exploration and use of the Moon. Information on the time, purposes, locations, orbital parameters and duration shall be given in respect of each mission to the Moon as soon as possible after launching, while information on the results of each mission, including scientific results, shall be furnished upon completion of the mission. In the case of a mission lasting more than sixty days, information on conduct of the mission, including any scientific results, shall be given periodically, at thirty-day intervals. For missions lasting more than six months, only significant additions to such information need be reported thereafter.

2. If a State Party becomes aware that another State Party plans to operate simultaneously in the same area of or in the same orbit around or trajectory to or around the Moon, it shall promptly inform the other State of the timing of and plans for its own operations.

3. In carrying out activities under this Agreement, States Parties shall promptly inform the Secretary-General, as well as the public and the international scientific community, of any phenomena they discover in outer space, including the Moon, which could endanger human life or health, as well as of any indication of organic life.

Article 6

1. There shall be freedom of scientific investigation on the Moon by

all States Parties without discrimination of any kind, on the basis of equality and in accordance with international law.

2. In carrying out scientific investigations and in furtherance of the provisions of this Agreement, the States Parties shall have the right to collect on and remove from the Moon samples of its mineral and other substances. Such samples shall remain at the disposal of those States Parties which caused them to be collected and may be used by them for scientific purposes. States Parties shall have regard to the desirability of making a portion of such samples available to other interested States Parties and the international scientific community for scientific investigation. States Parties may in the course of scientific investigations also use mineral and other subs tan ces of the Moon in quantities appropriate for the support of their missions.

3. States Parties agree on the desirability of exchanging scientific and other personnel on expeditions to or installations on the Moon to the greatest extent feasible and practicable.

Article 7

1. In exploring and using the Moon, States Parties shall take measures to prevent the disruption of the existing balance of its environment, whether by introducing adverse changes in that environment, by its harmful contamination through the introduction of extra-environmental matter or otherwise. States Parties shall also take measures to avoid harmfully affecting the environment of the Earth through the introduction of extraterrestrial matter or otherwise.

2. States Parties shall inform the Secretary-General of the United Nations of the measures being adopted by them in accordance with paragraph 1 of this article and shall also, to the maximum extent feasible, notify him in advance of all placements by them of radioactive

materials on the Moon and of the purposes of such placements.

3. States Parties shall report to other States Parties and to the Secretary-General concerning areas of the Moon having special scientific interest in order that, without prejudice to the rights of other States Parties, consideration may be given to the designation of such areas as international scientific preserves for which special protective arrangements are to be agreed upon in consultation with the competent bodies of the United Nations.

Article 8

1. States Parties may pursue their activities in the exploration and use of the Moon anywhere on or below its surface, subject to the provisions of this Agreement.

2. For these purposes States Parties may, in particular:

(a) Land their space objects on the Moon and launch them from the Moon;

(b) Place their personnel, space vehicles, equipment, facilities, stations and installations anywhere on or below the surface of the Moon. Personnel, space vehicles, equipment, facilities, stations and installations may move or be moved freely over or below the surface of the Moon.

3. Activities of States Parties in accordance with paragraphs 1 and 2 of this article shall not interfere with the activities of other States Parties on the Moon. Where such interference may occur, the States Parties concerned shall undertake consultations in accordance with article 15, paragraphs 2 and 3, of this Agreement.

Article 9

1. States Parties may establish manned and unmanned stations on the

Moon. A State Party establishing a station shall use only that area which is required for the needs of the station and shall immediately inform the Secretary-General of the United Nations of the location and purposes of that station. Subsequently, at annual intervals that State shall likewise inform the Secretary-General whether the station continues in use and whether its purposes have changed.

2. Stations shall be installed in such a manner that they do not impede the free access to all areas of the Moon of personnel, vehicles and equipment of other States Parties conducting activities on the Moon in accordance with the provisions of this Agreement or of article I of the Treaty on Principles Governing the Activities of States in the Exploration and Use of Outer Space, including the Moon and Other Celestial Bodies.

Article 10

1. States Parties shall adopt all practicable measures to safeguard the life and health of persons on the Moon. For this purpose they shall regard any person on the Moon as an astronaut within the meaning of article V of the Treaty on Principles Governing the Activities of States in the Exploration and Use of Outer Space, including the Moon and Other Celestial Bodies and as part of the personnel of a spacecraft within the meaning of the Agreement on the Rescue of Astronauts, the Return of Astronauts and the Return of Objects Launched into Outer Space.

2. States Parties shall offer shelter in their stations, installations, vehicles and other facilities to persons in distress on the Moon.

Article 11

1. The Moon and its natural resources are the common heritage of

mankind, which finds its expression in the provisions of this Agreement, in particular in paragraph 5 of this article.

2. The Moon is not subject to national appropriation by any claim of sovereignty, by means of use or occupation, or by any other means.

3. Neither the surface nor the subsurface of the Moon, nor any part thereof or natural resources in place, shall become property of any State, international intergovernmental or non-governmental organization, national organization or non-governmental entity or of any natural person. The placement of personnel, space vehicles, equipment, facilities, stations and installations on or below the surface of the Moon, including structures connected with its surface or subsurface, shall not create a right of ownership over the surface or the subsurface of the Moon or any areas thereof. The foregoing provisions are without prejudice to the international regime referred to in paragraph 5 of this article.

4. States Parties have the right to exploration and use of the Moon without discrimination of any kind, on the basis of equality and in accordance with international law and the terms of this Agreement.

5. States Parties to this Agreement hereby undertake to establish an international regime, including appropriate procedures, to govern the exploitation of the natural resources of the Moon as such exploitation is about to become feasible. This provision shall be implemented in accordance with article 18 of this Agreement.

6. In order to facilitate the establishment of the international regime referred to in paragraph 5 of this article, States Parties shall inform the Secretary-General of the United Nations as well as the public and the international scientific community, to the greatest extent feasible and practicable, of any natural resources they may discover on the Moon.

7. The main purposes of the international regime to be established shall include:

(a) The orderly and safe development of the natural resources of the Moon;

(b) The rational management of those resources;

(c) The expansion of opportunities in the use of those resources;

(d) An equitable sharing by all States Parties in the benefits derived from those resources, whereby the interests and needs of the developing countries, as well as the efforts of those countries which have contributed either directly or indirectly to the exploration of the Moon, shall be given special consideration.

8. All the activities with respect to the natural resources of the Moon shall be carried out in a manner compatible with the purposes specified in paragraph 7 of this article and the provisions of article 6, paragraph 2, of this Agreement.

Article 12

1. States Parties shall retain jurisdiction and control over their personnel, vehicles, equipment, facilities, stations and installations on the Moon. The ownership of space vehicles, equipment, facilities, stations and installations shall not be affected by their presence on the Moon.

2. Vehicles, installations and equipment or their component parts found in places other than their intended location shall be dealt with in accordance with article 5 of the Agreement on the Rescue of Astronauts, the Return of Astronauts and the Return of Objects Launched into Outer Space.

3. In the event of an emergency involving a threat to human life, States Parties may use the equipment, vehicles, installations, facili-

ties or supplies of other States Parties on the Moon. Prompt notification of such use shall be made to the Secretary-General of the United Nations or the State Party concerned.

Article 13

A State Party which learns of the crash landing, forced landing or other unintended landing on the Moon of a space object, or its component parts, that were not launched by it, shall promptly inform the launching State Party and the Secretary-General of the United Nations.

Article 14

1. States Parties to this Agreement shall bear international responsibility for national activities on the Moon, whether such activities are carried on by governmental agencies or by non-governmental entities, and for assuring that national activities are carried out in conformity with the provisions set forth in this Agreement. States Parties shall ensure that non-governmental entities under their jurisdiction shall engage in activities on the Moon only under the authority and continuing supervision of the appropriate State Party.

2. States Parties recognize that detailed arrangements concerning liability for damage caused on the Moon, in addition to the provisions of the Treaty on Principles Governing the Activities of States in the Exploration and Use of Outer Space, including the Moon and Other Celestial Bodies and the Convention on International Liability for Damage Caused by Space Objects, may become necessary as a result of more extensive activities on the Moon. Any such arrangements shall be elaborated in accordance with the procedure provided for in article 18 of this Agreement.

Article 15

1. Each State Party may assure itself that the activities of other States Parties in the exploration and use of the Moon are compatible with the provisions of this Agreement. To this end, all space vehicles, equipment, facilities, stations and installations on the Moon shall be open to other States Parties.

Such States Parties shall give reasonable advance notice of a projected visit, in order that appropriate consultations may be held and that maximum precautions may be taken to assure safety and to avoid interference with normal operations in the facility to be visited. In pursuance of this article, any State Party may act on its own behalf or with the full or partial assistance of any other State Party or through appropriate international procedures within the framework of the United Nations and in accordance with the Charter.

2. A State Party which has reason to believe that another State Party is not fulfilling the obligations incumbent upon it pursuant to this Agreement or that another State Party is interfering with the rights which the former State has under this Agreement may request consultations with that State Party. A State Party receiving such a request shall enter into such consultations without delay. Any other State Party which requests to do so shall be entitled to take part in the consultations. Each State Party participating in such consultations shall seek a mutually acceptable resolution of any controversy and shall bear in mind the rights and interests of all States Parties. The Secretary-General of the United Nations shall be informed of the results of the consultations and shall transmit the information received to all States Parties concerned.

3. If the consultations do not lead to a mutually acceptable settlement which has due regard for the rights and interests of all States

Parties, the parties concerned shall take all measures to settle the dispute by other peaceful means of their choice appropriate to the circumstances and the nature of the dispute. If difficulties arise in connection with the opening of consultations or if consultations do not lead to a mutually acceptable settlement, any State Party may seek the assistance of the Secretary-General, without seeking the consent of any other State Party concerned, in order to resolve the controversy. A State Party which does not maintain diplomatic relations with another State Party concerned shall participate in such consultations, at its choice, either itself or through another State Party or the Secretary-General as intermediary.

Article 16

With the exception of articles 17 to 21, references in this Agreement to States shall be deemed to apply to any international intergovernmental organization which conducts space activities if the organization declares its acceptance of the rights and obligations provided for in this Agreement and if a majority of the States members of the organization are States Parties to this Agreement and to the Treaty on Principles Governing the Activities of States in the Exploration and Use of Outer Space, including the Moon and Other Celestial Bodies. States members of any such organization which are States Parties to this Agreement shall take all appropriate steps to ensure that the organization makes a declaration in accordance with the foregoing.

Article 17

Any State Party to this Agreement may propose amendments to the Agreement. Amendments shall enter into force for each State Party to the Agreement accepting the amendments upon their acceptance by a majority of the States Parties to the Agreement and thereafter for each remaining State Party to the Agreement on the date of acceptance by it.

Article 18

Ten years after the entry into force of this Agreement, the question of the review of the Agreement shall be included in the provisional agenda of the General Assembly of the United Nations in order to consider, in the light of past application of the Agreement, whether it requires revision. However, at any time after the Agreement has been in force for five years, the Secretary-General of the United Nations, as depositary, shall, at the request of one third of the States Parties to the Agreement and with the concurrence of the majority of the States Parties, convene a conference of the States Parties to review this Agreement. A review conference shall also consider the question of the implementation of the provisions of article 11, paragraph 5, on the basis of the principle referred to in paragraph 1 of that article and taking into account in particular any relevant technological developments.

Article 19

1. This Agreement shall be open for signature by all States at United Nations Headquarters in New York.
2. This Agreement shall be subject to ratification by signatory States. Any State which does not sign this Agreement before its entry into force in accordance with paragraph 3 of this article may accede to it at any time. Instruments of ratification or accession shall be deposited with the Secretary-General of the United Nations.
3. This Agreement shall enter into force on the thirtieth day follow-

ing the date of deposit of the fifth instrument of ratification.

4. For each State depositing its instrument of ratification or accession after the entry into force of this Agreement, it shall enter into force on the thirtieth day following the date of deposit of any such instrument.

5. The Secretary-General shall promptly inform all signatory and acceding States of the date of each signature, the date of deposit of each instrument of ratification or accession to this Agreement, the date of its entry into force and other notices.

Article 20

Any State Party to this Agreement may give notice of its withdrawal from the Agreement one year after its entry into force by written notification to the Secretary-General of the United Nations. Such withdrawal shall take effect one year from the date of receipt of this notification.

Article 21

The original of this Agreement, of which the Arabic, Chinese, English, French, Russian and Spanish texts are equally authentic, shall be deposited with the Secretary-General of the United Nations, who shall send certified copies thereof to all signatory and acceding States.

IN WITNESS WHEREOF the undersigned, being duly authorized thereto by their respective Governments, have signed this Agreement, opened for signature at New York on the eighteenth day of December, one thousand nine hundred and seventy-nine.

附录 G　1963 年《外空宣言》中英文版本

各国探索和利用外层空间活动的法律原则宣言[①]

大会，

鉴于人类进入外层空间展现的宏伟前途，而深受鼓舞，

确认和平探索和利用外层空间的进展，关系着全人类的共同利益。

深信探索和利用外层空间，应为人类造福，各国不论其经济或科学发展程度如何均能受益，

希望对和平探索和利用外层空间的科学和法律方面的广泛国际合作，做出贡献，

深信这种合作有助于促进相互了解，加强各国之间和各民族之间的友好关系，

回顾了一九四七年十一月三日联大（二届）第 110 号决议，曾谴责企图煽动或鼓励任何威胁与破坏和平或侵略行为的宣传，该决议也适用于外层空间，

考虑到联合国各会员国一致通过的大会一九六一年十二月二十日（十六届）第 1721 号决议及一九六二年十二月十四日（十七届）第 1802 号决议，

现郑重宣告，各国在探索和利用外层空间时，应遵守下列原则：

---

① 资料来源：联合国 1963 年 12 月 13 日第 1962（XVIII）号决议，参见联合国外层空间事务厅（外空委秘书处）官方网站 http://www.oosa.unvienna.org/oosa/zh/SpaceLaw/gares/html/gares_18_1962.html，2011 年 5 月 10 日访问。

1. 探索和利用外层空间，必须为全人类谋福利和利益。

2. 各国都可在平等的基础上，根据国际法自由探索和利用外层空间及天体。

3. 外层空间和天体决不能通过主权要求、使用或占领、或其他任何方法，据为一国所有。

4. 各国探索和利用外层空间的活动，必须遵守国际法（包括联合国宪章）的规定，以保持国际和平与安全，增进国际合作与了解。

5. 各国对本国（不管是政府部门或非政府部门）在外层空间的活动，以及对保证本国的活动遵守本宣言所规定的原则，均负有国际责任。非政府部门在外层空间的活动，需经本国批准与经常监督。国际组织在外层空间从事活动时，应由该国际组织及其各成员国承担遵守本宣言所规定原则的责任。

6. 各国在探索和利用外层空间时应遵守合作和互助的原则。各国在外层空间进行各种活动，应妥善考虑其他国家的相应利益。一国若有理由认为该国（或该国的国民）计划在外层空间进行的活动或试验，会对其他国家和平探索和利用外层空间的活动产生妨碍时，应在进行这种活动和试验之前，进行适当的国际磋商。一国若有理由认为，另一国计划在外层空间进行的活动或试验，会妨碍和平探索和利用外层空间的活动时，可要求对这种活动或试验进行磋商。

7. 凡登记把物体射入外层空间的国家，对该物体及所载人员在外层空间期间，仍保持管理及控制权。射入外层空间的物体及其组成部分的所有权，不因其通过外层空间或返回地球，而受影响。这些物体或组成部分若在登记国国境以外被发现，应送还登记国。但在送还之前，根据要求，登记国应提出证明资料。

8. 向外层空间发射物体的国家或向外层空间发射物体的发起国家，以及被利用其国土或设施向外层空间发射物体的国家，对所发射的物体或组成部分在地球、天空或外层空间造成外国，或外国的自然人或法人损害时，应负有国际上的责任。

9. 各国应把宇宙航行员视为人类派往外层空间的使节。在他们如因意外事故、遇难、于外国领土或公海紧急降落时，各国应向他们提供一切可能的援救措施。紧急降落的宇宙航行员，应安全迅速地交还给登记国。

Declaration of Legal Principles Governing the Activities of States in the Exploration and Use of Outer Space①

The General Assembly,

Inspired by the great prospects opening up before mankind as a result of man's entry into outer space,

Recognizing the common interest of all mankind in the progress of the exploration and use of outer space for peaceful purposes,

Believing that the exploration and use of outer space should be carried on for the betterment of mankind and for the benefit of States irrespective of their degree of economic or scientific development,

Desiring to contribute to broad international cooperation in the scientific as well as in the legal aspects of exploration and use of outer space for peaceful purposes,

Believing that such cooperation will contribute to the development of mutual unders tan ding and to the strengthening of friendly relations between nations and peoples,

Recalling its resolution 110 (II) of 3 November 1947, which condemned propaganda designed or likely to provoke or encourage any threat to the peace, breach of the peace, or act of aggression, and

① 资料来源：联合国1963年12月13日第1962（XVIII）号决议，参见联合国外层空间事务厅（外空委秘书处）官方网站 http://www.oosa.unvienna.org/oosa/en/SpaceLaw/gares/html/gares_18_1962.html,2011年5月10日访问。

considering that the aforementioned resolution is applicable to outer space,

Taking into consideration its resolutions 1721 (XVI) of 20 December 1961 and 1802 (XVII) of 14 December 1962, adopted unanimously by the States Members of the United Nations,

Solemnly declares that in the exploration and use of outer space States should be guided by the following principles:

1. The exploration and use of outer space shall be carried on for the benefit and in the interests of all mankind.

2. Outer space and celestial bodies are free for exploration and use by all States on a basis of equality and in accordance with international law.

3. Outer space and celestial bodies are not subject to national appropriation by claim of sovereignty, by means of use or occupation, or by any other means.

4. The activities of States in the exploration and use of outer space shall be carried on in accordance with international law, including the Charter of the United Nations, in the interest of maintaining international peace and sec urity and promoting international cooperation and unders tan ding.

5. States bear international responsibility for national activities in outer space, whether carried on by governmental agencies or by non-governmental entities, and for assuring that national activities are carried on in conformity with the principles set forth in the present Declaration. The activities of non-governmental entities in outer space shall require authorization and continuing supervision by the State concerned. When activities are carried on in outer space by an international organization, responsibility for compliance with the principles set forth in this Declaration shall be borne by the international organization and by the States participating in it.

6. In the exploration and use of outer space, States shall be guided by the principle of cooperation and mutual assistance and shall conduct all their activities in outer space with due regard for the corresponding interests of other States. If a State has reason to believe that an outer space activity or experiment planned by it or its nationals would cause potentially harmful interference with activities of other States in the peaceful exploration and use of outer space, it shall undertake appropriate international consultations before proceeding with any such activity or experiment. A State which has reason to believe that an outer space activity or experiment planned by another State would cause potentially harmful interference with activities in the peaceful exploration and use of outer space may request consultation concerning the activity or experiment.

7. The State on whose registry an object launched into outer space is carried shall retain jurisdiction and control over such object, and any personnel thereon, while in outer space. Ownership of objects launched into outer space, and of their component parts, is not affected by their passage through outer space or by their return to the Earth. Such objects or component parts found beyond the limits of the State of registry shall be returned to that State, which shall furnish identifying data upon request prior to return.

8. Each State which launches or procures the launching of an object into outer space, and each State from whose territory or facility an object is launched, is internationally liable for damage to a foreign State or to its natural or juridical persons by such object or its component parts on the Earth, in air space, or in outer space.

9. States shall regard astronauts as envoys of mankind in outer space, and shall render to them all possible assistance in the event of accident, distress, or emergency landing on the territory of a foreign

State or on the high seas. Astronauts who make such a landing shall be safely and promptly returned to the State of registry of their space vehicle.

附录 H 《卫星电视直播原则》中英文版本

各国利用人造地球卫星
进行国际直接电视广播所应遵守的原则[①]

大会，

回顾其 1972 年 11 月 9 日第 2916（XXVII）号决议内强调需要制订各国利用人造地球卫星进行国际直接电视广播所应遵守的原则，并注意到缔结一项或多项国际协定的重要性，

又回顾其 1973 年 12 月 18 日第 3182（XXVIII）号、1974 年 11 月 12 日第 3234（XXIX）号、1975 年 11 月 18 日第 3388（XXX）号、1976 年 11 月 8 日第 31/8 号、1977 年 12 月 20 日第 32/196 号、1978 年 11 月 10 日第 33/16 号、1979 年 12 月 5 日第 34/66 号、1980 年 11 月 3 日第 35/14 号和 1981 年 11 月 18 日第 36/35 号决议，其中决定考虑在其第三十七届会议上通过关于各国利用人造地球卫星进行国际直接电视广播所应遵守的一组原则草案。

赞赏地注意到和平利用外层空间委员会及其法律小组委员会作出了种种遵守上述各项决议所载指示的努力，

考虑到直接广播卫星已经进行了一系列的实验，而且若干国家已有一系列的直接广播卫星系统正在运行操作，并且可能在不久的将来进行商业化操作，

考虑到国际直接广播卫星的运行操作将会产生重大的国际政治、

---

① 资料来源：联合国大会 1982 年 12 月 10 日第 37/92 号决议，参见联合国外层空间事务厅官方网站 http://www.oosa.unvienna.org/oosa/zh/SpaceLaw/gares/html/gares_37_0092.html，2011 年 5 月 13 日访问。

经济、社会和文化影响，

相信国际直接电视广播原则的确立将会对加强此一领域内国际合作以及促进《联合国宪章》的宗旨和原则方面作出贡献，

通过本决议附件所载《各国利用人造地球卫星进行国际直接电视广播所应遵守的原则》。

A. 宗旨和目标

1. 利用卫星进行国际直接电视广播活动的进行，不得侵犯各国主权，包括不得违反不干涉原则，并且不得侵犯有关联合国文书所载明的人人有寻求、接受和传递情报和思想的权利。

2. 这类活动应促进文化和科学领域情报和知识的自由传播和相互交流，有助于特别是发展中国家的教育、社会和经济的发展，提高所有人民的生活质量并在适当考虑到各国政治和文化完整的情况下提供娱乐。

3. 因此，这类活动的进行，应促进所有国家和人民之间的相互了解，加强友好关系与合作，以维护国际和平和安全。

B. 国际法律的适用性

4. 利用卫星进行国际直接电视广播领域的活动应遵照国际法，其中包括联合国宪章、1967 年 1 月 27 日关于各国探索和利用包括月球和其他天体的外层空间活动原则的条约，1 国际电信公约及其无线电规则的有关条款，以及关于各国间友好关系与合作及关于人权的国际文书的有关条款。

C. 权利和利益

5. 各国在利用卫星进行国际直接电视广播活动以及授权其管辖范围内的个人和实体从事这种活动方面，权利一律平等。各国和各国人民有权并应当享有这些活动带来的利益各国均可依照有关各方议定的条件，不受歧视地取得这一方面的技术。

D. 国际合作

6. 利用卫星进行国际直接电视广播的活动，应当以国际合作为基础，并应当促进国际合作应当为这种合作订立适当安排。发展中国家利用卫星进行国际直接电视广播以加速其本国发展的需要应特别得到考虑。

E. 和平解决争端

7. 任何可能因为这些原则所包括的活动而引起的国际争端，应根据联合国宪章的规定，通过争端各当事方所同意的、公认的和平解决争端程序来解决。

F. 国家责任

8. 各国应对其本身或其管辖范围内所从事的关于利用卫星进行国际直接电视广播的活动，以及任何这种活动均须符合本文件所载原则，承担国际责任。

9. 如政府间国际组织使用卫星进行国际直接电视广播，则该组织本身及其参加国都应承担上文第 8 段所述责任。

G. 协商的义务和权利

10. 在某一国际直接电视广播卫星服务范围内的任何广播国或收视国如经同一服务范围内的其他任何广播国或收视国要求协商，应当迅速就其利用卫星进行国际直接电视广播的活动同要求国进行协商，但这种协商将不影响这些国家同其他任何国家就此问题可能进行的其他协商。

H. 版权和有关权利

11. 在不妨害国际法有关规定的条件下，各国应当在双边和多边的基础上进行合作以便缔结有关国家（或在其管辖下行事的主管法律实体）之间的适当协定，保障版权和有关权利。各国在进行合作时，对发展中国家利用直接电视广播以加速本国发展的利益，应当予以特别照顾。

I. 对联合国的通知

12. 为了促进和平探索和利用外层空间方面的国际合作，凡利用或授权利用卫星进行国际直接电视广播活动的国家，应当尽量将这些活动的性质通知联合国秘书长。联合国秘书长在接到通知后，应当立即有效地转告联合国各有关专门机构以及公众和国际科学界。

J. 国家间的协商和协议

13. 拟议设立或授权设立国际直接电视广播卫星服务的国家应将此意图立即通知收视国，如有任一收视国提出协商要求，并应迅速与之协商。

14. 国际直接电视广播卫星服务的建立，必须事先满足上文第13段规定的条件，并根据国际电信联盟有关文书规定的协议和（或）安排以及遵照本文件各项原则进行。

15. 对于卫星信号无法避免的辐射外溢，国际电信联盟有关文书得暂免适用。

Principles Governing the Use by States of Artificial Earth Satellites for International Direct Television Broadcasting①

The General Assembly,

---

① 资料来源：联合国大会1982年12月10日第37/92号决议，参见联合国外层空间事务厅（外空委秘书处）官方网站 http://www.oosa.unvienna.org/oosa/en/SpaceLaw/gares/html/gares_37_0092.html，2011年5月12日访问。

Recalling its resolution 2916 (XXVII) of 9 November 1972, in which it stressed the necessity of elaborating principles governing the use by States of artificial Earth satellites for international direct television broadcasting, and mindful of the importance of concluding an international agreement or agreements,

Recalling further its resolutions 3182 (XXVIII) of 18 December 1973, 3234 (XXIX) of 12 November 1974, 3388 (XXX) of 18 November 1975, 31/8 of 8 November 1976, 32/196 of 20 December 1977, 33/16 of 10 November 1978, 34/66 of 5 December 1979 and 35/14 of 3 November 1980, and its resolution 36/35 of 18 November 1981 in which it decided to consider at its thirty-seventh session the adoption of a draft set of principles governing the use by States of artificial Earth satellites for international direct television broadcasting,

Noting with appreciation the efforts made in the Committee on the Peaceful Uses of Outer Space and its Legal Subcommittee to comply with the directives issued in the above-mentioned resolutions,

Considering that several experiments of direct broadcasting by satellite have been carried out and that a number of direct broadcasting satellite systems are operational in some countries and may be commercialized in the very near future,

Taking into consideration that the operation of international direct broadcasting satellites will have significant international political, economic, social and cultural implications,

Believing that the establishment of principles for international direct television broadcasting will contribute to the strengthening of international cooperation in this field and further the purposes and principles of the Charter of the United Nations,

Adopts the Principles Governing the Use by States of Artificial Earth

Satellites for International Direct Television Broadcasting set forth in the annex to the present resolution.

Annex. Principles Governing the Use by States of Artificial Earth Satellites for International Direct Television Broadcasting

A. Purposes and objectives

1. Activities in the field of international direct television broadcasting by satellite should becarried out in a manner compatible with the sovereign rights of States, including the principle of non-intervention, as well as with the right of everyone to seek, receive and impart information and ideas as enshrined in the relevant United Nations instruments.

2. Such activities should promote the free dissemination and mutual exchange of information and knowledge in cultural and scientific fields, assist in educational, social and economic development, particularly in the developing countries, enhance the qualities of life of all peoples and provide recreation with due respect to the political and cultural integrity of States.

3. These activities should accordingly be carried out in a manner compatible with the development of mutual understanding and the strengthening of friendly relations and cooperation among all States and peoples in the interest of maintaining international peace and security.

B. Applicability of international law

4. Activities in the field of international direct television broadcasting by satellite should be conducted in accordance with international law, including the Charter of the United Nations, the Treaty on Principles

Governing the Activities of States in the Exploration and Use of Outer Space, including the Moon and Other Celestial Bodies, of 27 January 1967, the relevant provisions of the International Telecommunication Convention and its Radio Regulations and of international instruments relating to friendly relations and cooperation among States and to human rights.

C. Rights and benefits

5. Every State has an equal right to conduct activities in the field of international direct television broadcasting by satellite and to authorize such activities by persons and entities under its jurisdiction. All States and peoples are entitled to and should enjoy the benefits from such activities. Access to the technology in this field should be available to all States without discrimination on terms mutually agreed by all concerned.

D. International cooperation

6. Activities in the field of international direct television broadcasting by satellite should be based upon and encourage international cooperation. Such cooperation should be the subject of appropriate arrangements. Special consideration should be given to the needs of the developing countries in the use of international direct television broadcasting by satellite for the purpose of accelerating their national development.

E. Peaceful settlement of disputes

7. Any international dispute that may arise from activities covered by these principles should be settled through established procedures for the peaceful settlement of disputes agreed upon by the parties to the

dispute in accordance with the provisions of the Charter of the United Nations.

F. State responsibility

8. States should bear international responsibility for activities in the field of international direct television broadcasting by satellite carried out by them or under their jurisdiction and for the conformity of any such activities with the principles set forth in this document.

9. When international direct television broadcasting by satellite is carried out by an international intergovernmental organization, the responsibility referred to in paragraph 8 above should be borne both by that organization and by the States participating in it.

G. Duty and right to consult

10. Any broadcasting or receiving State within an international direct television broadcasting satellite service established between them requested to do so by any other broadcasting or receiving State within the same service should promptly enter into consultations with the requesting State regarding its activities in the field of international direct television broadcasting by satellite, without prejudice to other consultations which these States may undertake with any other State on that subject.

H. Copyright and neighbouring rights

11. Without prejudice to the relevant provisions of international law, States should cooperate on a bilateral and multilateral basis for protection of copyright and neighbouring rights by means of appropriate agreements between the interested States or the competent legal entities acting under their jurisdiction. In such cooperation they should

give special consideration to the interests of developing countries in the use of direct television broadcasting for the purpose of accelerating their national development.

I. Notification to the United Nations

12. In order to promote international cooperation in the peaceful exploration and use of outer space, States conducting or authorizing activities in the field of international direct television broadcasting by satellite should inform the Secretary-General of the United Nations, to the greatest extent possible, of the nature of such activities. On receiving this information, the Secretary-General should disseminate it immediately and effectively to the relevant specialized agencies, as well as to the public and the international scientific community.

J. Consultations and agreements between States

13. A State which intends to establish or authorize the establishment of an international direct television broadcasting satellite service shall without delay notify the proposed receiving State or States of such intention and shall promptly enter into consultation with any of those States which so requests.

14. An international direct television broadcasting satellite service shall only be established after the conditions set forth in paragraph 13 above have been met and on the basis of agreements and/or arrangements in conformity with the relevant instruments of the International Telecommunication Union and in accordance with these principles.

15. With respect to the unavoidable overspill of the radiation of the satellite signal, the relevant instruments of the International Telecommunication Union shall be exclusively applicable.

附录 I 《遥感地球原则》中英文版本

关于从外层空间遥感地球的原则[①]

大会，

回顾其 1974 年 11 月 12 日第 3234（XXIX）号决议，其中建议和平利用外层空间委员会法律小组委员会审议从空间遥感地球所涉的法律问题，以及 1975 年 11 月 18 日第 3388（XXX）号、1976 年 11 月 8 日第 31/8 号、1977 年 12 月 20 日第 32/196A 号、1978 年 11 月 10 日第 33/16 号、1979 年 12 月 5 日第 34/66 号、1980 年 11 月 13 日第 35/14 号、1981 年 11 月 18 日第 36/35 号、1982 年 12 月 10 日第 37/89 号、1983 年 12 月 15 日第 38/80 号、1984 年 12 月 14 日第 39/96 号和 1985 年 12 月 19 日第 40/162 号决议，其中要求详细审议从空间遥感地球所涉法律问题，以期拟订同遥感有关的原则草案。

审议了和平利用外层空间委员会第二十九届会议工作报告及其所附的关于从空间遥感地球的原则草案的案文，

满意地注意到和平利用外层空间委员会已根据在法律小组委员会的审议结果，核可了关于从空间遥感地球的原则草案案文，

相信通过关于从空间遥感地球的原则将有助于加强在此领域的国际合作，通过本决议附件所载关于从空间遥感地球的原则。

---

① 资料来源：联合国大会 1986 年 12 月 3 日第 41/65 号决议，参见联合国外层空间事务厅（外空委秘书处）官方网站 http://www.oosa.unvienna.org/oosa/zh/SpaceLaw/gares/html/gares_41_0065.html，2011 年 5 月 12 日访问。

附件 关于从外层空间遥感地球的原则

原则一

就有关遥感活动的这些原则而言：

(a)“遥感”一词是指为了改善自然资源管理、土地利用和环境保护的目的，利用被感测物体所发射、反射或衍射的电磁波的性质从空间感测地球表面；

(b)“原始数据”一词是指空间物体所载遥感器取得的并从空间以遥测方式用电磁信号播送或以照相胶卷、磁带或任何其他手段传送到地面的粗泛数据；

(c)“处理过的数据”一词是指为了能利用原始数据而对这种数据进行处理所得到的产物；

(d)“分析过的资料”一词是指对处理过的数据和从其他来源获得的数据和知识进行解释所得到的资料；

(e)“遥感活动”一词是指遥感空间系统、原始数据收集和储存站的操作，以及处理、解释和传播处理过的数据的活动。

原则二

遥感活动应为所有国家谋福利和利益，不论它们的经济、社会或科学和技术发展程度如何，并应特别考虑到发展中国家的需要。

原则三

进行遥感活动应遵守国际法，包括联合国宪章、关于各国探索和利用外层空间包括月球与其他天体活动所应遵守原则的条约 1 和国际电信联盟的有关文书。

原则四

进行遥感活动应遵守关于各国探索和利用外层空间包括月球与其他天体活动所应遵守原则的条约第一条所载的原则，该条特别规定探索和利用外层空间应为所有国家谋福利和利益，而不论其经济或科学发展程度如何，并订明在平等基础上自由探索和利用外层空间的原则。进行这些活动时应尊重所有国家和人民对其财富和自然资源享有完全和永久主权的原则，同时应适当顾及其他国家及其管辖下的实体依照国际法享有的权利和利益。这种活动的进行不得损及被感测国家的合法权利和利益。

原则五

进行遥感活动的国家应促进遥感活动方面的国际合作。为此目的，它们应向其他国家提供参与其事的机会。每项这种参与都应基于公平和彼此接受的条件。

原则六

为使遥感活动所带来的惠益在最大范围内得到享用，应通过协定或其他安排，鼓励各国设立和操作数据收集和储存站以及处理和解释设施，尤其是可行时在区域协定或安排的范围内进行。

原则七

参加遥感活动的国家应按照彼此同意的条件向其他有兴趣的国家提供技术援助。

原则八

联合国和联合国系统内有关机构应促进遥感方面的国际合作，包括技术援助和协调。

原则九

按照关于登记射入外层空间物体的公约 4 第四条和关于各国探索和利用外层空间包括月球与其他天体活动的所应遵守原则的条约第十一条的规定，进行遥感计划的国家应通知联合国秘书长。经任何其他国家请求，尤其是受该计划影响的任何发展中国家请求，该国还应在切实可行的最大限度内提供任何其他有关资料。

原则十

遥感应促进地球自然环境的保护。

为此目的，参加遥感活动并确定其拥有的资料能防止有害于地球自然环境的任何现象的国家应将此类资料提供给有关国家。

原则十一

遥感应促进保护人类免受自然灾害侵袭。

为此目的，参加遥感活动并确定其拥有的处理过的数据和分析过的资料对受到自然灾害侵袭或很可能受到即将发生的自然灾害侵袭的国家也许有助益的国家，应尽快将这种数据和资料送交有关国家。

原则十二

有关被感测国管辖下领土的原始数据和处理过的数据一经制就，该国即得在不受歧视的基础上依照合理费用条件取得这些数据。被感测国亦得按同样基础和条件取得任何参与遥感活动的国家所拥有的关于其管辖下领土的分析过的资料，在这方面，应特别考虑到发展中国家的需要和利益。

原则十三

为促进和加强国际合作，尤其是照顾到发展中国家的需要，从外层空间遥感地球的国家经请求应同领土被感测的国家举行协商，以提供参与机会和增进双方由此得到的惠益。

原则十四

根据关于各国探索和利用外层空间包括月球与其他天体活动所

应遵守原则的条约第六条，操作遥感卫星的国家应对其活动承担国际责任，并确保此类活动的实施符合这些原则和国际法规范，不论此类活动是由政府实体或非政府实体进行的还是通过该国所参加的国际组织进行的。这条原则不妨碍国际法关于遥感活动的国家责任的规范的适用。

原则十五

这些原则的适用所产生的任何争端应通过既定的和平解决争端程序予以解决。

Principles Relating to Remote Sensing of the Earth from Outer Space①

The General Assembly,

Recalling its resolution 3234 (XXIX) of 12 November 1974, in which it recommended that the Legal Subcommittee of the Committee on the Peaceful Uses of Outer Space should consider the question of the legal implications of remote sensing of the Earth from space, as well as its resolutions 3388 (XXX) of 18 November 1975, 31/8 of 8 November 1976, 32/196 A of 20 December 1977, 33/16 of 10 November 1978, 34/66 of 5 December 1979, 35/14 of 3 November 1980, 36/35 of 18 November 1981, 37/89 of 10 December 1982, 38/80 of 15 December 1983, 39/96 of 14 December 1984 and 40/162 of 16 December 1985, in which it called for a detailed consideration of

① 资料来源：联合国大会 1986 年 12 月 3 日第 41/65 号决议，参见联合国外层空间事务厅（外空委秘书处）官方网站 http://www.oosa.unvienna.org/oosa/en/SpaceLaw/gares/html/gares_41_0065.html,2011 年 5 月 14 日访问。

the legal implications of remote sensing of the Earth from space, with the aim of formulating draft principles relating to remote sensing,

Having considered the report of the Committee on the Peaceful Uses of Outer Space on the work of its twenty-ninth session6 and the text of the draft principles relating to remote sensing of the Earth from space, annexed thereto,

Noting with satisfaction that the Committee on the Peaceful Uses of Outer Space, on the basis of the deliberations of its Legal Subcommittee, has endorsed the text of the draft principles relating to remote sensing of the Earth from space,

Believing that the adoption of the principles relating to remote sensing of the Earth from space will contribute to the strengthening of international cooperation in this field,

Adopts the principles relating to remote sensing of the Earth from space set forth in the annex to the present resolution.

Annex. Principles Relating to Remote Sensing of the Earth from Outer Space

Principle I

For the purposes of these principles with respect to remote sensing activities:

(a) The term "remote sensing" means the sensing of the Earth's surface from space by making use of the properties of electromagnetic waves emitted, reflected or diffracted by the sensed objects, for the purpose of improving natural resources management, land use and the protection of the environment;

(b) The term "primary data" means those raw data that are acquired by remote sensors borne by a space object and that are transmitted or delivered to the ground from space by telemetry in the form of electromagnetic signals, by photographic film, magnetic tape or any other means;

(c) The term "processed data" means the products resulting from the processing of the primary data, needed to make such data usable;

(d) The term "analysed information" means the information resulting from the interpretation of processed data, inputs of data and knowledge from other sources;

(e) The term "remote sensing activities" means the operation of remote sensing space systems, primary data collection and storage stations, and activities in processing, interpreting and disseminating the processed data.

Principle II

Remote sensing activities shall be carried out for the benefit and in the interests of all countries, irrespective of their degree of economic, social or scientific and technological development, and taking into particular consideration the needs of the developing countries.

Principle III

Remote sensing activities shall be conducted in accordance with international law, including the Charter of the United Nations, the Treaty on Principles Governing the Activities of States in the Exploration and Use of Outer Space, including the Moon and Other Celestial Bodies, 1 and the relevant instruments of the International Telecommunication Union.

Principle IV

Remote sensing activities shall be conducted in accordance with the principles contained in article I of the Treaty on Principles Governing the Activities of States in the Exploration and Use of Outer Space, including the Moon and Other Celestial Bodies, which, in particular, provides that the exploration and use of outer space shall be carried out for the benefit and in the interests of all countries, irrespective of their degree of economic or scientific development, and stipulates the principle of freedom of exploration and use of outer space on the basis of equality. These activities shall be conducted on the basis of respect for the principle of full and permanent sovereignty of all States and peoples over their own wealth and natural resources, with due regard to the rights and interests, in accordance with international law, of other States and entities under their jurisdiction. Such activities shall not be conducted in a manner detrimental to the legitimate rights and interests of the sensed State.

Principle V

States carrying out remote sensing activities shall promote international cooperation in these activities. To this end, they shall make available to other States opportunities for participation therein. Such participation shall be based in each case on equitable and mutually acceptable terms.

Principle VI

In order to maximize the availability of benefits from remote sensing activities, States are encouraged, through agreements or other arrangements, to provide for the establishment and operation of data collecting and storage stations and processing and interpretation facilities, in particular within the framework of regional agreements or arrangements wherever feasible.

Principle VII

States participating in remote sensing activities shall make available technical assistance to other interested States on mutually agreed terms.

Principle VIII

The United Nations and the relevant agencies within the United Nations system shall promote international cooperation, including technical assistance and coordination in the area of remote sensing.

Principle IX

In accordance with article IV of the Convention on Registration of Objects Launched into Outer Space 4 and article XI of the Treaty on Principles Governing the Activities of States in the Exploration and Use of Outer Space, including the Moon and Other Celestial Bodies, a State carrying out a programme of remote sensing shall inform the Secretary-General of the United Nations. It shall, moreover, make available any other relevant information to the greatest extent feasible and practicable to any other State, particularly any developing country that is affected by the programme, at its request.

Principle X

Remote sensing shall promote the protection of the Earth's natural environment. To this end, States participating in remote sensing activities that have identified information in their possession that is capable of averting any phenomenon harmful to the Earth's natural environment shall disclose such information to States concerned.

Principle XI

Remote sensing shall promote the protection of mankind from natural disasters. To this end, States participating in remote sensing activities that have identified processed data and analysed information in their possession that may be useful to States affected by natural disasters, or likely to be affected by impending natural disasters, shall transmit such data and information to States concerned as promptly as possible.

Principle XII

As soon as the primary data and the processed data concerning the territory under its jurisdiction are produced, the sensed State shall have access to them on a non-discriminatory basis and on reasonable cost terms. The sensed State shall also have access to the available analysed information concerning the territory under its jurisdiction in the possession of any State participating in remote sensing activities on the same basis and terms, taking particularly into account the needs and interests of the developing countries.

Principle XIII

To promote and intensify international cooperation, especially with regard to the needs of developing countries, a State carrying out remote sensing of the Earth from space shall, upon request, enter into consultations with a State whose territory is sensed in order to make available opportunities for participation and enhance the mutual benefits to be derived therefrom.

Principle XIV

In compliance with article VI of the Treaty on Principles Governing the Activities of States in the Exploration and Use of Outer Space, including the Moon and Other Celestial Bodies, States operating remote sensing satellites shall bear international responsibility for their activities and assure that such activities are conducted in accordance with these principles and the norms of international law, irrespective of whether such activities are carried out by governmental or non-governmental entities or through international organizations to which such States are parties. This principle is without prejudice to the applicability of the norms of international law on State responsibility for remote sensing activities.

Principle XV

Any dispute resulting from the application of these principles shall be resolved through the established procedures for the peaceful settlement of disputes.

附录 J 《核动力源使用原则》中英文版本

关于在外层空间使用核动力源的原则[①]

大会，

审议了和平利用外层空间委员会第三十五届会议的工作报告及委员会所核可并附在其报告的关于在外层空间使用核动力源的原则的案文，

认识到核动力源由于体积小、寿命长及其他特性，特别适用于甚至必须用于在外层空间的某些任务，

还认识到核动力源在外层空间的使用应当集中于能够利用核动力源特性的那些用途，

又认识到在外层空间使用核动力源应当以包括或然风险分析在内的彻底安全评价为基础，特别应着重减少公众意外地接触到有害辐射或放射物质的危险，

确认在这方面需要一组含有目标和准则的原则，以确保在外层空间安全使用核动力源，

申明这组原则适用于专门在空间物体上为非推进目的发电的、其特性大体上与原则通过时所使用的系统和执行的任务相似的外层空间核动力源，

认识到这组原则将来需要参照新的核动力用途和国际上对辐射防护提出的新建议而进行订正，

---

① 资料来源：联合国大会 1992 年 12 月 14 日 47/68 号决议，参见联合国外层空间事务厅（外空委秘书处）官方网站 http://www.oosa.unvienna.org/oosa/zh/SpaceLaw/gares/html/gares_47_0068.html,2011 年 5 月 13 日访问。

通过下列关于在外层空间使用核动力源的原则。

原则 1. 国际法的适用性

涉及在外层空间使用核动力源的活动应按照国际法进行，尤其是《联合国宪章》和《关于各国探索与利用包括月球和其他天体在内外层空间活动的原则条约》。

原则 2. 用语

1. 为这些原则的目的，“发射国”和“发射……的国家”两词是指，在与有关原则相关的某一时刻对载有核动力源的空间物体实施管辖和控制的国家。

2. 为原则 9 的目的，其中所载“发射国”一词的定义适用于该原则。

3. 为原则 3 的目的，“可预见的”和“一切可能的”两词是用来形容其实际发生的总体可能性到达了据认为对安全分析来说是有可信可能性的程度的一类事件或情况。“深入防范总概念”一词在适用于外层空间核动力源时是指用各种设计形式和航天操作代替或补充运转的系统，以防止系统发生故障或减轻其后果。实现这一目的并非一定要求每个单一部件都有冗余的安全系统。鉴于空间使用和各种航天任务的特殊要求，不可能把任何一套特定的系统或特点规定为实现这一目的所必须的。为原则 3 第 2（d）段的目的，“使其进入临界状态”不包括诸如零功率测试这类确保系统安全所必需的行动。

原则 3. 安全使用的准则和标准

为了尽量减少空间放射性物质的数量和所涉的危险，核动力源在外层空间的使用应限于用非核动力源无法合理执行的航天任务。

1. 关于放射性防护和核安全的一般目标

(a) 发射载有核动力源的空间物体的国家应力求保护个人、人口和生物圈免受辐射危害。载有核动力源的空间物体的设计和使用应极有把握地确保使危害在可预见的操作情况下或事故情况下均低于第1（b）和（c）段界定的可接受水平。

这种设计和使用还应极可靠地确保放射性材料不会显著地污染外层空间。

（b）在载有核动力源的空间物体正常操作期间，包括从第2（b）段界定的足够高的轨道重返之时，应遵守国际辐射防护委员会建议的对公众的适当辐射防护目标。在此种正常操作期间，不得产生显著的辐照；

（c）为限制事故造成的辐照，核动力源系统的设计和构造应考虑到国际上有关的和普遍接受的辐照防护准则。

除发生具有潜在严重放射性后果之事故的或然率极低的情况外，核动力源系统的设计应极有把握地将辐照限于有限的地理区域，对于个人的辐照量则应限于不超过每年1 mSv的主剂量限度。允许采用若干年内每年5 mSv的辐照副剂量限度，但整个生命期间的平均年有效剂量当量不得超过每年1 mSv的主剂量限度。

应通过系统设计使发生上述具有潜在严重放射后果的事故的或然率非常小。

本段提及的准则今后若有修改，应尽快适用；

（d）应根据深入防范总概念设计、建造和操作对安全十分重要的系统。根据这一概念，可预见的与安全有关的故障都必须可用另一种可能是自动的行动或程序加以纠正或抵消。

应确保对安全十分重要的系统的可靠性，办法除其他外包括使这些系统的部件具有冗余配备、实际分离、功能隔离和适当的独立。

还应采取其他措施提高安全水平。

2. 核反应堆

（a）核反应堆可用于：

（一）行星际航天任务；

（二）第2（b）段界定的足够高的轨道；

（三）低地球轨道，条件是航天任务执行完毕后核反应堆须存放在足够高的轨道上；

(b) 足够高的轨道是指轨寿命足够长，足以使裂变产物衰变到大约为锕系元素活性的轨道。足够高轨道必须能够使对现有和未来外空航天任务构成的危险和与其他空间物体相撞的危险降至最低限度。在确定足够高的轨道的高度时还应考虑到毁损反应堆的部件在再入地球大气层之前也须经过规定的衰变时间。

(c) 核反应堆只能用高浓缩铀 235 燃料。核反应堆的设计应考虑到裂变和活化产物的放射性衰变。

(d) 核反应堆在达到工作轨道或行星际飞行轨道前不得使其进入临界状态。

(e) 核反应堆的设计和建造应确保在达到工作轨道前发生一切可能事件时均不能进入临界状态，此种事件包括火箭爆炸、再入、撞击地面或水面、沉入水下或水进入堆芯。

(f) 为显著减少载有核反应堆的卫星在其寿命低于足够高轨道的轨道上操作期间（包括在转入足够高轨道的操作期间）发生故障的可能性，应有一个极可靠的操作系统，以确保有效地和有控制地处理反应堆。

3. 放射性同位素发电机

(a) 行星际航天任务和其他脱离地球引力场的航天任务可使用放射性同位素发电机。如航天任务执行完毕后将发电机存入在高轨道上，则也可用于地球轨道。在任何情况下都须作出最终的处理。

(b) 放射性同位素发电机应用封闭系统加以保护，该系统的设计和构造应保证在可预见的轨道条件下在再入高层大气时承受热力和空气动力，轨道运行条件在有关时包括高椭圆轨道或双曲线轨道。一旦发生撞击，封闭系统和同位素的物理形态应确保没有放射性物质散入环境，以便可以通过一次回收作业完全清除撞击区的放射性。

原则 4. 安全评价

1. 在发射时符合原则 2 第 1 段定义的发射国，应在发射之前在适用情况下与设计、建造或制造核动力源者，或将操作该空间物体者、或将从其领土或设施发射该空间物体者合作，确保进行彻底和全面的安全评价。这一评价还应涉及航天任务的所有有关阶段，并应顾及所涉一切系统，包括发射手段、空间平台、核动力源及其设备、以及地面与空间之间的控制和通信手段。

2. 这一评价应遵守原则3所载关于安全使用的指导方针和标准。

3. 根据关于各国探索和利用外层空间包括月球与其他天体活动所应遵守原则的条约第十一条，应在每一次发射之前公布这一安全评价的结果同时在可行的范围内说明打算进行发射的大约时间，并应通知联合国秘书长，各国如何能够在发射前尽早获得这种安全评价结果。

原则5. 重返时的通知

1. 发射载有核动力源的空间物体的任何国家在该空间物体发生故障而产生放射性物质重返地球的危险时，应及时通知有关国家。通知应按照下列格式：

(a) 系统参数：

(一) 发射国的名称，包括在发生意外事故时可以与其接触以索取更多资料或得到援助的有关当局的地址；

(二) 国际称号；

(三) 发射日期和发射地区或地点；

(四) 对轨道寿命、轨迹和撞击地区作出最佳预测所需的资料；

(五) 航天器的一般功能；

(b) 关于核动力源的放射危险性的资料：

(一) 动力源的类型：放射性同位素/反应堆；

(二) 可能落到地面的燃料与受沾染和/或活化组件的可能物理状态、数量和一般放射特性。“燃料”一词是指作为热源或动力源的核材料。

这份资料也应当送交给联合国秘书长。

2. 一旦知道发生故障，发射国即应提供符合上述格式的资料。资料应尽可能频密地加以更新，并且在预计重返地球大气稠密层的时刻接近时，增加提供最新资料的频率，以便国际社会了解情况并有充分时间计划任何被认为是必要的国家应变措施。

3. 还应以同样的频率将最新的资料提供给联合国秘书长。

原则 6. 协商

根据原则 5 提供资料的国家，应尽量在合理可行的情况下，对其他国家的索取进一步资料的要求或协商的要求迅速予以答复。

原则 7. 对各国提供的协助

1. 在接到关于载有核动力源的空间物体及其组件预计将重返地球大气层的通知以后，拥有空间监测和跟踪设施的所有国家均应本着国际合作精神，尽早向联合国秘书长和有关国家提供它们可能拥有的关于载有核动力源的空间物体发生故障的有关情报，以便使可能受到影响的各国能够对情况作估计，并采取任何被认为是必要的预防措施。

2. 在载有核动力源的空间物体及其组件重返地球大气层之后：

(a) 发射国应根据受影响国家的要求，迅速提供必要的协助，以消除实际的和可能的影响，包括协助查明核动力源撞击地球表面的地点，侦测重返的物质和进行回收或清理活动。

(b) 除发射国以外的所有拥有有关技术能力的国家、及拥有这种技术能力的国际组织，均应在可能的情况下，根据受影响国家的要求，提供必要的协助。

在根据上述 (a)、(b) 分段提供协助时，应考虑发展中国家的特别需要。

原则 8. 责任

按照关于各国探索和利用外层空间包括月球与其他天体活动所

应遵守原则的条约第六条，各国应为本国在外层空间涉及使用核动力源的活动承担国际责任，而不论这些活动是由政府机构或非政府实体进行，并应承担国际责任，保证本国所进行的此类活动符合该条约和这些原则中的建议。如果涉及使用核动力源的外层空间活动是由一个国际组织进行，则应由该国际组织和参加该组织的国家承担遵守上述条约和这些原则中所载建议的责任。

原则 9. 赔偿责任和赔偿

1. 按照关于各国探索和利用外层空间包括月球与其他天体活动所应遵守原则的条约第七条和空间物体所造成损害的国际责任公约 3 的各项规定，发射或请人代国发射空间物体的每一国家，以及从其领土或设施发射空间物体的每一国家对此种空间物体或其构成部分所造成的损害应承担国际赔偿责任。这完全适用于此种空间物体载有核动力源的情况。两个或两个以上国家共同发射空间物体时，各发射国应按照上述公约第五条对任何损害共同及单独承担责任。

2. 此类国家按照上述公约所应承担的损害赔偿，应按照国际法和公平合理的原则确定，以便提供的损害赔偿使以其名义提出索赔的自然人或法人、国家或国际组织能够恢复至损害发生前的状态。

3. 为了本原则的目的，所作的赔偿应包括偿还有适足依据的搜索、回收和清理工作的费用，其中包括第三方提供援助的费用。

原则 10. 解决争端

由于执行这些原则所引起任何争端将按照联合国宪章的规定，通过谈判或其他既有的和平解决争端程序来解决。

原则 11. 审查和修订

这些原则应由和平利用外层空间委员会审查和修订，时间不应迟于原则通过后二年。

Principles Relevant to the Use of Nuclear Power Sources in Outer Space①

The General Assembly,

Having considered the report of the Committee on the Peaceful Uses of Outer Space on the work of its thirty-fifth session and the text of the Principles Relevant to the Use of Nuclear Power Sources in Outer Space as approved by the Committee and annexed to its report,

Recognizing that for some missions in outer space nuclear power sources are particularly suited or even essential owing to their compactness, long life and other attributes,

Recognizing also that the use of nuclear power sources in outer space should focus on those applications which take advantage of the particular properties of nuclear power sources,

Recognizing further that the use of nuclear power sources in outer space should be based on a thorough safety assessment, including probabilistic risk analysis, with particular emphasis on reducing the risk of accidental exposure of the public to harmful radiation or radioactive material,

Recognizing the need, in this respect, for a set of principles containing goals and guidelines to ensure the safe use of nuclear power sources in outer space,

Affirming that this set of Principles applies to nuclear power

---

① 资料来源：联合国大会1992年12月14日47/68号决议，参见联合国外层空间事务厅（外空委秘书处）官方网站 http://www.unoosa.org/oosa/SpaceLaw/nps.html，2011年5月13日访问。

sources in outer space devoted to the generation of electric power on board space objects for non-propulsive purposes, which have characteristics generally comparable to those of systems used and missions performed at the time of the adoption of the Principles,

Recognizing that this set of Principles will require future revision in view of emerging nuclear power applications and of evolving international recommendations on radiological protection,

Adopts the Principles Relevant to the Use of Nuclear Power Sources in Outer Space as set forth below.

Principle 1. Applicability of international law

Activities involving the use of nuclear power sources in outer space shall be carried out in accordance with international law, including in particular the Charter of the United Nations and the Treaty on Principles Governing the Activities of States in the Exploration and Use of Outer Space, including the Moon and Other Celestial Bodies.

Principle 2. Use of terms

1. For the purpose of these Principles, the terms "launching State" and "State launching" mean the State which exercises jurisdiction and control over a space object with nuclear power sources on board at a given point in time relevant to the principle concerned.
2. For the purpose of principle 9, the definition of the term "launching State" as contained in that principle is applicable.
3. For the purposes of principle 3, the terms "foreseeable" and "all possible" describe a class of events or circumstances whose overall probability of occurrence is such that it is considered to encompass only credible possibilities for purposes of safety analysis. The term "general concept of defence-in-depth" when applied to nuclear power

sources in outer space refers to the use of design features and mission operations in place of or in addition to active systems, to prevent or mitigate the consequences of system malfunctions. Redundant safety systems are not necessarily required for each individual component to achieve this purpose. Given the special requirements of space use and of varied missions, no particular set of systems or features can be specified as essential to achieve this objective. For the purposes of paragraph 2 (d) of principle 3, the term "made critical" does not include actions such as zero-power testing which are fundamental to ensuring system safety.

Principle 3. Guidelines and criteria for safe use

In order to minimize the quantity of radioactive material in space and the risks involved, the use of nuclear power sources in outer space shall be restricted to those space missions which cannot be operated by non-nuclear energy sources in a reasonable way.

1. General goals for radiation protection and nuclear safety

(a) States launching space objects with nuclear power sources on board shall endeavour to protect individuals, populations and the biosphere against radiological hazards. The design and use of space objects with nuclear power sources on board shall ensure, with a high degree of confidence, that the hazards, in foreseeable operational or accidental circumstances, are kept below acceptable levels as defined in paragraphs 1 (b) and (c).

Such design and use shall also ensure with high reliability that radioactive material does not cause a significant contamination of outer space.

(b) During the normal operation of space objects with nuclear power sources on board, including re-entry from the sufficiently high orbit as defined in paragraph 2 (b), the appropriate radiation protection objective for the public recommended by the International Commission on Radiological Protection shall be observed. During such normal operation there shall be no significant radiation exposure.

(c) To limit exposure in accidents, the design and construction of the nuclear power source systems shall take into account relevant and generally accepted international radiological protection guidelines.

Except in cases of low-probability accidents with potentially serious radiological consequences, the design for the nuclear power source systems shall, with a high degree of confidence, restrict radiation exposure to a limited geographical region and to individuals to the principal limit of 1 mSv in a year. It is permissible to use a subsidiary dose limit of 5 mSv in a year for some years, provided that the average annual effective dose equivalent over a lifetime does not exceed the principal limit of 1 mSv in a year.

The probability of accidents with potentially serious radiological consequences referred to above shall be kept extremely small by virtue of the design of the system.

Future modifications of the guidelines referred to in this paragraph shall be applied as soon as practicable.

(d) Systems important for safety shall be designed, constructed and operated in accordance with the general concept of defence-in-depth. Pursuant to this concept, foreseeable safety-related failures or malfunctions must be capable of being corrected or counteracted by an action or a procedure, possibly automatic.

The reliability of systems important for safety shall be ensured, *inter alia*, by redundancy, physical separation, functional isolation and adequate independence of their components.

Other measures shall also be taken to raise the level of safety.

2. Nuclear reactors

(a) Nuclear reactors may be operate:

(i) On interplanetary missions;

(ii) In sufficiently high orbits as defined in paragraph 2 (b);

(iii) In low-Earth orbits if they are stored in sufficiently high orbits after the operational part of their mission.

(b) The sufficiently high orbit is one in which the orbital lifetime is long enough to allow for a sufficient decay of the fission products to approximately the activity of the actinides. The sufficiently high orbit must be such that the risks to existing and future outer space missions and of collision with other space objects are kept to a minimum. The necessity for the parts of a destroyed reactor also to attain the required decay time before re-entering the Earth's atmosphere shall be considered in determining the sufficiently high orbit altitude.

(c) Nuclear reactors shall use only highly enriched uranium 235 as fuel. The design shall take into account the radioactive decay of the fission and activation products.

(d) Nuclear reactors shall not be made critical before they have reached their operating orbit or interplanetary trajectory.

(e) The design and construction of the nuclear reactor shall ensure that it cannot become critical before reaching the operating orbit during all possible events, including rocket explosion, re-entry, impact on ground or water, submersion in water or water intruding into the core.

(f) In order to reduce significantly the possibility of failures in satellites with nuclear reactors on board during operations in an orbit with a lifetime less than in the sufficiently high orbit (including operations for transfer into the sufficiently high orbit), there shall be a highly reliable operational system to ensure an effective and controlled disposal of the reactor.

3. Radioisotope generators

(a) Radioisotope generators may be used for interplanetary missions and other missions leaving the gravity field of the Earth. They may also be used in Earth orbit if, after conclusion of the operational part of their mission, they are stored in a high orbit. In any case ultimate disposal is necessary.

(b) Radioisotope generators shall be protected by a containment system that is designed and constructed to withstand the heat and aerodynamic forces of re-entry in the upper atmosphere under foreseeable orbital conditions, including highly elliptical or hyperbolic orbits where relevant. Upon impact, the containment system and the physical form of the isotope shall ensure that no radioactive material is scattered into the environment so that the impact area can be completely cleared of radioactivity by a recovery operation.

Principle 4. Safety assessment

1. A launching State as defined in principle 2, paragraph 1, at the time of launch shall, prior to the launch, through cooperative arrangements, where relevant, with those which have designed, constructed or manufactured the nuclear power sources, or will operate the space object, or from whose territory or facility such an object will be launched, ensure that a thorough and comprehensive safety assessment is conducted. This assessment shall cover as well all relevant phases of the mission and shall deal with all systems involved, including the means of launching, the space platform, the nuclear power source and its equipment and the means of control and communication between ground and space.

2. This assessment shall respect the guidelines and criteria for safe

use contained in principle 3.

3. Pursuant to article XI of the Treaty on Principles Governing the Activities of States in the Exploration and Use of Outer Space, including the Moon and Other Celestial Bodies, the results of this safety assessment, together with, to the extent feasible, an indication of the approximate intended time-frame of the launch, shall be made publicly available prior to each launch, and the Secretary-General of the United Nations shall be informed on how States may obtain such results of the safety assessment as soon as possible prior to each launch.

Principle 5. Notification of re-entry

1. Any State launching a space object with nuclear power sources on board shall in a timely fashion inform States concerned in the event this space object is malfunctioning with a risk of re-entry of radioactive materials to the Earth. The information shall be in accordance with the following format:

(a) System parameters:

(i) Name of launching State or States, including the address of the authority which may be contacted for additional information or assistance in case of accident;

(ii) International designation;

(iii) Date and territory or location of launch;

(iv) Information required for best prediction of orbit lifetime, trajectory and impact region;

(v) General function of spacecraft;

(b) Information on the radiological risk of nuclear power source (s):

(i) Type of nuclear power source: radioisotopic/reactor;

(ii) The probable physical form, amount and general radiological characteristics of the fuel and contaminated and/or activated components likely to reach the ground. The term "fuel" refers to the nuclear material used as the source of heat or power.

2. The information, in accordance with the format above, shall be provided by the launching State as soon as the malfunction has become known. It shall be updated as frequently as practicable and the frequency of dissemination of the updated information shall increase as the anticipated time of re-entry into the dense layers of the Earth's atmosphere approaches so that the international community will be informed of the situation and will have sufficient time to plan for any national response activities deemed necessary.

3. The updated information shall also be transmitted to the Secretary-General of the United Nations with the same frequency.

Principle 6. Consultations

States providing information in accordance with principle 5 shall, as far as reasonably practicable, respond promptly to requests for further information or consultations sought by other States.

Principle 7. Assistance to States

1. Upon the notification of an expected re-entry into the Earth's atmosphere of a space object containing a nuclear power source on board and its components, all States possessing space monitoring and tracking facilities, in the spirit of international cooperation, shall communicate the relevant information that they may have available on the malfunctioning space object with a nuclear power source on board to the Secretary-General of the United Nations and the State concerned as promptly as possible to allow States that might be affected to assess the situation and take any precautionary measures

deemed necessary.

2. After re-entry into the Earth's atmosphere of a space object containing a nuclear power source on board and its components:

(a) The launching State shall promptly offer and, if requested by the affected State, provide promptly the necessary assistance to eliminate actual and possible harmful effects, including assistance to identify the location of the area of impact of the nuclear power source on the Earth's surface, to detect the re-entered material and to carry out retrieval or clean-up operations;

(b) All States, other than the launching State, with relevant technical capabilities and international organizations with such technical capabilities shall, to the extent possible, provide necessary assistance upon request by an affected State.

In providing the assistance in accordance with subparagraphs (a) and (b) above, the special needs of developing countries shall be taken into account.

Principle 8. Responsibility

In accordance with article VI of the Treaty on Principles Governing the Activities of States in the Exploration and Use of Outer Space, including the Moon and Other Celestial Bodies, States shall bear international responsibility for national activities involving the use of nuclear power sources in outer space, whether such activities are carried on by governmental agencies or by non-governmental entities, and for assuring that such national activities are carried out in conformity with that Treaty and the recommendations contained in these Principles. When activities in outer space involving the use of nuclear power sources are carried on by an international organization, responsibility for compliance with the aforesaid Treaty and the recommendations contained in these Principles shall be borne both by the international organization and by the States participating in it.

Principle 9. Liability and compensation

1. In accordance with article VII of the Treaty on Principles Governing the Activities of States in the Exploration and Use of Outer Space, including the Moon and Other Celestial Bodies, and the provisions of the Convention on International Liability for Damage Caused by Space Objects, each State which launches or procures the launching of a space object and each State from whose territory or facility a space object is launched shall be internationally liable for damage caused by such space objects or their component parts. This fully applies to the case of such a space object carrying a nuclear power source on board. Whenever two or more States jointly launch such a space object, they shall be jointly and severally liable for any damage caused, in accordance with article V of the above-mentioned Convention.

2. The compensation that such States shall be liable to pay under the aforesaid Convention for damage shall be determined in accordance with international law and the principles of justice and equity, in order to provide such reparation in respect of the damage as will restore the person, natural or juridical, State or international organization on whose behalf a claim is presented to the condition which would have existed if the damage had not occurred.

3. For the purposes of this principle, compensation shall include reimbursement of the duly substantiated expenses for search, recovery and clean-up operations, including expenses for assistance received from third parties.

Principle 10. Settlement of disputes

Any dispute resulting from the application of these Principles shall be resolved through negotiations or other established procedures for the peaceful settlement of disputes, in accordance with the Charter of the United Nations.

Principle 11. Review and revision

These Principles shall be reopened for revision by the Committee on the Peaceful Uses of Outer Space no later than two years after their adoption.

附录 K 《国际空间合作宣言》中英文版本

关于开展探索和利用外层空间的国际合作，促进所有国家的福利和利益，并特别要考虑到发展中国家的需要的宣言①

大会，

审议了和平利用外层空间委员会第三十九届会议工作报告②以及该报告所附经委员会核准的《关于开展探索和利用外层空间的国际合作，促进所有国家的福利和利益，并特别要考虑到发展中国家的需要的宣言》③ 案文，

铭记《联合国宪章》的有关规定，

特别回顾《关于各国探索和利用外层空间包括月球与其他天体活动所应遵守原则的条约》④ 的各项规定，

并回顾其关于外层空间活动的各项有关决议，

铭记第二次联合国探索及和平利用外层空间会议⑤和其他与此领域有关的国际会议的建议，

---

① 简称《国际空间合作宣言》。资料来源：联合国 1996 年 12 月 13 日大会决议 A/RES/51/122，参见联合国外层空间事务厅（外空委秘书处）官方网站 http://www.oosa.unvienna.org/oosa/zh/SpaceLaw/gares/html/gares_51_0122.html，2011 年 5 月 14 日访问。

② 联合国《大会正式记录，第五十一届会议，补编第 20 号》（A/51/20）。

③ 标注同上，附件四。

④ 联合国大会第 2222（XXI）号决议，附件。

⑤ 见《第二次联合国探索及和平利用外层空间会议的报告，1982 年 8 月 9 日至 21 日，维也纳》和更正（A/CONF. 101/10 和 Corr. 1 和 2）。

认识到国家间及国家与国际组织间在为和平目的探索和利用外层空间方面开展国际合作的范围和意义日益增大，

考虑到在国际合作活动中取得的经验，

深信进一步加强国际合作以便为了互利和所有有关各方利益而在该领域实现广泛有效协作的必要性和意义，

期望促进下述原则的实施，即探索和利用包括月球和其他天体在内的外层空间，应是为了所有国家的福利和利益，无论其经济或科学发展程度如何，并应成为全人类的事业，

通过本决议附件所载《关于开展探索和利用外层空间的国际合作，促进所有国家的福利和利益，并特别要考虑到发展中国家的需要的宣言》。

附件. 关于开展探索和利用外层空间的国际合作，促进所有国家的福利和利益，并特别要考虑到发展中国家的需要的宣言

1. 应根据包括《联合国宪章》和《关于各国探索和利用外层空间包括月球与其他天体活动所应遵守原则的条约》在内的国际法的各项规定开展为和平目的探索和利用外层空间的国际合作（下称“国际合作”）。开展这一国际合作应是为了促进所有国家的福利和利益，不论其经济、社会或科学技术的发展程度如何，并应成为全人类的事业。应特别考虑到发展中国家的需要。

2. 各国均可在公平和可以相互接受的基础上自行决定参加探索和利用外层空间的国际合作的所有方面。这种合作活动的合同条件应当公平合理，应当完全符合有关各方的合法权利和利益，例如知识产权。

3. 所有国家，特别是具有有关空间能力和正在进行探索和利用外层空间方案的国家，应当在公平和可以相互接受的基础上帮助促进和推动国际合作。在这方面，应当特别注意到发展中国家和空间方案刚起步的国家在与空间能力较先进的国家开展国际合作时所产生的福利和利益。

4. 开展国际合作时应当采取有关国家认为最有效和适当的方式，

除其他外，包括政府与非政府的方式；商业与非商业的方式；全球、多边、区域或双边的方式；以及各种发展水平的国家之间的国际合作。

5. 国际合作在特别顾及发展中国家需要的同时，应考虑到它们对技术援助的需要和合理有效地分配财政和技术资源，尤其应当致力达到下列目标：

(a) 促进空间科学和技术及其应用的发展；

(b) 推动有关国家的实用和适当空间能力的发展；

(c) 促进各国在可以相互接受的基础上交流专业知识和技术。

6. 国家机构和国际机构、研究机构、发展援助组织以及发达国家和发展中国家，都应当考虑如何适当发挥空间应用和国际合作的潜力，以求实现其发展目标。

7. 应当加强和平利用外层空间委员会的作用，除其他外，应发挥在开展探索和利用外层空间的国际合作领域中作为国家和国际活动交流信息论坛的作用。

8. 应当鼓励所有国家根据其空间能力及其参与探索和利用外层空间的程度，为联合国空间应用方案和国际合作领域的其他倡议作出贡献。

Declaration on International Cooperation in the Exploration and Use of Outer Space for the Benefitand in the Interest of All States, Taking into Particular Account

the Needs of Developing Countries①

The General Assembly,

① 资料来源：参见联合国外层空间事务厅（外空委秘书处）官方网站 http://www.oosa.unvienna.org/oosa/en/SpaceLaw/gares/html/gares_51_0122.html,2011 年 5 月 14 日访问。

Having considered the report of the Committee on the Peaceful Uses of Outer Space on the work of its thirty-ninth session and the text of the Declaration on International Cooperation in the Exploration and Use of Outer Space for the Benefit and in the Interest of All States, Taking into Particular Account the Needs of Developing Countries, as approved by the Committee and annexed to its report,

Bearing in mind the relevant provisions of the Charter of the United Nations,

Recalling notably the provisions of the Treaty on the Principles Governing the Activities of States in the Exploration and Use of Outer Space, including the Moon and Other Celestial Bodies,

Recalling also its relevant resolutions relating to activities in outer space,

Bearing in mind the recommendations of the Second United Nations Conference on the Exploration and Peaceful Uses of Outer Space, and of other international conferences relevant in this field,

Recognizing the growing scope and significance of international cooperation among States and between States and international organizations in the exploration and use of outer space for peaceful purposes,

Considering experiences gained in international cooperative ventures,

Convinced of the necessity and the significance of further strengthening international cooperation in order to reach a broad and efficient collaboration in this field for the mutual benefit and in the interest of all parties involved,

Desirous of facilitating the application of the principle that the exploration and use of outer space, including the Moon and other celestial bodies, shall be carried out for the benefit and in the interest of all countries, irrespective of their degree of economic or scientific development, and shall be the province of all mankind,

Adopts the Declaration on International Cooperation in the Exploration and Use of Outer Space for the Benefit and in the Interest of All States, Taking into Particular Account the Needs of Developing Countries, set forth in the annex to the present resolution.

Annex. Declaration on International Cooperation in the Exploration and Use of Outer Space for the Benefit and in the Interest of All States, Taking into Particular Account the Needs of Developing Countries

1. International cooperation in the exploration and use of outer space for peaceful purposes (hereafter "international cooperation") shall be conducted in accordance with the provisions of international law, including the Charter of the United Nations and the Treaty on the Principles Governing the Activities of States in the Exploration and Use of Outer Space, including the Moon and Other Celestial Bodies. It shall be carried out for the benefit and in the interest of all States, irrespective of their degree of economic, social or scientific and technological development, and shall be the province of all mankind. Particular account should be taken of the needs of developing countries.

2. States are free to determine all aspects of their participation in international cooperation in the exploration and use of outer space on an equitable and mutually acceptable basis. Contractual terms in such cooperative ventures should be fair and reasonable and they should be in full compliance with the legitimate rights and interests of the parties concerned as, for example, with intellectual property rights.

3. All States, particularly those with relevant space capabilities and with programmes for the exploration and use of outer space, should

contribute to promoting and fostering international cooperation on an equitable and mutually acceptable basis. In this context, particular attention should be given to the benefit for and the interests of developing countries and countries with incipient space programmes stemming from such international cooperation conducted with countries with more advanced space capabilities.

4. International cooperation should be conducted in the modes that are considered most effective and appropriate by the countries concerned, including, inter alia, governmental and non-governmental; commercial and non-commercial; global, multilateral, regional or bilateral; and international cooperation among countries in all levels of development.

5. International cooperation, while taking into particular account the needs of developing countries, should aim, inter alia, at the following goals, considering their need for technical assistance and rational and efficient allocation of financial and technical resources:

(a) Promoting the development of space science and technology and of its applications;

(b) Fostering the development of relevant and appropriate space capabilities in interested States;

(c) Facilitating the exchange of expertise and technology among States on a mutually acceptable basis.

6. National and international agencies, research institutions, organizations for development aid, and developed and developing countries alike should consider the appropriate use of space applications and the potential of international cooperation for reaching their development goals.

7. The Committee on the Peaceful Uses of Outer Space should be strengthened in its role, among others, as a forum for the exchange

of information on national and international activities in the field of international cooperation in the exploration and use of outer space.

8. All States should be encouraged to contribute to the United Nations Programme on Space Applications and to other initiatives in the field of international cooperation in accordance with their space capabilities and their participation in the exploration and use of outer space.

附录 L 《维也纳宣言》中英文版本

空间千年：关于空间与人的发展的维也纳宣言
(1999 年 7 月 30 日联合国第三次外空会议通过)

参加 1999 年 7 月 19 日至 30 日在维也纳举行的第三次联合国探索及和平利用外层空间会议（第三次外空会议）各国，

一

重申《联合国宪章》的宗旨和原则、各项国际法原则和大会有关决议，

想到人们每每不无惊叹地凝视苍穹并由此产生种种好奇心，这种好奇心驱使早期的天文学家研究天体运动，从而为现代空间科技奠定了基础，

认识到空间科学和空间应用对于宇宙基础知识、教育、卫生、环境监测、自然资源管理、灾害管理、气象预报和气候建模、卫星导航和通信的重要性，以及空间科技对人类福祉，特别是对经济、社会和文化发展所做的重大贡献，

认为空间超越国界和国家利益，便于采取全球性解决办法应付共同的挑战，并为审视地球这一行星提供了有利的观察点，

注意到自 1982 年 8 月 9 日至 21 日在维也纳举行的第二次联合国探索及和平利用外层空间会议以来国际关系的积极发展，

重申全人类对于为和平目的探索和利用外层以空间方面的进步所具有的共同利益并深信有必要将防止外层空间的军备竞赛作为促进这方面国际合作的基本条件，

认识到，根据国际法包括《联合国宪章》而且正如《关于各国

探索和利用外层空间包括月球与其他天体活动所应遵守的原则的条约》中所宣告的那样，外层空间应是属于全体人类的领域，应当用于和平目的，维护国际和平与安全，

还重申1996年12月13日通过的题为《关于开展探索和利用外层空间的国际合作，促进所有国家的福利和利益，并将特别要考虑到发展中国家的需要的宣言》的联合国大会第51/122号决议，

认识到，有秩序地开展空间活动有益于所有国家而不论其是否已积极从事空间研究或开始利用各种空间应用，而且，对空间活动的积极支持是通过各国和各国际组织对各项外空条约的支持来体现的，

满意地注意到1968年和1982年在维也纳举行的联合国探索及和平利用外层空间会议促成了诸多新的举措，包括设立联合国空间应用方案和成立各个附属联合国的区域空间科技教育中心，而这些举措目前正为提高人们对空间技术的认识和加强在地方一级将空间技术用于社会和经济发展的能力建设作出贡献，

注意到空间技术在解决可持续发展的前所未有的挑战方面的惠益和应用，并注意到空间工具在解决环境污染、自然资源耗竭、生物多样性丧失和自然和人为灾害所构成的挑战方面的有效性，

认识到世界空间活动的结构和内容已发生重大变化，其表现形式是各级空间活动的参与者与日俱增，私营部门在促进和实施空间活动方面的贡献不断增强，

还认识到空间技术的使用应符合《二十一世纪议程》中所列造福于所有国家和人民的原则，而且应将其应用扩大到发展中国家，

并认识到和平利用外层空间委员会近年来在空间领域所起的作用，以及各国在该领域制订政策和开展国际合作方面的作用，

认识到可以为了全人类的福祉而通过下述方式应付上述挑战：照顾各方的相互利益、分享空间的知识和资源、在有关国家间协调飞行任务和项目，并加强外层空间探索及和平利用方面的国际合作，

深信应在空间国家和非空间国家之间以及发展中国家之间努力促进实质性联合项目，这样便可开展一些非单个国家力所能及的项目，

满意地注意到技术论坛和航天新一代论坛与会者对第二次外空会议的工作所作出的宝贵贡献，

1. 宣布以下各项为应付未来全球性挑战的战略的核心内容：

(a) 保护地球的环境和管理地球的资源，应采取行动：

(一) 利用现有空间和地面能力制订综合的世界环境监测战略，办法是对参与这类工作的各种实体和组织的活动进行协调；

(二) 改进对地球自然资源的管理，办法包括增加和促进遥感数据的使用，加强遥感系统间协调，不断扩大利用图象的机会和降低图象的费用；

(三) 制订并实施综合性全球观测战略，以便能够获得和使用地球观测数据；

(四) 扩大气象卫星应用方面的国际合作，以加强天气和气候预报；

(五) 尽可能确保所有空间活动，尤其是那些对当地和全球环境可能产生有害影响的活动以一种限制这种影响的方式开展，并为实现这一目标而采取适当措施；

(b) 利用各种空间应用促进人类安全、发展和福利，应采取行动：

(一) 通过扩大和协调远程医疗和传染病控制等空基服务改善公共保健服务；

(二) 实施综合性全球系统，特别是通过国际合作，对缓减自然灾害、救灾和防灾工作，特别是国际性的工作进行管理，办法是利用地球观测、通信和其他空基服务，同时最大限度地利用现有能力和缩小全球卫生覆盖方面的差距；

(三) 改进和协调各种教育方案和与卫星有关的基础设施，以提高识字率和加强乡村教育；

（四）进一步重视促进空基通信服务的普及，制订切实有效的政策，发展基础设施，制订标准和开展应用开发项目，以促进知识共享；

（五）促进空基导航和定位系统的提高、普遍利用和系统兼容性，以提高运输、搜寻和救援、大地测量及其他活动的效率和安全性；

（六）协助各国，特别是发展中国家应用空间研究的结果，以期促进各国人民的可持续发展；

(c) 提高对空间的科学认识和保护空间环境，应采取行动：

（一）促进天文学、空间生物学和医学、空间物理学、近地物体研究和行星探索等领域的合作活动，以提高对近空和外空的科学认识；

（二）提高进一步研究和实施各种空间碎片减缓措施改进对近地空间和外层空间环境的保护；

（三）改进与近地物体有关的活动的国际协调，使旨在进行查明、跟踪观测和轨道预测的全球性工作统一起来，同时考虑制订一项包括与近地物体有关的未来活动在内的共同战略；

（四）通过对与外层空间使用核动力源有关的设计、安全措施和程序的进一步研究来保护近空和外空环境；

（五）确保所有空间用户对其进行中或计划中活动可能产生的后果予以考虑，以免发生新的、影响到近地空间或外层空间的未来利用的不可挽回的行动，特别是在天文学、地球观测和遥感以及全球定位和导航系统等领域，在这些领域，无用放射因干扰业已在这些应用中使用的电磁谱段而受到关切；

(d) 增加教育和培训机会并确保公众认识到空间活动的重要性，应采取行动：

（一）通过人力资源和预算资源的开发，教员的培训和专业发展，教学方法、教材和经验的交流，以及基础设施的发展和政策条例的制订，来加强能力建设；

（二）提高决策者和公众对和平利用空间活动促进人类共同经济和社会福利的重要性的认识；

（三）建立和/或加强国家机制，以便协调空间活动的适当发展并促进所有有关部门的参与；

（四）通过利用适当的通信技术加强有关空间活动附带利益信息的交流和利用，特别是在发达国家和发展中国家间的交流和利用；

（五）鼓励各国利用适当的教育方案为其儿童和青年，特别是妇女提供机会，使他们学习更多的空间科技知识和认识到空间科技对人的发展的重要性，并充分参加与空间科技有关的活动，以作为对未 来的投资；

（六）在和平利用外层空间委员会的框架内建立一个协商机制，以促进全世界青年人，特别是发展中国家青年人和青年妇女不断参与合作性空间活动；

（七）考虑设立各种奖项，以表彰特别是表彰青年对空间活动所作的杰出贡献；

(e) 加强和调整联合国系统的空间活动，应采取以下行动：

（一）重申和平利用外层空间委员会及其两个小组委员会和秘书处在就重大全球性问题指导探索及和平利用外层空间的全球努力中所起的作用；

（二）协助改进发展中国家和经济转型期国家能力建设工作，办法包括强调知识和技能的培养与转让，确保为附属联合国的区域空间科技教育中心提供可持续的资助机制，通过提供充分的资源加强对联合国空间应用方案的支持，以及参加实施联合国第三次外空会议提出的新战略方案；

（三）鼓励由联合国系统各专门机构和各专门署及适宜时由全世界的私营部门更多地利用空间系统和服务，以支持联合国促进探索及和平利用外层空间的努力；

（四）请各国批准或加入并请各政府间国际组织宣布接受和平利

用外层空间委员会制订的外空条约和考虑进一步发展空间法，来适应国际社会的需要，以促进外空委员会在发展外层空间法方面的努力，特别要考虑到发展中国家和经济转型期国家的需要；

（五）进一步考虑和平利用外层空间委员会第四十届会议报告中所列外空委员会及其两个小组委员会的议程结构和工作方法，以便更好地反映出全球关注的问题，包括空间活动方面的国际合作，并要特别考虑到发展中国家和经济转型期国家的需要；

（六）加强和平利用外层空间委员会和联合国其他实体间互利活动的协调；

（f）促进国际合作，应采取以下行动贯彻各国在联合国第三次外空会议上所作出的决定：

（一）欢迎分别列于本宣言附件A节和B节中的非洲和中东、亚洲和太平洋、东欧及拉丁美洲和加勒比区域筹备会议与全球和区域一级所作努力有关的建议，并呼吁国际社会尽可能在适当的论坛上审议这些建议；

（二）建立一项联合国特别自愿基金，以用于实施第三次外空会议的各项建议，尤其是区域空间科技教育中心的活动，并要考虑到各区域筹备会议的建议。应当通过秘书长每年致函邀请所有国家向基金提供资金或实物支助，函件中将确定各种旨在提高和援助技术合作活动的优先项目建议，特别是人力资源开发方面的建议。秘书处将每年向和平利用外层空间委员会提供报告，报告中将列出已对秘书长的邀请作出响应的国家的名单；

（三）实行各种旨在查明国际一级新的、有创意的供资来源的措施，包括私营部门，以支助第三次外空会议建议在发展中国家的实施；

（四）鼓励所有国家和各国际组织加强其为了各国的福利和利益促进对外层空间的和平利用的努力，同时特别考虑到发展中国家和经济转型期国家的利益，办法是促进空间国家和非空间国家之间以及发展中国家之间的方案和活动，并争取包括业界在内的民间社会的参与；

2. 认识到空间科技迄今所取得的巨大成绩，满怀信心地期待在今后取得更大的进展，并强调以上所概述且在第三次外空会议报告中予以详细介绍的各项目标和行动的重要性；

3. 强调促进所有国家持续发展的共同目标将要求为实现所述目标采取及时而有效的行动，而且这一工作将可使空间科技充分发挥其作为人民福利主要促进者的作用；

4. 建议大会在现有资源范围内，在五年以后（其后则视情况而定）在和平利用外层空间委员会所进行的、向所有会员国代表和联合国系统各专门机构和观察员开放的筹备工作的基础上，审查和评价第三次外空会议各项建议的执行情况；

5. 承认应以大会第 51/122 号决议为指导，促进外层空间领域的双边、区域和国际合作。

二

回顾 1957 年 10 月 4 日是第一颗人造地球卫星“伴侣号”射入外层空间从而为空间探索开辟了道路之日，

并回顾 1967 年 10 月 10 日是《关于各国探索和利用外层空间包括月球与其他天体活动所应遵守原则的条约》生效之日；

决定，为了促进实现第三次外空会议各项目标，特别是提高决策者和民间社会对于和平利用空间科学和技术对可持续发展的好处的认识这一目标，请大会根据其程序宣布每年 10 月 4 日至 10 日为“世界空间周”，以便每年在国际一级庆祝空间科学和技术可为人类生活条件改善所作出的贡献。

The Space Millennium: Vienna Declaration on Space and Human Development[①]

The States participating in the Third United Nations Conference on the Exploration and Peaceful Uses of Outer Space (UNISPACE III), held in Vienna from 19 to 30 July 1999,

I

Reaffirming the aims and principles of the Charter of the United Nations, the principles of international law and the relevant resolutions of the General Assembly,

Having in mind that humans have always gazed at the sky with wonder and that from such was born the curiosity that drove early astronomers to study the movements of celestial bodies, from which the foundations of modern space science and technology were laid,

Recognizing the importance of space science and space applications for the fundamental knowledge of the universe, education, health, environmental monitoring, management of natural resources, disaster management, meteorological forecasting and climate modelling, satellite navigation and communications, and the major contribution that space science and technology make to the well-being of humanity and specifically to economic, social and cultural development,

Considering that space transcends national boundaries and interests, permitting the development of global solutions to address common

① 资料来源：联合国外层空间事务厅（外空委秘书处）官方网站 http://www.unoosa.org/oosa/en/unisp-3/index.html,2011年5月16日访问。

challenges and providing a vantage point from which to view planet Earth,

Noting the positive developments in international relations since the Second United Nations Conference on the Exploration and Peaceful Uses of Outer Space, held in Vienna from 9 to 21 August 1982,

Reaffirming the common interest of all humanity in the progress of the exploration and use of outer space for peaceful purposes, and convinced of the need to prevent an arms race in outer space as an essential condition for the promotion of international cooperation in this regard,

Recognizing that outer space should be the province of all humankind, to be utilized for peaceful purposes and in the interests of maintaining international peace and security, in accordance with international law, including the Charter of the United Nations and as proclaimed in the Treaty on Principles Governing the Activities of States in the Exploration and Use of Outer Space, including the Moon and Other Celestial Bodies,

Reaffirming General Assembly resolution 51/122 of 13 December 1996, entitled "Declaration on International Cooperation in the Exploration and Use of Outer Space for the Benefit and in the Interest of All States, Taking into Particular Account the Needs of Developing Countries",

Recognizing that the orderly conduct of space activities is beneficial to all countries, whether or not they have already become active in space research or have started to utilize space applications, and that active support for space activities is expressed in the observance by States and by international organizations of the provisions of the outer space treaties,

Noting with satisfaction that the United Nations conferences on the exploration and peaceful uses of outer space were held in Vienna in 1968 and in 1982, leading to many new initiatives, including the creation of the United Nations Programme on Space Applications and the establishment of regional centres for space science and technology education, affiliated to the United Nations, which are contributing to a better understanding of space technology and to capacity-building in the utilization of space technology at the local level for social and economic development,

Noting the benefits and applications of space technologies in addressing the unprecedented challenges tosustainable development, and noting also the effectiveness of space instruments for dealing with the challenges posed by the pollution of the environment, depletion of natural resources, loss of biodiversity and the effects of natural and anthropogenic disasters,

Recognizing that significant changes have occurred in the structure and content of world space activity, as reflected in the increasing number of participants in space activities at all levels and the growing contribution of the private sector to the promotion and implementation of space activities,

Recognizing also that the use of space technology should be in accordance with the principles set out in Agenda 21 for the benefit of all nations and peoples and that its applications should be extended to developing countries,

Recognizing further the role played in recent years in the field of space by the Committee on the Peaceful Uses of Outer Space, as well as the role of States in the formulation of policies and implementation of international cooperation in that field,

Realizing that the above-mentioned challenges can be met for the benefit of all humanity by considering the mutual interests of all parties, sharing space knowledge and resources, coordinating missions and projects between interested States and strengthening international cooperation in the exploration and peaceful uses of outer space,

Convinced that efforts should be undertaken to facilitate substantive joint projects between "space-faring" and "non-space-faring" countries, as well as among developing countries, which could result in the undertaking of projects that are beyond the means of individual countries,

Taking note with satisfaction of the valuable contributions of participants of the Technical Forum and the Space Generation Forum to the work of UNISPACE III,

1. *Declare* the following as the nucleus of a strategy to address global challenges in the future:

(a) Protecting the Earth's environment and managing its resources: action should be taken:

(i) To develop a comprehensive, worldwide, environmental monitoring strategy for longterm global observations by building on existing space and ground capabilities, through the coordination of the activities of various entities and organizations involved in such efforts;

(ii) To improve the management of the Earth's natural resources by increasing and facilitating the research and operational use of remote sensing data, enhancing the coordination of remote sensing systems and increasing access to, and the affordability of, imagery;

(iii) To develop and implement the Integrated Global Observing Strategy so as to enable access to and the use of space-based and other Earth observation data;

(iv) To enhance weather and climate forecasting by expanding international cooperation in the field of meteorological satellite applications;

(v) To ensure, to the extent possible, that all space activities, in particular those which may have harmful effects on the local and global environment, are carried out in a manner that limits such effects and to take appropriate measures to achieve that objective;

(b) Using space applications for human security, development and welfare: action should be taken:

(i) To improve public health services by expanding and coordinating space-based services for telemedicine and for controlling infectious diseases;

(ii) To implement an integrated, global system, especially through international cooperation, to manage natural disaster mitigation, relief and prevention efforts, especially of an international nature, through Earth observation, communications and other space-based services, making maximum use of existing capabilities and filling gaps in worldwide satellite coverage;

(iii) To promote literacy and enhance rural education by improving and coordinating educational programmes and satellite-related infrastructure;

(iv) To improve knowledge-sharing by giving more importance to the promotion of universal access to space-based communication services and by devising efficient policies, infrastructure, standards and applications development projects;

(v) To improve the efficiency and security of transport, search and rescue, geodesy and other activities by promoting the enhancement of, universal access to and compatibility of spacebased navigation and positioning systems;

(vi) To assist States, especially developing countries, in applying the results of space research with a view to promoting the sustainable development of all peoples;

(c) Advancing scientific knowledge of space and protecting the space environment: action should be taken:

(i) To improve the scientific knowledge of near and outer space by promoting cooperative activities in such areas as astronomy, space biology and medicine, space physics, the study of near-Earth objects and planetary exploration;

(ii) To improve the protection of the near-Earth space and outer space environments through further research in and implementation of mitigation measures for space debris;

(iii) To improve the international coordination of activities related to near-Earth objects, harmonizing the worldwide efforts directed at identification, follow-up observation and orbit prediction, while at the same time giving consideration to developing a common strategy that would include future activities related to near-Earth objects;

(iv) To protect the near and outer space environments through further research on designs, safety measures and procedures associated with the use of nuclear power sources in outer space;

(v) To ensure that all users of space consider the possible consequences of their activities, whether ongoing or planned, before further irreversible actions are taken affecting future utilization of near-Earth space or outer space, especially in areas such as astronomy, Earth observation and remote sensing, as well as global positioning and navigation systems, where unwanted emissions have become an issue of concern as they interfere with bands in the electromagnetic spectrum already used for those applications;

(d) Enhancing education and training opportunities and ensuring public awareness of the importance of space activities: action should be taken:

(i) To enhance capacity-building through the development of human and budgetary resources, the training and professional development of teachers, the exchange of teaching methods, materials and experience and the development of infrastructure and policy regulations;

(ii) To increase awareness among decision makers and the general public of the importance of peaceful space activities for improving the common economic and social welfare of humanity;

(iii) To establish and/or strengthen national mechanisms to coordinate the appropriate development of space activities and foster the participation of all the sectors concerned;

(iv) To improve the sharing of information on and use of spin-offs from space activities, in particular between developed and developing countries, by making use of appropriate communications technologies;

(v) To encourage all States to provide their children and youth, especially females, through appropriate educational programmes, with opportunities to learn more about space science and technology and their importance to human development and to participate fully in activities related to space science and technology, as an investment in the future;

(vi) To create, within the framework of the Committee on the Peaceful Uses of Outer Space, a consultative mechanism to facilitate the continued participation of young people from all over the world, especially young people from developing countries and young women, in cooperative space-related activities;

(vii) To consider the creation of awards to recognize outstanding contributions in space activity, in particular for youth;

(e) Strengthening and repositioning of space activities in the United Nations system: action should be taken:

(i) To reaffirm the role of the Committee on the Peaceful Uses of

Outer Space, its two subcommittees and its secretariat in leading global efforts for the exploration and peaceful use of outer space relating to significant global issues;

(ii) To assist in the improvement of the capacity-building process in developing countries and countries with economies in transition by emphasizing the development and transfer of knowledge and skills, by ensuring sustainable funding mechanisms for the regional centres for space science and technology education, affiliated to the United Nations, by enhancing support for the United Nations Programme on Space Applications through the provision of adequate resources, and by participating in the implementation of the new strategy of the Programme arising from UNISPACE III;

(iii) To encourage the increased use of space-related systems and services by the specialized agencies and programmes of the United Nations system and by the private sector around the world, where appropriate, in order to support United Nations efforts to promote the exploration and peaceful uses of outer space;

(iv) To promote the efforts of the Committee on the Peaceful Uses of Outer Space in the development of space law by inviting States to ratify or accede to, and inviting intergovernmental organizations to declare acceptance of, the outer space treaties developed by the Committee and by considering the further development of space law to meet the needs of the international community, taking into particular account the needs of developing countries and countries with economies in transition;

(v) To further consider the agenda structure and working methods of the Committee on the Peaceful Uses of Outer Space and its two subcommittees to better reflect issues of global concern, including international cooperation in space activities, taking into particular account the needs of developing countries and countries with economies in transition, as set out in the report of the Committee on its fortieth session;

(vi) To strengthen the coordination of mutually beneficial activities between the Committee on the Peaceful Uses of Outer Space and other United Nations entities;

(f) Promoting international cooperation: action should be taken to follow up the decision by the

States participating in UNISPACE III:

(i) To take note of the recommendations of the regional preparatory conferences for Africa and the Middle East, for Asia and the Pacific, for eastern Europe and for Latin America and the Caribbean that are relevant to efforts made at the global and regional levels, as set forth in sections A and B, respectively, of the annex to the present Declaration, and to call upon the international community, to the extent feasible, to consider those recommendations in appropriate forums;

(ii) To establish a special voluntary United Nations fund for the purpose of implementing the recommendations of UNISPACE III, in particular the activities of the regional centres for space science and technology education, taking into account the recommendations of the regional preparatory conferences. All States should be invited to support the fund financially or in kind in an annual letter from the Secretary-General that will, inter alia, identify priority project proposals for enhancing and assisting technical cooperation activities, in particular for human resource development. The Secretariat will provide annually to the Committee on the Peaceful Uses of Outer Space a report listing those States which have responded to the Secretary-General's invitation;

(iii) To adopt measures aimed at identifying new and innovative sources of financing at the international level, including in the private sector, in order to support the implementation of the recommendations of UNISPACE III in developing countries;

(iv) To encourage all States and international organizations to strengthen their efforts in promoting the peaceful uses of outer space for the benefit and in the interest of all States, taking into particular account the interest of developing countries and countries with economies in transition, by facilitating programmes and activities between "space-faring" and "non-spacefaring" countries, as well as among developing countries, and involving civil society, including industry;

2. *Recognize* the tremendous achievements of space science and technology to date, look forward with confidence to achieving even greater progress in the future, and stress the vital importance of attaining the goals and executing the actions outlined above and described in detail in the report of UNISPACE III;

3. *Emphasize* that the shared objective of sustainable development for all countries will require timely and effective action to achieve the stated goals and that such an endeavour will provide ample scope for space science and technology to play their proper role as major contributors to people's well-being;

4. *Recommend* to the General Assembly that it review and evaluate, within existing resources, the implementation of the recommendations of UNISPACE III after a period of five years, and thereafter as appropriate,

5. *Recognize* that the promotion of bilateral, regional and international cooperation in the field of outer space must be guided by General Assembly resolution 51/122.

II

Recalling that 4 October 1957 was the date of the launch into outer space of the first human-made Earth satellite, Sputnik I, thus opening the way for space exploration,

Recalling also that 10 October 1967 was the date of the entry into force of the Treaty on Principles Governing the Activities of States in the Exploration and Use of Outer Space, including the Moon and Other Celestial Bodies,

Decide, in order to contribute to the achievement of the objectives of UNISPACE III, in particular that of increasing awareness among decision makers and civil society of the benefits of the peaceful uses of space science and technology for sustainable development, to invite the General Assembly to declare, according to its procedures, "World Space Week" between 4 and 10 October for the yearly celebration at the international level of the contribution that space science and technology can make to the betterment of the human condition.

附录 M 《中国的航天》白皮书（2000 年版）中文版本

中国的航天[①]

前 言

人类的活动范围，经历了从陆地到海洋，从海洋到大气层，从大气层到外层空间的逐步拓展过程。二十世纪五十年代出现的航天技术，开辟了人类探索外层空间活动的新时代。经过近半个世纪的迅速发展，人类航天活动取得了巨大成就，极大地促进了生产力的发展和社会的进步，产生了重大而深远的影响。航天技术已成为当今世界高技术群中对现代社会最具影响的高技术之一，不断发展和应用航天技术已成为世界各国现代化建设的重要内容。

中华民族在人类发展史上曾创造过灿烂的古代文明。中国最早发明的古代火箭，便是现代火箭的雏形。1949 年中华人民共和国成立后，中国依靠自己的力量，独立自主地开展航天活动，于 1970 年成功地研制并发射了第一颗人造地球卫星。迄今，中国在航天技术的一些重要领域已跻身世界先进行列，取得了举世瞩目的成就。二十一世纪，中国将从本国国情出发，继续推进航天事业的发展，为和平利用外层空间，为人类的文明和进步作出应有的贡献。

---

① 中华人民共和国国务院新闻办公室 2000 年 11 月发布，资料来源：中国国家航天局官方网站 http://www.cnsa.gov.cn/n1081/n7484/98354.html，2008 年 5 月 15 日访问。

在迈进二十一世纪之际，有必要对中国发展航天事业的宗旨原则、发展现状、未来发展和国际合作等作简要的介绍。

一、宗旨原则

中国政府一直把航天事业作为国家整体发展战略的重要组成部分，坚持为了和平目的探索和利用外层空间，使外层空间造福于全人类。中国作为发展中国家，其根本任务是发展经济，不断推进国家现代化建设事业。航天活动在维护国家利益、实施国家发展战略中的重要地位和作用，决定了中国发展航天事业的宗旨和原则。中国航天事业的发展宗旨是：探索外层空间，扩展对宇宙和地球的认识；和平利用外层空间，促进人类文明和社会发展，造福全人类；满足经济建设、国家安全、科技发展和社会进步等方面日益增长的需要，维护国家利益，增强综合国力。

中国航天事业的发展原则是：

——坚持长期、稳定、持续的发展方针，使航天事业的发展服从和服务于国家整体发展战略。中国政府高度重视航天事业在实施科教兴国战略和可持续发展战略，以及在经济建设、国家安全、科技发展和社会进步中的重要作用，将航天事业的发展作为国家整体发展战略中的重要组成部分，予以鼓励和支持。

——坚持独立自主、自力更生、自主创新，积极推进国际交流与合作。中国立足于依靠自己的力量，进行航天技术攻关，实现技术突破；同时，重视航天领域的国际交流与合作，按照互利互惠的原则，把航天技术自主创新与必要的引进国外先进技术有机地结合起来。

——根据国情国力，选择有限目标，重点突破。中国发展航天事业以满足国家现代化建设的基本需求为目的，选择对国民经济和社会发展有重大影响的项目，集中力量，重点攻关，在关键领域取得突破。

——提高航天活动的社会效益和经济效益，重视技术进步的推动作用。中国谋求更加经济、更加高效的航天发展道路，力求技术先进性和经济合理性相统一。

——坚持统筹规划、远近结合、天地结合、协调发展。中国政府统筹规划并合理安排空间技术、空间应用和空间科学，促进航天事业全面、协调的发展。

二、发展现状

中国航天事业自 1956 年创建以来，经历了艰苦创业、配套发展、改革振兴和走向世界等几个重要时期，迄今已达到了相当规模和水平：形成了完整配套的研究、设计、生产和试验体系；建立了能发射各类卫星和载人飞船的航天器发射中心和由国内各地面站、远程跟踪测量船组成的测控网；建立了多种卫星应用系统，取得了显著的社会效益和经济效益；建立了具有一定水平的空间科学研究系统，取得了多项创新成果；培育了一支素质好、技术水平高的航天科技队伍。

中国航天事业是在基础工业比较薄弱、科技水平相对落后和特殊的国情、特定的历史条件下发展起来的。中国独立自主地进行航天活动，以较少的投入，在较短的时间里，走出了一条适合本国国情和有自身特色的发展道路，取得了一系列重要成就。中国在卫星回收、一箭多星、低温燃料火箭技术、捆绑火箭技术以及静止轨道卫星发射与测控等许多重要技术领域已跻身世界先进行列；在遥感卫星研制及其应用、通信卫星研制及其应用、载人飞船试验以及空间微重力实验等方面均取得重大成果。

空间技术

1. 人造地球卫星。中国于 1970 年 4 月 24 日成功地研制并发射了第一颗人造地球卫星“东方红一号”，成为世界上第五个独立自主研制和发射人造地球卫星的国家。截至 2000 年 10 月，中国共研制并发射了 47 颗不同类型的人造地球卫星，飞行成功率达 90%以上。目前，中国已初步形成了四个卫星系列——返回式遥感卫星系列、

“东方红”通信广播卫星系列、“风云”气象卫星系列和“实践”科学探测与技术试验卫星系列，“资源”地球资源卫星系列也即将形成。中国是世界上第三个掌握卫星回收技术的国家，卫星回收成功率达到国际先进水平；中国是世界上第五个独立研制和发射地球静止轨道通信卫星的国家。中国的气象卫星、地球资源卫星主要技术指标已达到二十世纪九十年代初期的国际水平。近几年来，中国研制并发射的 6 颗通信、地球资源和气象卫星投入使用后，工作稳定，性能良好，产生了很好的社会效益和经济效益。

2. 运载火箭。中国独立自主地研制了 12 种不同型号的“长征”系列运载火箭，适用于发射近地轨道、地球静止轨道和太阳同步轨道卫星。“长征”系列运载火箭近地轨道最大运载能力达到 9 200 千克，地球同步转移轨道最大运载能力达到 5 100 千克，基本能够满足不同用户的需求。自 1985 年中国政府正式宣布将“长征”系列运载火箭投入国际商业发射市场以来，已将 27 颗外国制造的卫星成功地送入太空，在国际商业卫星发射服务市场中占有了一席之地。迄今，“长征”系列运载火箭共实施了 63 次发射；1996 年 10 月至 2000 年 10 月，“长征”系列运载火箭已连续 21 次发射成功。

3. 航天器发射场。中国已建成酒泉、西昌、太原三个航天器发射场，并圆满完成了各种运载火箭的飞行试验和各类人造卫星、试验飞船的发射任务。中国航天器发射场既可完成国内发射任务，又具有完成为国际商业发射服务和开展其他国际航天合作的能力。

4. 航天测控。中国已建成完整的航天测控网，包括陆地测控站和海上测控船，圆满完成了从近地轨道卫星到地球静止轨道卫星、从卫星到试验飞船的航天测控任务。中国航天测控网已具备国际联网共享测控资源的能力，测控技术达到了世界先进水平。

5. 载人航天。中国于 1992 年开始实施载人飞船航天工程，研制了载人飞船和高可靠运载火箭，开展了航天医学和空间生命科学的工程研究，选拔了预备航天员，研制了一批空间遥感和空间科学试验装置。1999 年 11 月 20 日至 21 日，中国成功地发射并回收了第一艘“神舟”号无人试验飞船，标志着中国已突破了载人飞船的基本技术，在载人航天领域迈出了重要步伐。

空间应用

中国重视研制各种应用卫星和开发卫星应用技术，在卫星遥感、卫星通信、卫星导航定位等方面取得了长足发展。中国研制和发射的卫星中，遥感卫星和通信卫星约占71%，这些卫星已广泛应用于经济、科技、文化和国防建设的各个领域，取得了显著的社会效益和经济效益。国家有关部门还积极利用国外各种应用卫星开展应用技术研究，取得了很好的应用效果。

1. 卫星遥感。中国从二十世纪七十年代初期开始利用国内外遥感卫星，开展卫星遥感应用技术的研究、开发和推广工作，在气象、地矿、测绘、农林、水利、海洋、地震和城市建设等方面得到了广泛应用。目前，国家遥感中心、国家卫星气象中心、中国资源卫星应用中心、卫星海洋应用中心和中国遥感卫星地面接收站等机构，以及国务院有关部委、部分省市和中国科学院的卫星遥感应用研究机构已经建立起来。这些专业机构利用国内外遥感卫星开展了气象预报、国土普查、作物估产、森林调查、灾害监测、环境保护、海洋预报、城市规划和地图测绘等多方面、多领域的应用研究工作。特别是卫星气象地面应用系统的业务化运行，极大地提高了对灾害性天气预报的准确性，使国家和人民群众的经济损失有了明显的减少。

2. 卫星通信。中国从二十世纪八十年代中期开始利用国内外通信卫星，发展卫星通信技术，以满足日益增长的通信、广播和教育事业的发展需求。在卫星固定通信业务方面，全国建有数十座大中型卫星通信地球站，联结世界180多个国家和地区的国际卫星通信话路达2.7万多条。中国已建成国内卫星公众通信网，国内卫星通信话路达7万多条，初步解决了边远地区的通信问题。甚小口径终端（VSAT）通信业务近几年发展较快，已有国内甚小口径终端通信业务经营单位30个，服务小站用户15 000个，其中双向小站用户超过6 300个；同时建立了金融、气象、交通、石油、水利、民航、电力、卫生和新闻等几十个部门的80多个专用通信网，甚小口径终端上万个。在卫星电视广播业务方面，中国已建成覆盖全球的卫星电视广播系统和覆盖全国的卫星电视教育系统。中国从1985年开始利用卫星传送广播电视节目，目前已形成了占用33个通信卫星转发器的卫星传输覆盖网，负责传送中央、地方电视节目和教育电视节目共计47套，以及中央32路对内、对外广播节目和近40套地方广播节目。卫星教育电视广播开播十多年来，有3 000多万人接受了大、中专教育与培训。近年来，中国建成了卫星直播试验平台，通过数字压缩方式将中央和地方的卫星电视节目传送到无线广播电视覆盖不到的广大农村地区，使中国广播电视的覆盖率有了很大提高。中国现有卫星电视广播接收站约18.9万座。在卫星直播试验平台上，还建立了中国教育卫星宽带多媒体传输网络，面向全国开展远程教育和信息技术的综合服务。

3. 卫星导航定位。中国从二十世纪八十年代初期开始利用国外导航卫星，开展卫星导航定位应用技术开发工作，并在大地测量、船舶导航、飞机导航、地震监测、地质防灾监测、森林防火灭火和城市交通管理等许多行业得到了广泛应用。中国在1992年加入了国际低轨道搜索和营救卫星组织（COSPAS-SARSAT），以后还建立了中国任务控制中心，大大提高了船舶、飞机和车辆遇险报警服务能力。

空间科学

中国在二十世纪六十年代初期开始利用探空火箭、探空气球开展了高层大气探测。在七十年代初期开始利用“实践”系列科学探测与技术试验卫星开展了一系列空间探测和研究，获得了很多宝贵的环境探测资料。近年来，开展了空间天气预报的研究工作及相应的国际合作。从八十年代末开始利用返回型遥感卫星进行了多种空间科学实验，在晶体和蛋白质生长、细胞培养、作物育种等方面取得了很好的成果。中国空间科学在基础理论研究方面取得了若干创新成果，在空间物理学、微重力科学和空间生命科学等领域建立了具有一定水平的对外开放的国家级实验室，建立了空间有效载荷应用中心，具有支持进行空间科学实验的基本能力。近年来，利用“实践”系列科学探测与技术试验卫星对近地空间环境中的带电粒子及其效应进行了较为详细的探测，并首次完成了微重力流体物理两层流体空间实验，实现了空间实验的遥操作。

随着中国社会主义市场经济体制的初步建立和不断完善，国家通过宏观调控引导中国航天活动的发展方向，统筹规划空间技术、空间应用和空间科学的发展，推动航天领域中重大技术的研究开发和系统集成，促进航天科技在经济、科技、文化和国防建设等方面的应用，深化航天科技工业的改革，实现航天事业的持续发展。国家加强法制建设和政策管理，建立航天法规体系，制定航天产业技术政策，保证航天活动有序、规范发展。国家鼓励科研机构、工业企业、商业企业和高等院校在国家航天政策引导下，发挥各自优势，积极参与航天活动。国家支持航天科技创新，构建有中国特色的航天创新体系，提高自主创新能力，积极推进中国航天技术实现产业化。国家支持公益性航天活动以及具有商业前景的航天研究开发工作，并不断强化对航天行业的监督。中国国家航天局是中华人民共和国负责民用卫星管理及相关的政府间国际空间合作的政府机构。

三、未来发展

二十一世纪将是世界航天活动蓬勃发展的新世纪。中国根据国家发展的现实需求和长远目标，正在制定面向二十一世纪的航天发展战略和规划，加快发展航天事业。

发展目标

近期（今后十年或稍后的一个时期）发展目标：

——建立长期稳定运行的卫星对地观测体系。以气象卫星系列、资源卫星系列、海洋卫星系列和环境与灾害监测小卫星群组成长期稳定运行的卫星对地观测体系，实现对中国及周边地区甚至全球的陆地、大气、海洋的立体观测和动态监测。

——建立自主经营的卫星广播通信系统。积极支持商用广播通信卫星的发展，开发长寿命、高可靠的大容量地球静止轨道通信卫星和电视直播卫星，初步建成中国卫星通信产业。

——建立自主的卫星导航定位系统。分步建立导航定位卫星系列，开发卫星导航定位应用系统，初步建成中国的卫星导航定位应用产业。

——全面提高中国运载火箭的整体水平和能力。提高现有“长征”系列运载火箭的性能和可靠性；开发新一代无毒、无污染、高性能和低成本的运载火箭，建成新一代运载火箭型谱化系列，增强参与国际商业发射服务的能力。

——实现载人航天飞行，建立初步配套的载人航天工程研制试验体系。

——建立协调配套的全国卫星遥感应用体系。统一规划和建设各种卫星遥感地面应用系统，建立覆盖全国的地面卫星遥感数据接收、处理和分发系统，实现资源共享；在对地卫星遥感主要应用领域，形成较完整的业务化应用体系。

——发展空间科学，开展深空探测。建立新型的科学探测与技术试验卫星系列，加强空间微重力、空间材料科学、空间生命科学、空间环境和空间天文研究；开展以月球探测为主的深空探测的预先研究。

远期（今后二十年或稍后的一个时期）发展目标：

——空间技术和空间应用实现产业化和市场化，空间资源的开发利用满足经济建设、国家安全、科技发展和社会进步的广泛需求，进一步增强综合国力。

——按照国家整体规划，建成多种功能和多种轨道的、由多种卫星系统组成的空间基础设施；建成天地协调配套的卫星地面应用系统，形成完整、连续、长期稳定运行的天地一体化网络系统。

——建立中国的载人航天体系，开展一定规模的载人空间科学研究和技术试验。

——空间科学取得众多成果，在世界空间科学领域占有较重要的地位，开展有特色的深空探测和研究。

发展思路

中国航天事业的发展思路是：

——促进空间技术及应用实现产业化。引导和鼓励航天科技企业制度创新和技术创新，建立面向国内外市场的运行机制，以通信卫星和卫星通信、运载火箭为重点，分步实施，推进空间技术及应用产业化进程。

——合理部署各种航天活动。统筹规划，协调发展空间技术、空间应用与空间科学。采用"优先安排"、"积极支持"、"适度发展"和"跟踪研究"四种不同方式部署航天活动三个领域的各项工作，以实现中国航天事业的全面、协调发展。

——加强预先研究和技术基础建设。集中力量攻克重大关键技术，掌握核心技术，形成自主知识产权；同时加强航天活动三个领域的技术基础建设，扩大国际空间合作，继续保持中国航天事业的发展势头。

——加速航天科技队伍建设，构筑航天人才优势。发展航天教育，培养航天人才，采取特殊政策，加速造就一支高水平的、年轻的航天科技队伍。普及航天知识，宣传航天事业，动员社会各界力量支持航天事业的发展。

——加强科学管理，提高质量和效益。针对航天活动投资大、风险大、技术密集、系统复杂等特点，运用系统工程等现代管理手段，加强科学管理，提高系统质量，降低系统风险，提高综合效益。

四、国际合作

中国一贯支持和平利用外层空间的各种活动，主张在平等互利、取长补短、共同发展的基础上，增进和加强空间领域的国际合作。

指导原则

中国政府认为，国际空间合作应遵循 1996 年第五十一届联合国大会通过的《关于开展探索和利用外层空间的国际合作，促进所有国家的福利和利益，并特别要考虑到发展中国家的需要的宣言》（“国际空间合作宣言”）中提出的基本原则。中国政府在开展国际空间合作中，一贯坚持以下指导原则：

——国际空间合作应以和平开发和利用空间资源，为全人类谋取福利为宗旨。

——国际空间合作应在平等互利、优势互补、取长补短、共同发展以及公认的国际法原则的基础上进行。

——国际空间合作的优先目标是共同提高各国，特别是发展中国家的航天能力，享受航天技术的惠益。

——国际空间合作应采取必要措施保护空间环境和空间资源。

——支持加强联合国外空委员会的作用，支持联合国的外空应用方案。

基本政策

中国政府在开展国际空间合作中采取以下基本政策：

——坚持独立自主的方针，根据国家现代化建设的需要，以及国内外航天科技的市场需求，开展积极、务实的国际空间合作。

——支持联合国系统内开展的和平利用外层空间的多边国际合作。

——重视亚太地区的区域性空间合作，支持世界其他区域性空间合作。

——重视与发达的空间国家的空间合作，同时加强与发展中国家的空间合作。

——鼓励和支持国内外科研机构、工业企业和高等院校，在国家有关政策和法规的指导下，开展多层次、多形式的国际空间交流与合作。

主要活动

中国在空间领域的国际合作始于二十世纪七十年代中期。二十多年来，中国开展了双边合作、区域合作、多边合作以及商业发射服务等多种形式的国际空间合作，取得了广泛的成果。

1. 双边合作。1985 年以来，中国先后与美国、意大利、德国、英国、法国、日本、瑞典、阿根廷、巴西、俄罗斯、乌克兰、智利等十多个国家签订了政府间、政府部门间空间科学技术及应用合作协定、议定书或备忘录，建立了长期的合作关系。双边合作的形式多种多样，从制定互利的空间计划、互派专家学者、组织研讨会，到共同研制卫星或卫星部件、进行卫星搭载服务、提供商业发射服务等。

1993 年，中国与德国合资成立了华德宇航技术公司。1995 年中国与德国、法国的宇航公司签订了"鑫诺一号"卫星的研制生产合同，并于 1998 年发射成功。这是中国与欧洲宇航界的首次卫星合作。

中国与巴西开展的地球资源卫星合作进展顺利。1999 年 10 月 14 日，中国成功地发射了第一颗中巴地球资源卫星。中巴双方除了整星合作外，在卫星技术、卫星应用以及卫星零部件等方面也开展了多项合作。中巴在空间领域的合作是发展中国家之间在高科技领域进行"南南合作"的典范。

2. 区域合作。中国十分重视亚太地区的区域性空间合作。1992 年，中国与泰国、巴基斯坦等国联合倡导并发起了"亚太地区空间技术与应用多边合作研讨会"。在此区域合作的推动下，中国、伊朗、韩国、蒙古、巴基斯坦和泰国等六国政府于 1998 年 4 月在曼谷签署了《关于多任务小卫星项目及有关活动合作的谅解备忘录》；除签字国外，其他亚太国家也可以加入。该合作项目的确定，促进了亚太区域空间技术和应用的发展。

3. 多边合作。1980 年 6 月，中国首次派出观察员代表团参加了联合国外空委员会第二十三届会议，同年 11 月 3 日，联合国正式接纳中国为该委员会成员国。此后，中国参加了历届联合国外空委员会及其下属的科技和法律小组委员会届会。中国于 1983 年和 1988 年先后加入了联合国制定的《外空条约》、《营救协定》、《责任公约》和《登记公约》，并严格履行有关责任和义务。

中国支持和参与了联合国空间应用方案的实施。1988 年以来，中国每年都向发展中国家提供一定数额、为期一年的长期培训奖学金。1994 年，中国政府与联合国亚太经社会合作在北京召开了首届亚太区域“空间应用促进可持续发展部长级会议”，并发表了具有深远影响的《北京宣言》。1999 年 9 月，中国政府与联合国和欧空局合作，在北京举办了“空间应用促进农业可持续发展研讨会”。2000 年 7 月至 8 月，中国政府有关部门与联合国外空司和亚太经社会合作，在北京举办了“亚太地区空间技术与应用卫星技术短期培训班”，来自亚太地区十个发展中国家的学员参加了培训。

空间碎片问题是人类进一步开展航天活动所面临的一个重大挑战。中国有关部门十分重视空间碎片问题，从二十世纪八十年代开始与有关国家开展了这方面的研究工作。1995 年 6 月，中国国家航天局正式加入了“机构间空间碎片协调委员会”。中国将继续与各国共同探讨缓减空间碎片的途径和办法，积极推进这一领域的国际合作。

中国还参加了诸如“国际对地观测委员会”、“世界天气监测”、“联合国减灾十年”、“国际日地能量计划”等多边合作项目。

4. 商业发射服务。自 1985 年中国政府宣布“长征”系列运载火箭投放国际市场，承揽国际卫星发射服务业务以来，至 2000 年 10

月，先后为巴基斯坦、澳大利亚、瑞典、美国、菲律宾、巴西等国家及中国用户成功地发射了 27 颗国外制造的卫星。“长征”系列运载火箭进入国际卫星发射服务市场，是对国际商业卫星发射服务的有益补充，也为国外用户提供了新的选择。

优先领域

中国政府继续支持在空间技术、空间应用和空间科学等领域开展国际交流与合作，将优先开展以下几方面的国际合作：——积极推动亚太地区空间技术与应用多边合作，利用空间技术促进区域经济发展以及环境和灾害监测。

——支持中国航天企业在平等、公平、互利的原则下积极参与国际航天商业发射服务。

——支持利用中国成熟的空间技术和空间应用技术，在互惠互利的基础上与发展中国家开展合作，为合作国家提供服务。

——支持开展地球环境监测、空间环境探测、微重力科学、空间物理和空间天文等研究领域的国际交流与合作，特别是微重力流体物理、空间材料科学、空间生命科学与空间生物技术等研究领域的国际交流与合作。

附录 N 《2006 年中国的航天》白皮书中文版本

《2006 年中国的航天》[①] 白皮书全文

中华人民共和国国务院新闻办公室

二〇〇六年十月·北京

目 录

---

① 中华人民共和国国务院新闻办公室 2006 年 10 月发布，资料来源：中国国家航天局官方网站 http://www.cnsa.gov.cn/n1081/n7484/98351.html，2008 年 5 月 15 日访问。

前 言

进入二十一世纪以来，世界航天活动呈现蓬勃发展的新态势。主要航天国家相继制定或调整航天发展战略、发展规划和发展目标，航天事业在国家整体发展战略中的作用日益突出，航天活动对人类文明和社会进步的影响进一步增强。

中国航天事业始于 1956 年，迄今已整整走过五十年光辉历程。半个世纪以来，中国独立自主地发展航天事业，在若干重要技术领域已跻身世界先进行列，取得了举世瞩目的成就。中国坚定不移地走和平发展道路，一贯主张外层空间是全人类的共同财富，支持和平利用外层空间的各种活动，积极探索和利用外层空间，不断为人类航天事业的发展作出新的贡献。

中国已确立了在本世纪前二十年实现全面建设小康社会和进入创新型国家行列的战略目标，中国航天事业的发展面临新的机遇和更高要求。在新的发展阶段，中国将坚持以科学发展观为指导，围绕国家战略目标，加强自主创新，努力推进航天事业更快更好地发展。

自 2000 年中国政府发表《中国的航天》白皮书以来，中国航天事业又取得长足进展。为增进世人对过去五年及今后一段时期中国航天事业发展的了解，这里就有关情况作些介绍和说明。

一、发展宗旨与原则

中国发展航天事业的宗旨是：探索外层空间，扩展对地球和宇宙的认识；和平利用外层空间，促进人类文明和社会进步，造福全人类；满足经济建设、科技发展、国家安全和社会进步等方面的需求，提高全民科学素质，维护国家权益，增强综合国力。

中国发展航天事业贯彻国家科技事业发展的指导方针，即自主创新、重点跨越、支撑发展、引领未来。在新的发展阶段，中国航天事业的发展原则是：

——坚持服从和服务于国家整体发展战略，满足国家需求，体现国家意志。中国将发展航天事业作为增强国家经济实力、科技实力、国防实力和民族凝聚力的一项强国兴邦的战略举措，作为国家整体发展战略的重要组成部分，保持航天事业长期、稳定的发展。

——坚持独立自主、自主创新，实现跨越式发展。中国航天事业靠自力更生起步，在自主创新中不断发展。提高自主创新能力是航天事业发展的战略基点。根据国情和需求，有所为、有所不为，选择有限目标，集中力量，重点突破，实现跨越式发展。

——坚持全面协调可持续发展，发挥航天科技对国家科技和经济社会发展的带动与支撑作用。加强战略筹划，统筹规划空间技术、空间应用和空间科学的发展。以航天科技进步为先导，带动高技术和产业发展，促进传统产业的改造和提升。保护空间环境，合理开发和利用空间资源。

——坚持对外开放，积极开展空间领域的国际交流与合作。中国支持和平利用外层空间的各项活动，在平等互利、和平利用、共同发展的原则基础上，加强与世界各国在空间领域的交流与合作。

二、过去五年的进展

2001年至2005年，中国航天事业实现了快速发展，取得一系列新成就。建成一批具有世界先进水平的研制和试验基地，进一步完善研究、设计、生产和试验体系，航天科技基础能力显著提高；空间技术整体水平明显提升，攻克一批重大关键技术，载人航天取得历史性的突破，月球探测工程全面启动；空间应用体系初步形成，应用领域进一步拓展，应用效益显著提高；空间科学实验与研究取得重要成果。

空间技术

1. 人造地球卫星。过去五年，自主研制并发射22颗不同类型的人造地球卫星，整体水平明显提高。在已初步形成的四个卫星系列的基础上，发展形成六个卫星系列——返回式遥感卫星系列、“东方红”通信广播卫星系列、“风云”气象卫星系列、“实践”科学探测与技术试验卫星系列、“资源”地球资源卫星系列和“北斗”导航定位卫星系列。此外，海洋卫星系列即将形成，构建“环境与灾害监测预报小卫星星座”计划正在加紧实施。一批新型高性能卫星有效载荷研制成功。各种应用卫星初步投入业务运行，其中“风云一号”和“风云二号”气象卫星已被世界气象组织列入国际业务气象卫星系列。地球静止轨道大型卫星公用平台的各项关键技术取得重要突破。大容量通信广播卫星研制取得阶段性成果。微小卫星研制及应用工作取得重要进展。

2. 运载火箭。过去五年，自主研制的“长征”系列运载火箭连续 24 次发射成功，运载火箭主要技术性能和可靠性明显提高。自 1996 年 10 月至 2005 年年底，“长征”系列运载火箭已连续 46 次发射成功。新一代运载火箭多项关键技术取得重要突破，120 吨级推力的液氧/煤油发动机和 50 吨级推力的氢氧发动机研制进展顺利。

3. 航天器发射场。酒泉、西昌、太原三个航天器发射场建设取得新进展，提高了综合试验和发射能力，多次完成各种运载火箭、各类人造卫星、无人试验飞船和载人飞船的发射任务。

4. 航天测控。航天测控网的整体功能进一步增强和拓宽，多次为各种轨道的人造地球卫星、无人试验飞船和载人飞船的发射、在轨运行和返回着陆提供测控支持。

5. 载人航天。1999 年 11 月 20 日至 21 日，中国成功发射并回收第一艘“神舟”号无人试验飞船，之后又成功发射三艘“神舟”号无人试验飞船。2003 年 10 月 15 日至 16 日，发射并回收“神舟”五号载人飞船，首次取得载人航天飞行的成功，突破了载人航天基本技术，成为世界上第三个独立开展载人航天的国家。2005 年 10 月 12 日至 17 日，“神舟”六号载人飞船实现“两人五天”的载人航天飞行，首次进行有人参与的空间试验活动，在载人航天领域取得又一个重大成就。

6. 深空探测。开展了绕月探测工程的预先研究和工程实施，取得重要进展。

空间应用

1. 卫星遥感。卫星遥感应用的领域和规模不断扩大，一批应用关键技术取得突破，基础设施得到加强，应用系统的技术水平和业务化运行能力明显提高，初步形成全国卫星遥感应用体系。建设和完善了国家遥感中心，国家卫星气象中心、中国资源卫星应用中心、国家卫星海洋应用中心、中国遥感卫星地面站，以及国家有关部门和许多省市的卫星遥感应用及论证机构。光学遥感卫星辐射校正场建成并投入使用。利用国内外遥感卫星，积累形成覆盖范围广、时间序列长的多波段卫星对地观测数据资源，提供多种遥感产品和服务。在一些重要领域，卫星遥感应用系统已投入业务化运行，特别是在气象、地矿、测绘、农业、林业、土地、水利、海洋、环保、减灾、交通、区域和城市规划等方面得到广泛应用，在国土资源大调查、生态建设和环境保护以及西气东输、南水北调、三峡工程等重大工程建设中发挥出重要作用。

2. 卫星通信广播。卫星通信广播技术发展迅速，应用日益广泛，应用产业已初步形成。截至2005年年底，中国拥有国际、国内通信广播地球站80多座，全国共有卫星广播电视上行站34座，国内几十个部门和若干大型企业共建立了100多个卫星专用通信网，各类甚小口径终端站达5万多个。卫星广播电视业务的开展与应用，提高了全国广播电视，特别是广大农村地区广播电视的有效覆盖范围和覆盖质量，卫星通信广播技术在“村村通广播电视”和“村村通电话”工程中发挥了不可替代的作用，卫星远程教育宽带网和卫星远程医疗网初具规模。中国作为国际海事卫星组织成员国，已建成覆盖全球的海事卫星通信网络，跨入了国际移动卫星通信应用领域的先进行列。

3. 卫星导航定位。通过“卫星导航应用产业化”等重大工程项目的实施，利用国内外导航定位卫星，在卫星导航定位技术的开发、应用与服务方面取得长足进步。卫星导航定位的应用范围和行业不断扩展，全国卫星导航应用市场规模以每两年翻一番的速度快速增长。卫星导航定位技术已广泛应用于交通运输、基础测绘、工程勘测、资源调查、地震监测、气象探测和海洋勘测等领域。

空间科学

1. 日地空间探测。与欧洲空间局合作实施了“地球空间双星探测计划”，协同欧洲空间局的四颗空间探测卫星，首次实现世界上对地球空间的六点同步联合探测，获得重要的探测数据。开展了月球和太阳系探测的预先研究。

2. 微重力科学实验和空间天文观测。利用“神舟”号飞船和返回式卫星，开展了空间生命科学、空间材料科学和微重力科学等领域的多项实验研究，进行了农作物空间诱变育种探索和高能空间天文观测，取得重要成果。

3. 空间环境研究。开展了对空间环境监测和预报研究；在空间碎片的观测、减缓和预报方面取得重要进展；初步具备对空间环境试验性的预报能力。

三、未来五年的发展目标与主要任务

2006年，中国政府制定的《国民经济和社会发展第十一个五年规划纲要》和《国家中长期科学和技术发展规划纲要（2006－2020年）》，将发展航天事业置于重要地位。根据上述两个规划纲要，中国政府制定了新的航天事业发展规划，明确了未来五年及稍长一段时期的发展目标和主要任务。按照这一发展规划，国家将启动并继续实施载人航天、月球探测、高分辨率对地观测系统、新一代运载火箭等重大航天科技工程，以及一批重点领域的优先项目，加强基础研究，超前部署和发展航天领域的若干前沿技术，加快航天科技的进步和创新。

发展目标

运载火箭进入空间能力和可靠性水平明显提高；建立长期稳定运行的卫星对地观测体系、协调配套的全国卫星遥感应用体系；建立较完善的卫星通信广播系统，卫星通信广播产业规模和效益显著提高；分步建立满足应用需求的卫星导航定位系统，初步形成卫星导航定位应用产业；初步实现应用卫星和卫星应用由试验应用型向业务服务型转变。

实现航天员出舱活动及航天器交会对接；实现绕月探测；空间科学研究取得重要原创性成果。

主要任务

——研制新一代无毒、无污染、高性能、低成本和大推力的运载火箭，最终实现近地轨道运载能力达到25吨，地球同步转移轨道运载能力达到14吨；全面完成120吨级推力的液氧/煤油发动机和50吨级推力的氢氧发动机的研制工作；提高现有“长征”系列运载火箭的可靠性和发射适应性。

——启动并实施高分辨率对地观测系统工程；研制、发射新型极轨和静止轨道气象卫星、海洋卫星、地球资源卫星、环境与灾害监测预报小卫星；开展立体测图卫星等新型遥感卫星关键技术研究。初步形成全天候、全天时、多谱段、不同分辨率、稳定运行的对地观测体系，实现对陆地、大气、海洋的立体观测和动态监测。

——统筹发展卫星遥感地面系统和业务应用系统；整合并完善现有遥感卫星地面系统，建立和完善国家级的遥感卫星数据中心，建设和完善遥感卫星辐射校正场等定量化应用的支撑设施，初步实现社会公益服务领域的遥感数据共享；建立卫星环境应用机构和卫星减灾应用机构，形成若干重要业务应用系统；在卫星遥感主要应用领域取得突破性进展。

——研制并发射长寿命、高可靠、大容量的地球静止轨道通信卫星和电视直播卫星；发展卫星直播、宽带多媒体、卫星应急通信、公益性通信广播等技术。继续发展和完善卫星通信广播的普遍服务功能，增加卫星通信领域的增值服务业务。积极推进卫星通信广播的商业化进程，扩大通信广播卫星及应用的产业规模。

——完善“北斗”导航试验卫星系统，启动并实施“北斗”卫星导航系统计划。发展卫星导航、定位与授时的自主应用技术和产品，建立规范的、与卫星导航定位相关的位置服务支撑系统、大众化应用系列终端，扩展应用领域和市场。

——研制并发射新技术试验卫星，加强新技术、新材料、新器件、新设备的空间飞行验证，提高自主研发水平，提高产品质量与可靠性。

——研制并发射“育种”卫星，推进空间技术与农业育种技术的结合，扩大空间技术在农业科研领域的应用。

——研制空间望远镜、新型返回式科学卫星等卫星；开展空间天文、空间物理、微重力科学和空间生命科学的基础研究，取得重要原创性成果；加强对空间环境与空间碎片的监测能力，初步建立空间环境监测预警体系。

——载人航天实现航天员出舱活动，进行航天器交会对接试验；开展具有一定应用规模的短期有人照料、长期在轨自主飞行的空间实验室的研制，开展载人航天工程的后续工作。

——实现绕月探测，突破月球探测基本技术，研制和发射中国第一颗月球探测卫星“嫦娥一号”，主要进行月球科学探测和月球资源的探测研究；开展月球探测工程的后期工作。

——提高航天发射场综合试验能力和效益，进一步优化航天发射场布局，提高航天发射场设施、设备的可靠性和自动化水平。

——进一步提高航天测控网的技术水平和能力，扩大测控覆盖率，具备初步满足深空探测需求的测控能力。

四、发展政策与措施

中国政府以科学发展观为指导，统筹规划空间技术、空间应用和空间科学三个领域，推动航天科技自主创新，促进航天活动发挥更大的经济和社会效益，保证航天活动有序、规范、健康发展，实现既定的发展目标。

当前及今后一个时期中国发展航天事业的主要政策与措施包括：

——统筹规划、合理部署各种航天活动。优先安排应用卫星和卫星应用的发展，适度发展载人航天和深空探测，积极支持空间科学探索。

——集中力量实施重大航天科技工程，加强基础研究，超前部署前沿技术。集中优势力量，通过核心技术突破和资源集成，实现航天科技的重点跨越。通过加强航天领域的基础研究和若干前沿技术的超前研究，提高航天科技的持续创新能力。

——加强空间应用，推进航天产业化进程。加强空间应用技术的开发，推进资源共享，扩大业务应用。以通信卫星和卫星通信、卫星遥感、卫星导航、运载火箭为重点，积极构建卫星制造、发射服务、地面设备制造、运营服务的航天产业链。加强空间技术的推广转移和二次开发，改造和提升传统产业。

——重视航天科技工业基础能力建设。加强航天器、运载火箭研制、生产、试验的基础设施建设。支持航天科技重点实验室和工程研究中心建设，加强信息化工作、知识产权工作和航天标准化工作。

——推进航天技术创新体系建设。引导航天科技工业改革调整和转型升级，加快形成国际一流的大型宇航企业。积极构建以航天科技企业和国家科研机构为主，产学研相结合的航天技术创新体系。

——加强航天活动的科学管理。适应社会主义市场经济的发展，积极创新科学管理的体制机制，强化质量、效益观念，运用系统工程等现代化管理手段，加强科学管理，提高系统质量，降低系统风险，提高综合效益。

——加强政策法规建设。研究制定航天活动管理的法律法规和航天产业政策，指导和规范各项航天活动，提高依法行政水平，营造有利于航天事业发展的政策法规环境。

——保障航天活动的经费投入。中国政府将继续加大航天投入，同时鼓励建立多元化、多渠道的航天投资体系，保持航天事业持续、稳定发展。

——鼓励社会各界参与航天活动。鼓励工业企业、科研机构、商业企业、高等院校和社会团体在国家航天政策指导下，发挥各自优势，积极参与航天活动，参与空间领域的国际交流与合作。鼓励卫星经营企业和应用部门优先选用国产卫星和卫星应用产品。

——加强航天人才队伍建设。大力发展教育事业，注重在创新实践中培养人才，特别注重培养青年科技人才，形成一支结构合理、素质优良的航天人才队伍。普及航天知识，宣传航天文化，吸引更多优秀人才投身航天事业。

中国政府不断加强对航天活动的管理和宏观指导。中国国家航天局是中华人民共和国负责民用航天管理及国际空间合作的政府机构，履行政府相应的管理职责。

五、国际交流与合作

中国政府认为，外层空间是全人类的共同财富，世界各国都享有自由探索、开发和利用外层空间及其天体的平等权利；世界各国开展外空活动，应有助于各国经济发展和社会进步，应有助于人类的安全、生存与发展，应有助于各国人民友好合作。

国际空间合作应遵循联合国《关于开展探索和利用外层空间的国际合作，促进所有国家的福利和利益，并特别要考虑到发展中国家的需求的宣言》(《国际空间合作宣言》)中提出的基本原则。中国主张在平等互利、和平利用、共同发展的原则基础上，加强空间领域的国际交流与合作。

基本政策

中国政府在开展国际空间交流与合作中，采取以下基本政策：

——坚持独立自主的方针，根据国家现代化建设的需要，统筹考虑合理利用国内外两个市场和两种资源，开展积极、务实的国际合作。

——支持联合国系统内开展和平利用外层空间的各项活动；支持政府间或非政府间空间组织为促进空间技术、空间应用和空间科学的发展所开展的各项活动。

——重视亚太地区的区域性空间合作，支持世界其他区域性空间合作。

——加强与发展中国家的空间合作，重视与发达国家的空间合作。

——鼓励和支持国内科研机构、工业企业、高等院校和社会团体，在国家有关政策和法规的指导下，开展多层次、多形式的国际空间交流与合作。

主要活动

过去五年，中国与许多国家开展双边国际空间合作，先后与13个国家、空间机构和国际组织签署了16项国际空间合作协定或谅解备忘录；推动了亚太地区空间技术及其应用领域的多边合作及该地区空间合作组织化进程；参与了联合国及相关国际组织开展的有关活动；支持国际空间商业活动，取得了积极成果。

1. 双边合作。过去五年，中国分别与阿根廷、巴西、加拿大、法国、马来西亚、巴基斯坦、俄罗斯、乌克兰等国家，以及欧洲空间局、欧盟委员会签署了和平利用外层空间合作协定、空间项目合作协议，其中与巴西、法国、俄罗斯、乌克兰等国家建立了航天合作分委会或联委会合作机制；与印度、英国等国家的空间机构签署了空间合作谅解备忘录；与阿尔及利亚、智利、德国、意大利、日本、秘鲁和美国等国家的空间机构进行了交流。

中国继续与巴西开展地球资源卫星合作。继2003年10月中巴地球资源卫星02星成功发射后，中巴两国政府又签署了联合研制地球资源卫星02B星、03星、04星和数据应用系统合作等补充议定书，继续保持中巴地球资源卫星数据的连续性并扩大该卫星数据在区域和全球范围的应用。

中国与法国在空间领域开展了广泛的交流与合作。在中法航天联委会合作机制下，双方在空间科学、地球科学、生命科学、卫星应用和卫星测控等领域的交流与合作取得重要进展。

中国与俄罗斯在空间领域开展了富有成效的合作。在两国总理定期会晤委员会航天合作分委会框架下，确定了长期合作计划。此外，开展了航天员培训等载人航天方面的交流与合作。

中国与乌克兰在空间领域进行了交流与合作，在中乌航天联委会合作机制下，双方确定了合作计划。

中国与欧洲空间局实施了中欧合作的“地球空间双星探测计划”。中国有关部门与欧洲空间局实施了对地观测领域“龙计划”合作，在农业、林业、水利、气象、海洋、灾害等领域开展了16个遥感应用项目合作。

2. 多边合作。2005年10月，中国、孟加拉国、印度尼西亚、伊朗、蒙古、巴基斯坦、秘鲁、泰国等八个国家的政府代表在北京签署了《亚太空间合作组织公约》，2006年6月土耳其的政府代表也签署该公约。该组织总部将设在北京，这标志着亚太空间合作组织向正式成立迈出了重要的一步。

中国继续推动“亚太多边合作多任务小卫星”项目。中国与孟加拉国、伊朗、韩国、蒙古、巴基斯坦、泰国等国家联合开展多任务小卫星的研制和应用，计划于2007年发射。

中国积极参加了联合国和平利用外层空间委员会（简称联合国外空委）及其下属的科技小组委员会和法律小组委员会各项活动，加入了联合国制定的《外空条约》、《营救协定》、《责任公约》和《登记公约》，严格履行有关责任和义务。中国积极参与联合国外空委为落实联合国第三次外空会议的各项建议所开展的有关活动，特别是与加拿大和法国一起作为共同主席国，推动了由40个联合国外空委成员国和 15 个国际组织参加的“利用天基系统进行减灾和灾害管理行动组（第七行动组）”的工作，并积极参与了联合国外空委“研究建立减灾和灾害管理协调机制可行性特设专家组”的工作。中国已加入由多个国家空间机构组成的《在重大自然或技术灾害中协调利用空间设施的合作宪章》减灾机制。中国与联合国合作，在中国举办了“联合国/欧空局/中国基础空间科学讲习班”和“联合国/中国亚太地区发展远程医疗讲习班”，多次与亚太空间多边合作秘书处和联合国亚洲及太平洋经济社会委员会（简称联合国亚太经社会）等合作，在中国举办了有关空间技术应用的培训班和研讨会，为这些活动提供了资金支持。中国参与了联合国亚太经社会组织实施的亚洲及太平洋地区空间应用与可持续发展计划。

中国积极参与机构间空间碎片协调委员会的各项活动，启动中国“空间碎片行动计划”，加强空间碎片研究领域的国际交流与合作。参与了国际对地观测卫星委员会的相关活动，并作为东道国于 2004 年 11 月在北京举行了“国际对地观测卫星委员会十八届全会及二十周年庆典”。2005 年 5 月中国正式成为国际对地观测组织成员，并进入执行委员会。2006 年 7 月在中国北京举办了“第三十六届世界空间科学大会”和“第八届国际月球探测与利用大会”。中国还参与了国际电信联盟、世界气象组织、国际宇航联合会、国际空间研究委员会等空间组织的有关活动。

3. 商业活动。2005 年 4 月中国成功发射了“亚太六号”通信卫星。2004 年 12 月，中国与尼日利亚签署了通信卫星商业合同，向用户提供在轨交付服务；2005 年 11 月，中国与委内瑞拉签署了通信卫星商业合同，向用户提供卫星在轨交付服务以及与之配套的地面应用设施。

优先领域

中国政府继续支持在空间技术、空间应用和空间科学等领域开展国际交流与合作，在未来五年将优先开展以下几方面的国际合作：

——空间天文、空间物理、微重力科学、空间生命科学、月球探测和行星探测等领域的科学研究。

——对地观测卫星数据的共享与服务，在资源调查、环境监测、防灾减灾、全球变化监测与预报等方面的应用和研究。

——航天测控网资源共享、互相提供航天测控支持等。

——通信卫星和对地观测卫星的设计与制造。

——卫星通信、卫星遥感和卫星导航定位的地面设备及关键部件的制造。

——卫星通信广播在远程教育、远程医疗等方面的应用，卫星广播电视应用范围的扩大，卫星导航定位相关服务。

——卫星商业发射服务，卫星整星及其零部件的出口，卫星地面测控和应用设施建设及服务。

——航天活动各领域的人员交流与培训。

附录 O 《2011 年中国的航天》白皮书中文版本

《2011 年中国的航天》[①] 白皮书全文

中华人民共和国国务院新闻办公室

2011 年 12 月 • 北京

目 录

前 言

外层空间是人类共同的财富，探索外层空间是人类不懈的追求。当前，世界航天活动呈现蓬勃发展的景象，主要航天国家相继制定或调整航天发展战略、发展规划和发展目标，航天事业在国家整体发展战略中的地位与作用日益突出，航天活动对人类文明和社会进

---

① 中华人民共和国国务院新闻办公室 2011 年 12 月 29 日发布，资料来源：中国国务院新闻办公室官方网站 http：//www. scio. gov. cn/zfbps/ndhf/2011/index. htm，2011 年 12 月 31 日访问。

步的影响进一步增强。

中国政府把发展航天事业作为国家整体发展战略的重要组成部分，始终坚持为了和平目的探索和利用外层空间。近年来，中国航天事业发展迅速，在若干重要技术领域跻身世界先进行列。航天活动在中国经济建设和社会发展中发挥着越来越重要的作用。

未来五年，是中国全面建设小康社会的关键时期，是深化改革开放、加快转变经济发展方式的攻坚时期，中国航天事业面临新的发展机遇。中国将紧密围绕国家战略目标，加强自主创新，扩大开放合作，促进航天事业又好又快发展。同时，中国愿与国际社会一道，共同维护一个和平、清洁的外层空间，为推动人类和平与发展的崇高事业作出新的贡献。

为进一步增进世人对中国航天事业的了解，这里对 2006 年以来中国航天活动的主要进展、未来五年的主要任务以及国际交流与合作等，作一简要介绍。

一、发展宗旨与原则

中国发展航天事业的宗旨是：探索外层空间，扩展对地球和宇宙的认识；和平利用外层空间，促进人类文明和社会进步，造福全人类；满足经济建设、科技发展、国家安全和社会进步等方面的需求，提高全民科学文化素质，维护国家权益，增强综合国力。

中国发展航天事业服从和服务于国家整体发展战略，坚持科学发展、自主发展、和平发展、创新发展、开放发展的原则。

——科学发展。尊重科学、尊重规律，从航天事业的发展实际出发，统筹兼顾和科学部署空间技术、空间应用和空间科学等各项航天活动，保持航天事业全面、协调、可持续发展。

——自主发展。始终坚持走独立自主、自力更生的发展道路，主要依靠自身力量，根据国情和国力，自主发展航天事业，满足国家现代化建设的基本需求。

——和平发展。始终坚持和平利用外层空间，反对外空武器化和外空军备竞赛，合理开发和利用空间资源，切实保护空间环境，使航天活动造福全人类。

——创新发展。把提高自主创新能力作为航天事业发展的战略基点，强化工业基础，完善创新体系，以实施航天重大科技工程为载体，集中力量，重点突破，实现航天科技跨越发展。

——开放发展。坚持独立自主与开放合作相结合，在平等互利、和平利用、共同发展基础上，积极开展空间领域的国际交流与合作，致力于推进人类航天事业的共同进步。

二、2006年以来的主要进展

2006年以来，中国航天事业实现快速发展，载人航天、月球探测等航天重大科技工程取得突破性进展，空间技术整体水平大幅跃升，空间应用的经济与社会效益显著提高，空间科学取得创新性成果。

（一）航天运输系统

2006年以来，“长征”系列运载火箭共完成67次发射任务，把79个航天器成功送入预定轨道，运载火箭的可靠性显著增强。“长征”系列运载火箭型谱进一步完善。新一代运载火箭工程研制取得重大进展。

（二）人造地球卫星

1. 对地观测卫星。基本建成“风云”、“海洋”、“资源”、“遥感”、“天绘”等卫星系列和“环境与灾害监测预报小卫星星座”。“风云”气象卫星具备全球、三维、多光谱的定量观测能力，“风云二号”静止轨道气象卫星实现双星观测、在轨备份，“风云三号”极轨气象卫星实现上午星和下午星的双星组网观测。“海洋”水色卫星成像幅宽增加一倍，重访周期大幅缩短，2011年8月发射的首颗“海洋”动力环境卫星，具备全天候、全天时的微波观测能力。“资源”卫星的空间分辨率和图像质量得到较大幅度提升。“环境与灾害监测预报小卫星星座”具备中分辨率、宽覆盖、高重访的灾害监测能力。2010 年，正式启动实施高分辨率对地观测系统重大科技专项。

2. 通信广播卫星。突破大容量地球静止轨道卫星公用平台、天基数据中继与测控等关键技术，卫星技术性能明显提高，话音、数据和广播电视通信水平进一步提升。“中星十号”卫星的成功发射和稳定运行，大幅提高了中国通信广播卫星的功率和容量。“天链一号”数据中继卫星的成功发射，使中国初步具备天基数据传输能力和对航天器的天基测控服务能力。

3. 导航定位卫星。2007 年 2 月，成功发射第四颗“北斗”导航试验卫星，进一步提升了“北斗”卫星导航试验系统性能。全面实施“北斗”卫星导航区域系统建设。该系统由 5 颗地球静止轨道卫星、5 颗倾斜地球同步轨道卫星和 4 颗中圆地球轨道卫星组成，2007 年 4 月以来已成功发射 10 颗卫星，具备了向服务区（亚太地区）用户提供试运行服务的条件。

4. 科学卫星与技术试验卫星。研制发射多颗“实践”系列卫星和微小卫星，为空间环境探测、空间科学实验和新技术验证提供了支撑平台。

（三）载人航天

2008 年 9 月 25 日至 28 日，成功发射“神舟七号”载人飞船，首次顺利实施航天员空间出舱活动，完成舱外空间材料试验、小卫星释放与伴飞试验，标志着中国成为世界上第三个独立掌握航天员空间出舱关键技术的国家。2011 年 9 月和 11 月，先后发射“天宫一号”目标飞行器和“神舟八号”飞船，成功实施中国首次空间交会对接试验，为后续空间实验室和空间站的建设奠定了基础。

（四）深空探测

2007 年 10 月 24 日，成功发射中国第一个月球探测器——“嫦娥一号”，实现“精确变轨，成功绕月”的预定目标，获取大量科学数据和全月球影像图，并成功实施“受控撞月”任务。“嫦娥一号”任务的圆满完成，是继人造地球卫星、载人航天飞行取得成功之后中国航天事业发展的又一座里程碑，标志着中国已经跨入具有深空探测能力的国家行列。2010年10月1日，成功发射“嫦娥二号”月球探测器，获取了分辨率更高的全月球影像图和虹湾区域高清晰影像，并成功开展环绕拉格朗日L2点等多项拓展性试验，为深空探测后续任务的实施奠定了基础。

（五）航天发射场

中国已有的酒泉、西昌、太原3个航天发射场建设进一步完善，综合性试验能力和高密度发射能力明显提高，圆满完成载人飞船、月球探测器以及各类卫星的发射任务。目前，中国正在建设满足新一代运载火箭发射任务要求的海南航天发射场。

（六）航天测控

完善了地面测控站和远洋测量船，建立了由4个观测站和1个数据处理中心组成的甚长基线干涉测量网，初步具备了天基测控能力，基本建成天地一体、设备齐全、任务多样的航天测控网。目前，中国航天测控网正在逐步实现由陆基向天基、由地球空间测控向深空测控的拓展，不仅能满足卫星测控需求，还能为载人航天和深空探测等任务提供测控支持。

（七）空间应用

1. 对地观测卫星应用。对地观测卫星应用的领域和规模不断扩大，业务服务能力不断提升，初步形成对地观测卫星应用体系。新建4个卫星地面接收站，提高了气象、海洋、陆地观测等卫星数据的地面接收能力；统筹建设对地观测卫星地面数据处理系统，提升了数据集中处理、存档、分发和服务能力；新建卫星环境应用中心、卫星减灾应用中心和卫星测绘应用中心等对地观测卫星应用机构，促进了对地观测卫星数据的推广应用；加强遥感卫星辐射校正场的定标服务，提高了对地观测卫星的定量应用水平。

目前，对地观测卫星数据已广泛应用于经济社会发展各领域。“风云”卫星系列实现对台风、雨涝、森林与草原火灾、干旱、沙尘暴等灾害的有效监测，气象预报和气候变化监测能力明显提升。“海洋”卫星系列实现对中国海域和全球重点海域的监测和应用，对海冰、海温、风场等的预报精度和灾害性海况的监测时效显著提高。“资源”卫星系列在土地、地质矿产、农业、林业、水利等资源及地质灾害调查、监测与管理和城市规划中发挥了重要作用。“遥感”、“天绘”卫星系列在科学试验、国土资源普查、地图测绘等领域发挥了重大作用。“环境与灾害监测预报小卫星星座”为地表水质与大气环境监测、重大环境污染事件处置以及重大自然灾害监测、评估与救援提供了重要的技术支撑。

2. 通信广播卫星应用。通信广播卫星应用稳步推进，形成一定的市场规模。卫星广播电视网进一步完善，2008 年建立“村村通”直播卫星服务平台，实现中央人民广播电台、中央电视台节目和省级一套广播电视节目通过卫星播出，进一步提高了全国广播电视节目覆盖率。加强卫星远程教育宽带网和卫星远程医疗网的建设，在一定程度上缓解了边远地区教育与医疗资源短缺的问题。加强卫星应急通信保障能力建设，为抢险救灾、重大突发事件处置提供了重要支撑。

3. 导航定位卫星应用。导航定位卫星应用步入产业化发展轨道，正在进入高速发展时期。利用国内外导航定位卫星，在导航定位卫星应用技术的开发和推广等方面取得重要进展，应用范围和领域不断扩大，全国卫星导航应用市场规模快速增长。积极推进“北斗”卫星导航系统的应用工作，“北斗”卫星导航系统已在交通运输、海洋渔业、水文监测、通信授时、电力调度和减灾救灾等领域得到应用。

（八）空间科学

1. 日地空间探测。中国的地球空间探测双星计划与欧洲空间局的星簇计划互相配合，获得大量新的科学数据，在空间物理学研究方面取得重要成果。

2. 月球科学研究。通过月球探测工程的实施，开展月球形貌、结构构造、月面物质成分、微波特性和近月空间环境等研究工作，对月球的科学认知进一步提高。

3. 微重力科学与空间生命科学实验。利用“实践”系列卫星和“神舟”飞船，开展微重力和强辐射条件下的空间生命科学、材料科学、流体力学等实验，进行航天育种实验研究。

4. 空间环境探测与预报。利用“神舟”飞船等航天器，进行空间环境主要参数及其效应的探测，开展空间环境监测与预报以及空间环境效应研究。

（九）空间碎片

对空间碎片进行监测预警，为“嫦娥一号”、“嫦娥二号”月球探测器和“神舟七号”载人飞船等重要航天器的安全飞行提供了支撑；空间碎片减缓工作稳步推进，全面实施“长征”系列运载火箭的钝化，并对多颗废弃地球静止轨道卫星采取离轨处置措施；开展载人航天器的空间碎片防护工作。

三、未来五年的主要任务

未来五年，中国将加强航天工业基础能力建设，超前部署前沿技术研究，继续实施载人航天、月球探测、高分辨率对地观测系统、卫星导航定位系统、新一代运载火箭等航天重大科技工程以及一批重点领域的优先项目，统筹建设空间基础设施，促进卫星及应用产业发展，深入开展空间科学研究，推动航天事业的全面、协调、可持续发展。

（一）航天运输系统

加强航天运输系统建设，不断完善运载火箭型谱，提升进入空间的能力。

增强现役运载火箭的可靠性和发射适应性，发展新一代运载火箭和运载火箭上面级，实现“长征五号”、“长征六号”、“长征七号”运载火箭首飞。“长征五号”运载火箭将完全采用无毒无污染推进剂，并具备近地轨道25吨、地球同步转移轨道14吨的运载能力。“长征六号”运载火箭是新型快速发射运载火箭，具备700千米高度太阳同步轨道不小于1吨的运载能力。“长征七号”运载火箭将具备近地轨道 13. 5 吨、700 千米太阳同步轨道 5. 5 吨的运载能力。

开展重型运载火箭专项论证和关键技术预先研究。

（二）人造地球卫星

重点构建由对地观测、通信广播、导航定位等卫星组成的空间基础设施框架，初步形成长期、连续、稳定的业务服务能力。发展新型科学卫星与技术试验卫星。

1. 对地观测卫星。完善已有“风云”、“海洋”、“资源”等卫星系列和“环境与灾害监测预报小卫星星座”，研制发射新一代地球静止轨道气象卫星、立体测绘卫星、环境与灾害监测雷达卫星、电磁监测试验卫星等新型对地观测卫星，开展干涉合成孔径雷达、重力场测量等卫星的关键技术攻关。全面实施高分辨率对地观测系统重大科技专项。基本形成全天候、全天时、多谱段、不同分辨率、稳定运行的对地观测体系。

2. 通信广播卫星。完善固定通信业务卫星、电视广播业务卫星以及数据中继卫星，发展移动通信业务卫星，研制更大容量、更大功率的新一代地球静止轨道通信广播卫星平台。

3. 导航定位卫星。按照从试验系统，到区域系统，再到全球系统的“三步走”发展思路，继续构建中国“北斗”卫星导航系统。2012 年前，建成“北斗”卫星导航区域系统，具备提供覆盖亚太地区的导航定位、授时和短报文通信服务的能力；2020 年左右，建成由 5 颗地球静止轨道卫星和 30 颗非地球静止轨道卫星组成的覆盖全球的“北斗”卫星导航系统。

4. 科学卫星与技术试验卫星。研制发射硬 X 射线调制望远镜卫星、“实践九号”新技术试验卫星和返回式卫星。启动实施量子科学实验卫星和暗物质探测卫星等项目。

（三）载人航天

继续推进载人航天工程建设，加强关键技术攻关，为载人航天后续任务的圆满完成奠定基础。

发射“神舟九号”、“神舟十号”飞船，与已在轨飞行的“天宫一号”目标飞行器进行无人或载人交会对接。

发射空间实验室、载人飞船和货运飞船，突破和掌握航天员中期驻留、再生式生命保障及推进剂补加等空间站关键技术，开展一定规模的空间应用，为空间站建设进行技术准备。

开展载人登月前期方案论证。

（四）深空探测

选择有限目标，分步开展深空探测活动。

按照“绕、落、回”三步走的发展思路，继续推进月球探测工程建设，发射月球软着陆和月面巡视勘测器，实现在月球的软着陆和巡视探测，完成月球探测第二步任务。启动实施以月面采样返回为目标的月球探测第三步任务。

开展深空探测专项论证，推进开展对太阳系行星、小行星和太阳的探测活动。

（五）航天发射场

进一步提高航天发射场设施、设备的可靠性和自动化水平，增强航天发射场综合能力，满足发射任务需求。完成海南航天发射场建设并投入使用。

（六）航天测控

进一步完善航天测控网，建设深空测控站，发展先进的航天测控技术，全面提高航天测控能力，满足深空探测对远程测控的需求。

（七）空间应用

进一步完善卫星应用服务体系，扩大卫星应用规模，促进国家战略性新兴产业的发展，满足国民经济与社会发展需求。

1. 对地观测卫星应用。完善卫星数据接收、处理、分发、应用等地面设施，加强定标场等设施建设。加强对地观测卫星数据共享和综合应用，提高空间数据的自给率，引导社会资源积极发展面向市场的数据应用服务。实施应用示范工程，促进对地观测卫星的广泛应用和应用产业化发展。

2. 通信广播卫星应用。进一步加强通信广播卫星在公共服务领域和国民经济重点行业的应用。扩展卫星通信领域的增值服务业务。推动卫星通信的商业化进程，扩大通信广播卫星应用的产业规模。

3. 导航定位卫星应用。建设和完善地面测控段，推进覆盖全球的卫星导航系统的性能监测评估系统建设。加强导航定位卫星应用的技术研究、产品开发和标准体系建设，提高应用水平，促进位置服务市场发展，扩大产业规模，重点推动“北斗”卫星导航系统在国民经济建设各领域的应用。

（八）空间科学

加强空间科学研究体系建设，提升空间科学研究水平，加强对全民的空间科学科普教育。

通过月球探测工程的实施，开展月球着陆巡视区的月表特性原位分析、形貌探测、结构构造综合探测，以及月表环境探测和月基天文观测。

利用航天器，开展黑洞性质及极端条件下的物理规律研究，探索暗物质粒子的性质，开展量子力学基本理论的检验；开展微重力与空间生命科学实验；开展空间环境探测、预报与效应研究。

（九）空间碎片

继续加强空间碎片监测、减缓和航天器防护工作。

发展空间碎片监测与碰撞预警技术，开展空间碎片和近地小天体的监测与碰撞预警。建立空间碎片减缓设计评估系统，对任务后的航天器和运载火箭积极采取空间碎片减缓措施。开展空间碎片撞击数字仿真技术试验，推动航天器的空间碎片防护系统建设。

四、发展政策与措施

为确保完成既定的目标任务，中国政府制订了发展航天事业的政策与措施，主要包括：

——统筹规划、合理部署各种航天活动。优先安排应用卫星和卫星应用，适度发展载人航天和深空探测，积极支持空间科学探索。

——加强航天科技创新能力建设。集中力量实施重大航天科技工程，通过核心技术突破和资源集成，实现航天科技的重点跨越。积极构建以航天科技企业和科研机构为主体，产学研相结合的航天技术创新体系。加强航天领域的基础研究和若干前沿技术的超前研究，提高航天科技的持续创新能力。

——大力推动卫星应用产业发展。统筹规划与建设空间基础设施，推进卫星应用资源的共享，培育卫星应用企业集群、产业链和卫星应用市场，促进卫星应用产业快速健康发展。

——加强航天科技工业基础能力建设。加强航天器、运载火箭研制、生产、试验的基础设施建设。加强航天科技重点实验室和工程研究中心建设。加强信息化工作、知识产权工作和航天标准化工作。

——加强政策法规建设。积极开展国家航天法的研究，逐步制定和完善航天活动管理的法律法规和航天产业政策，指导和规范各项航天活动，营造更加有利于航天事业发展的政策法规环境。

——保障持续稳定的航天活动经费投入。逐步建立多元化、多渠道的航天投资体系，确保航天活动经费投入的持续稳定，重点加大对航天重大科技工程、应用卫星及卫星应用、前沿技术和基础研究的投入力度。

——鼓励社会各界参与航天活动。在国家航天政策指导下，鼓励科研机构、企业、高等院校和社会团体，发挥各自优势，积极参与航天活动。

——加强航天人才队伍建设。大力营造有利于人才发展的良好环境，以重大工程项目和重大基础研究为载体，培养造就航天领军人才，形成一支结构合理、素质优良的航天人才队伍。普及航天知识，宣传航天文化，吸引更多的优秀人才投身航天事业。

五、国际交流与合作

中国政府认为，自由探索、开发和利用外层空间及其天体是世界各国都享有的平等权利。世界各国开展外空活动，应有助于各国经济发展和社会进步，应有助于人类的安全、生存与发展。

国际空间合作应遵循联合国《关于开展探索和利用外层空间的国际合作，促进所有国家的福利和利益，并特别要考虑到发展中国家的需求的宣言》中提出的基本原则。中国主张在平等互利、和平利用、共同发展的基础上，加强国际空间交流与合作，促进包容性发展。

（一）基本政策

中国政府在开展国际空间交流与合作中，采取以下基本政策：

——支持联合国系统内开展和平利用外层空间的各项活动，支持政府间、非政府间空间组织为促进航天事业发展所开展的各项活动。

——重视亚太地区的区域性空间合作，支持世界其他区域性空间合作。

——加强与发展中国家的空间合作，重视与发达国家的空间合作。

——鼓励和支持国内科研机构、工业企业、高等院校和社会团体，在国家有关政策和法规的指导下，开展多层次、多形式的国际空间交流与合作。

——合理利用国内外两个市场和两种资源，开展积极、务实的国际空间合作。

（二）主要活动

2006 年以来，中国积极开展多种形式的国际空间交流与合作，与多个国家、空间机构和国际组织签署多项和平利用外层空间的合作协定或谅解备忘录，参与联合国及相关国际组织开展的有关活动，支持国际空间商业合作，取得了积极成果。

双边合作

——中国与俄罗斯在总理定期会晤委员会航天合作分委会机制下，确定长期合作计划，双方已在空间科学、深空探测等领域签署多项合作协议。中国与俄罗斯互设国家航天局代表处。中俄双方在载人航天领域也开展了多项合作。

——中国与乌克兰在中乌合作委员会航天合作分委会机制下，开展广泛合作，共同签署《中乌航天合作大纲》。

——中国与欧洲空间局在中欧航天合作联合委员会机制下，共同签署《中欧航天合作现状和合作计划议定书》。在“嫦娥一号”、“嫦娥二号”月球探测任务实施期间，双方开展紧密合作。2011年9月，中国与欧洲空间局签署《关于测控网络及操作相互支持的协议》。

——中国与巴西在中巴高层协调委员会航天合作分委会机制下，统筹考虑中巴航天合作规划，积极推动中巴地球资源卫星的研制，继续保持中巴地球资源卫星数据的连续性，并扩大该卫星数据在区域和全球范围的应用。

——中国与法国在中法航天合作联合委员会机制下，签署中法空间及海洋科技合作框架协议，开展中法天文、中法海洋等卫星工程合作。

——中国与英国建立空间科学技术联合实验室，共同组织召开中英空间科学与技术研讨会，在月球探测、对地观测、空间科学研究与实验、人员培训等领域开展交流。

——中国与德国签署关于在载人航天领域开展合作的框架协议，在此协议机制下，中德双方在“神舟八号”飞船上开展了空间生命科学实验合作项目。

——美国国家航空航天局局长2010年对中国进行了友好访问，双方将继续开展在航天领域的对话。

——中国与委内瑞拉签署关于和平利用和开发外层空间技术合作的谅解备忘录，建立中委高级混合委员会科技、工业和航天分委会，在此框架下，推动了中委两国在通信卫星、遥感卫星以及卫星应用等方面的合作。

——中国与欧洲气象卫星开发组织为推进气象卫星资料共享和

应用，共同签署《关于气象卫星资料应用、交换和分发合作协议》。

——中国与多个国家积极推动对地观测卫星数据的广泛应用。中国向多个国家赠送气象卫星广播系统接收站和气象信息综合分析处理系统，帮助南非建立了中巴地球资源卫星数据接收站，帮助泰国建立了中国环境减灾卫星数据接收站。中国并向以上国家提供相关对地观测卫星数据产品。

——中国与多个国家在卫星导航领域，开展频率协调、兼容与互操作、应用等国际交流与合作。

多边合作

——中国参加了联合国和平利用外层空间委员会及其科技小组委员会和法律小组委员会的各项活动。

——中国与联合国签署灾害管理与应急响应天基信息平台北京办公室相关协议。目前，该办公室已正式挂牌成立。中国已通过该办公室为“非洲之角”提供旱灾风险监测产品，并且通过培训、能力建设、数据服务和灾害应急快速制图技术服务等多种方式为区域减灾作出贡献。

——中国在《空间和重大灾害国际宪章》机制下，与多个国家空间机构开展合作，通过该机制，为汶川地震、澳大利亚森林火灾等重大灾害救援工作提供了卫星数据支持。

——2008年，在亚太地区国家的共同推动下，亚太空间合作组织正式成立。在该组织框架下，中国政府积极参与空间数据共享服务平台及其示范应用、地基光学空间目标观测网络、导航兼容终端等多个项目合作的研究，协助制定并发布亚太多边合作小卫星数据政策，促进了亚太地区国家空间领域的合作。

——中国参与全球卫星导航系统国际委员会、国际深空探测协调机构、机构间空间碎片协调委员会、国际地球观测组织、世界气象组织等政府间国际组织的各项活动，开展卫星导航、地球观测与地球科学研究、防灾减灾、深空探测、空间碎片等领域的多边交流与合作。"北斗"卫星导航系统成为全球卫星导航系统国际委员会认可的四大核心系统供应商之一，将逐步提供区域和全球导航定位服务，并加强与其他卫星导航系统间的兼容与互操作；中国将积极办好全球卫星导航系统国际委员会2012年第七届大会。中国自主开发的空间碎片防护设计系统被纳入机构间空间碎片协调委员会的防护手册。

——中国参与国际宇航联合会、国际空间研究委员会、国际宇航科学院等非政府间国际空间组织和学术机构的活动，组织召开世界月球会议等多个国际性学术会议，开展了深空探测、空间碎片等议题的研讨与交流。

商业活动

中国积极推进企业参与空间领域的国际商业活动。实现尼日利亚通信卫星、委内瑞拉通信卫星、巴基斯坦通信卫星的整星出口和在轨交付。为印度尼西亚的帕拉帕－D卫星和欧洲通信卫星公司的W3C卫星提供商业发射服务。与玻利维亚、老挝、白俄罗斯等多个国家签订商业卫星及地面系统出口合同。

（三）重点合作领域

未来五年，中国将重点在以下领域开展国际空间交流与合作：

——空间天文、空间物理、微重力科学、空间生命科学、深空探测、空间碎片等领域的科学研究。

——对地观测卫星在环境与灾害监测、全球气候变化监测与预报、海洋监测等方面的应用。

——通信广播卫星在广播电视、远程教育、远程医疗等方面的应用。

——卫星导航系统的应用技术合作、终端设备研发、增强设施建设、特定行业服务等。

——载人航天工程空间实验室、空间站相关技术合作，空间科学研究与实验等。

——航天测控技术合作、航天测控支持等。

——卫星商业发射服务、卫星整星与零部件进出口、卫星地面试验设备进出口、卫星地面测控和应用设施建设及服务等。

——航天领域的人员交流与培训等。

参 考 文 献

(一) 著作类

[1] 尹玉海 . 国际空间法论 . 北京:中国民主法制出版社,2006.

[2] 贺其治. 外层空间法. 北京:法律出版社,1992.

[3] 许光建,等. 联合国宪章诠释. 太原:山西教育出版社,1999.

[4] Marco Pedrazzi,赵海峰,著. 吴晓丹,译. 国际空间法教程. 哈尔滨:黑龙江人民出版社,2006.

[5] 朱文奇,李强. 国际条约法. 北京:中国人民大学出版社,2008.

[6] 王泽鉴. 民法物权(第一册). 北京:中国政法大学出版社,2001.

[7] 全国人大常委会法制工作委员会民法室. 中华人民共和国物权法解读. 北京,中国法制出版社,2007.

[8] 陈德恭. 现代国际海洋法. 北京:海洋出版社,2009.

[9] 杨立新,程啸,梅夏英,等. 物权法. 北京:中国人民大学出版社,2004.

[10] 赵云. 外空商业化和外空法的新发展. 北京:知识产权出版社,2008.

[11] 贺其治,黄惠康. 外层空间法. 青岛:青岛出版社,2000.

[12] 朱榄叶,贺小勇. WTO 争端解决机制研究. 上海:上海世纪出版集团上海人民出版社,2007.

[13] 曾令良. 世界贸易组织法. 武汉:武汉大学出版社,1996.

[14] 陈善广. 空间法概要. 北京:中国宇航出版社,2007.

[15] 李寿平. 中国空间法年刊(2008). 北京:世界知识出版社,2009.

[16] 李寿平,赵云. 外层空间法专论. 北京:光明日报出版社,2009.

[17] 国防科工委月球探测工程中心. 中国探月,北京:科学出版社,2007.

[18] 贺其治. 国际法和空间法论文集. 北京:中国空间法学会,2000.

(二) 论文类

[1] 杭科. 中国开展月球探测工程的重大意义. 中国航天,2007,11.

[2] 韩鸿硕,石卫平,蒋宇平. 2008 年世界深空探测获得丰硕成果(下). 中国航天,2009,4.

[3] 葛勇平.《登记公约》中的登记国概念及相关法律问题/赵海峰.空间法评论第一卷.哈尔滨:哈尔滨工业大学出版社,2009.

[4] 赵海峰.中国空间立法的现状与未来/赵海峰.空间法评论第二、三卷.哈尔滨:哈尔滨工业大学出版社,2009.

[5] 凌岩.试论对月球和其他天体的所有权/凌岩.国际空间法问题新论.北京:人民法院出版社,2006.

[6] 郑斌.外层空间:国际法律结构和外空、外空物体及外空人的国际法律地位.加拿大麦吉尔大学:航空与空间法年刊,1981.

[7] 迈特.空间活动和正在形成的国际法.加拿大麦吉尔大学,1984.

[8] 王铁崖.论人类的共同继承财产的概念/王铁崖.王铁崖文集.北京:中国政法大学出版社,2003.

[9] Annelie Schoenmaker. Space Traffic Management for the Moon and the Development of Space Law.

[10] C. Stott. Making Space Profitable: the Role of Law and Policy, 2004 Space Law Conference Paper Assemble 119—123 (Beijing, 2004).

[11] David S. Myers. "Common Interest" and "Non-appropriation" in Outer Space: Political Interpretation of Legal Principles, International Relations, May 1979.

[12] Fabio Tronchetti. the Non-appropriation Principle under Attack: Using Article II of the Outer Space Treaty in its Defense.

[13] Jonathan I. Charney. the United States and the Revision of the 1982 Convention on the Law of the Sea, 23 Ocean Development & International Law 280,1992.

[14] Jonathan Thomas. Privatization of Space Ventures: Proposing a Proven Regulatory Theory for Future Extraterrestrial Appropriation, 1 Int'l L. & Mgmt.

[15] Kelly M. Zullo. the Need to Clarify the Status of Property Rights in International Space Law, 90 Geo. Law Journal 2413, 2424—2426(2002).

[16] Kevin V. Cook. the Discovery of Lunar Water: An Opportunity to Develop a Workable Moon Treaty, 11 Geo. Int'l. Envtl. Rev. 647, 648 (1999).

[17] R. Kelly. Nemitz v. United States, a Case of First Impression: Appropriation, Private Property Rights and Space Law before the Federal Courts of

the United States, Journal of Space Law, vol. 30, 2004.

[18] Sethu Nandakumar. Common Heritage of Mankind—Property Rights, in the Wake of Commercial Use of the Moon and Other Celestial Bodies.

[19] Ty. S Twibell. Space Law: Legal Restraints on Commercialization and Development of Outer Space, 65 UMKC Law Review 589, 591(1997).

[20] Ty. S Twibell, Circumnavigating International Space Law, 4 ILSA Journal of International & Comparative Law 259 (1997).

[21] Fabio Tronchetti. The Exploration of Natural Resources of the Moon and other Celestial Bodies: a Proposal for a Legal Regime.

(三) 网站类

[1] 中国国家航天局官方网站:http://www. cnsa. gov. cn

[2] 中国外交部官方网站(中文):http://www. fmprc. gov. cn/chn/gxh/tyb/

[3] 中国外交部官方网站(英文):http://www. fmprc. gov. cn/eng/default. htm

[4] 中国常驻维也纳联合国和其他国际组织代表团官方网站(中文): http://www. chinesemission—vienna. at/chn/

[5] 中国常驻维也纳联合国和其他国际组织代表团官方网站(英文):http://www. chinesemission—vienna. at/eng/

[6] 中国国务院新闻办官方网站:http://www. scio. gov. cn/zfbps/

[7] 联合国外层空间事务司官方网站:http://www. oosa. unvienna. org

[8] 联合国官方网站:http://www. un. org

[9] 中国探月网:http://www. clep. org. cn

[10] 中国航天科技集团公司官方网站:http://www. spacechina. com

[11] 中国航天科工集团公司官方网站:http://www. casic. com. cn

[12] 中国运载火箭技术研究院官方网站:http://www. calt. com

[13] 中国空间技术研究院官方网站:http://www. cast. cn

[14] 中国长城工业总公司网站:http://cn. cgwic. com/

[15] 人民网官方网站(中文):http://www. people. com. cn

[16] 人民网官方网站(英文):http://english. peopledaily. com. cn

[17] 中国网:http://www. china. org

[18]《中国日报》官方网站:http://www. chinadaily. com. cn

[19] 新华网:http://www. xinhua. cn

[20] 中国新闻网：http://www. chinanews. com. cn
[21] 中国民商法律网：http://www. civillaw. com. cn
[22] 北大法律信息网：http://www. chinalawinfo. com
[23] 法律图书馆网：http://www. law—lib. com
[24] 中国知网数字出版平台：http://www. cnki. net
[25] 美国空间网：http://www. space. com
[27] 美国国家航空航天局官方网站：http://www. nasa. gov
[28] 美国国防部官方网站：http://www. defense. gov
[29] 欧洲空间局官方网站：http://www. esa. int
[30] 国际空间法学会官方网站：http://www. iislweb. org
[31] 国际法学会官方网站：http://www. ila—hq. org
[32] 亚太空间合作组织官方网站：http://www. apsco. int
[33] 百度百科网：http://baike. baidu. com
[34] 维基百科网(英文)：http://en. wikipedia. org
[35] 维基百科网(中文)：http://zh. wikipedia. org
[36] 美国空间协会官方网站：http://www. nss. org
[37] 美国《空间评论》网站：http://www. thespacereview. com
[37] 美国《今日空间》网站：http://www. spacetoday. net

后　记

2007年10月24日，我国自主研制的第一颗月球探测卫星嫦娥一号成功发射，实现了中华民族的奔月梦想，国内外掀起了一股关注月球、关注月球探测活动的热潮。当时我正在为自己就读中国人民大学法学院的法学硕士论文选择研究题目，几经权衡，最后决定从月球资源开发国际法律制度入手，对相关的理论和立法实践进行系统梳理和研究。2009年12月，我撰写的《月球资源开发国际法律制度研究》顺利通过法学硕士论文答辩评审，我有幸成为全班率先获得硕士学位的学员，法学硕士学位也成为我获得的第二个硕士学位。中国人民大学法学院各位老师渊博的学识、严谨的作风、宽阔的胸襟，始终让我心存敬意和感动。能够有缘在中国人民大学法学院这一学术殿堂系统接受法学教育，已经成为我人生莫大的荣幸和珍贵的财富。

在本书即将付梓之际，我要衷心感谢中国人民大学法学院王利明、姚欢庆、龙翼飞、朱文奇、杨立新、王轶、张新宝、姚辉、董安生、史彤彪、冯玉军、朱岩、高圣平等各位老师所给予的悉心指导。同时也衷心感谢航天科技图书出版基金的大力支持。本书稿2010年顺利通过航天科技图书出版基金评审委员会评审，成为我对该项课题进行系统研究的新起点。正是在中国宇航出版有限公司邓宁丰总经理兼总编辑、张铁钧副总经理兼副总编辑等领导的鼓励下，我得以对书稿进行系统深入研究，对内容不断充实和完善，从而完成了从一篇硕士论文到一本国际空间法学术专著的嬗变，并直接填补了一项国内研究空白。

在课题调研论证、书稿撰写过程中以及我主持中国空间法学会日常工作后，我还得到以下领导和专家学者的关心、指导和帮助

（排名不分先后）：

中国航天科技集团公司总经理马兴瑞；

中国航天科技集团公司副总经理雷凡培；

中国航天科技集团公司副总经理、中国空间法学会理事长袁家军；

中国航天科技集团公司副总经理、中国空间法学会副理事长袁洁；

中国航天科技集团公司原副总经理吴卓；

中国航天科技集团公司总经理助理兼办公厅主任、中国空间法学会常务理事赵晓晨；

中国航天科技集团公司总法律顾问、中国空间法学会副理事长巴日斯；

中国航天科技集团公司人力资源部部长、中国空间法学会常务理事陈学钏；

中国航天科技集团公司宇航部部长、中国空间法学会常务理事赵小津；

中国航天科技集团公司国际合作部部长、中国空间法学会常务理事胡忠民；

中国航天科技集团公司党群工作部（企业文化部）部长贾可；

中国航天科技集团公司办公厅副主任路明辉；

中国航天科技集团公司规划计划部副部长王占宇；

中国外交部条法司司长、中国空间法学会副理事长黄惠康；

中国外交部条法司参赞马新民；

中国常驻联合国代表团参赞黄峥；

中国外交部条法司二处处长、中国空间法学会常务理事徐宇；

国家国防科技工业局系统工程一司司长、中国空间法学会常务副理事长张炜；

国家国防科技工业局军贸与外事司副司长刘云峰；

国家国防科技工业局军贸与外事司调研员张韶萍；

中国科学院国家空间科学中心主任吴季；

中国运载火箭技术研究院院长、中国空间法学会常务理事李洪；

中国运载火箭技术研究院党委书记梁小虹；

中国运载火箭技术研究院副院长唐国宏；

中国运载火箭技术研究院总法律顾问、中国空间法学会理事管荣建；

中国运载火箭技术研究院法律处处长、中国空间法学会理事李江虹；

中国空间技术研究院副总法律顾问徐刚；

中国长城工业集团有限公司法律事务部总经理王冀莲；

中国航天系统科学与工程研究院副院长王一然；

中国航天汽车有限责任公司董事长牛养慈；

中国宇航学会副理事长兼秘书长、中国空间法学会常务理事杨俊华；

中国宇航学会副秘书长、中国空间法学会理事龚金玉；

北京航天发射技术研究所所长胡习明；

北京航天发射技术研究所党委书记李军；

北京航天发射技术研究所副所长任跃进、杜宏斌、姜英权、吕永志、朱学斌；

北京精密机电控制设备研究所党委书记孔建平；

北京航天万源科技公司党委书记刘军；

航天材料及工艺研究所党委副书记张民；

航天万源实业公司党委副书记顾桐；

哈尔滨工业大学法学院院长、哈工大学外层空间法研究所所长、中国空间法学会常务理事赵海峰教授；

哈尔滨工业大学法学院副教授 Fabio Tronchetti；

北京航空航天大学法学院院长、北航外层空间法研究所所长、中国空间法学会常务理事龙卫球教授；

北京航空航天大学法学院副教授、北航外层空间法研究所执行所长、中国空间法学会理事高国柱；

北京理工大学法学院副院长、北京理工大学空间法研究所所长、中国空间法学会常务理事李寿平教授；

北京理工大学法学院副教授、北京理工大学空间法研究所副所长、中国空间法学会理事王国语；

中国政法大学国际法学院教授、国际公法研究所所长、中国空间法学会常务理事李居迁；

国际空间法学会主席、荷兰莱顿大学法学院国际航空航天法研究所副所长 Tanja Masson—Zwaan；

亚太空间合作组织行政财务部部长刘小红；

香港大学法律学院副教授赵云。

德国 Süd—Chemie AG 公司并购部经理 Edward Myers；

北京师范大学美籍英语专家 Stephen Hoyle。

借此机会，衷心感谢中国航天科技集团公司副总经理、中国空间法学会理事长袁家军同志百忙之中为本书撰写序文。衷心感谢北京航天发射技术研究所各级领导和同事包元吉、吕永志、王缜、傅伟、章洁平、黄宁、张健、王英伟等同志，衷心感谢中国宇航学会的同事王续伯、周武、张弛、钟铃、倪茂林、付娆、陈彩莲等同志，他们丰富的实践经验、扎实的理论功底以及他们参加相关国际学术会议所积累的宝贵素材为本书的撰写提供了大量的支持和帮助。需要指出，本书研究成果及各项观点文责自负，并不代表作者所在单位及其上级机构的观点。

此外，还要感谢国家图书馆、中国人民大学法学院图书馆、哈尔滨工业大学空间法研究所、中国运载火箭技术研究院长征图书馆、北京航天发射技术研究所信息中心图书室、中国宇航学会《太空探索》杂志社的各位老师，他们为我查阅文献资料提供了极大的帮助。还要特别感谢我的家人，是他们的关心、理解、鼓励和支持，才使我顺利完成了书稿的撰写工作。

最后，对在百忙之中抽出宝贵时间对书稿进行评审并提出宝贵意见的所有领导和专家学者一并表示衷心的感谢！

囿于本人学术水平和能力的局限，本书无论在学术观点论证还是在文字表述上均有可商榷、可推敲之处，敬请业界、学界各位前辈和同仁不吝赐教。

张振军

2012年1月31日，于北京